权力建构主义视角下的阿以关系研究

A Study of Arab - Israeli Relations from the Perspective of Power Constructivism

高尚涛等◎著

世界知识出版社

图书在版编目（CIP）数据
权力建构主义视角下的阿以关系研究 / 高尚涛等著.
—北京：世界知识出版社，2017. 12
ISBN 978-7-5012-5588-7

Ⅰ. ①权⋯ Ⅱ. ①高⋯ Ⅲ. ①中东问题—研究
Ⅳ. ①D815. 4

中国版本图书馆CIP数据核字（2017）第230582号

责任编辑 袁路明 侯新鹏
责任出版 赵 玥
责任校对 张 琨
封面设计 小 月

书 名 **权力建构主义视角下的阿以关系研究**
Quanli Jiangouzhuyi Shijiaoxia de Ayiguanxi Yanjiu

作 者 高尚涛 等著

出版发行 世界知识出版社
地址邮编 北京市东城区干面胡同51号（100010）
网 址 www.ishizhi.cn
电 话 010-65265923（发行） 010-85119023（邮购）
经 销 新华书店
印 刷 北京京科印刷有限公司
开本印张 980×680毫米 1/16 20印张
字 数 241.92千字
版次印次 2018年1月第一版 2018年1月第一次印刷
标准书号 ISBN 978-7-5012-5588-7
定 价 52.00元

本书获外交学院中央高校基本
科研业务费专项资金资助

前 言

以色列建国以来，阿拉伯国家和阿拉伯人与以色列的关系（统称为“阿以关系”）一直是中东地区的核心矛盾之一，即使2011年中东地区爆发声势浩大的“阿拉伯之春”运动也没有根本扭转这一形势。与此相适应，阿以关系在中东研究中具有重要地位，是我们理解和观察中东国际政治的一个重要维度。正是因为如此，国内外研究阿以关系的文献很多。但是，这些文献大都集中在对阿以冲突过程、和平进程和大国介入等议题进行历史解读或描述性分析上，很少从理论层面进行深入研究。鉴于此，本书尝试通过“权力建构主义”理论重新审视以巴关系，为中东研究提供某种理论视角。

在本书的研究规划和设计过程中，作者发现，通过以色列政策对阿拉伯国家和阿拉伯人的影响这一角度阐释阿以关系是一个有趣的切入点，而且目前的研究文献较少，值得尝试。所以，本书确立的研究任务是，厘清以色列的强硬政策如何重塑了阿拉伯国家和阿拉伯人的观念和认知，从而导致阿拉伯国家和阿拉伯人对以色列的反对立场步步后退。

本书的主要理论框架是“权力建构主义”（主要研究权力关系结构如何塑造或重塑国家间共识）。国内较早论述“权力建构主义”的著作主要是高尚涛的《国际关系的权力与规范》（世界知识出版社2008年版）一书。“权力建构主义”认为，权力不是现实主义所谓的单纯物质力量，而是包含了影响者与被影响者的社会关系，体现了影响者对被影响者的约束以及与此而至的建构关系。在有效维系权力关系框架不变的情况下，在满足特定条件的前提下，影响者的权力意志会逐渐渗透到被影响者的观念结构中，从而重塑被影响者的观念，使被影响者产生新的认同（被影响者的观念与影响者趋于一致、立场趋同）。在阿以关系中，存在着以色列对阿拉伯国家和阿拉伯人施加强制性影响的权力关系结构。在这一权力关系结构中，以色列是影响者，阿拉伯国家是被影响者，以色列通过对阿拉伯国家和阿拉伯人施加持续的强制性权力关系影响，推动阿拉伯国家逐渐接受以色列的权力意志，使阿拉伯国家的观念不断与以色列趋同、立场逐渐向以色列靠近。这一建构机制体现在以色列与埃及、约旦、叙利亚、黎巴嫩以及巴勒斯坦的巴解组织和哈马斯等的关系中，其观念演化和立场变化过程清晰可见。

本书主要采用文本分析和案例研究的方法。

首先，通过对权威文本的调查研究和收集分析，确定以色列和阿拉伯国家（包括这些国家中的主流阿拉伯人）的重要原初立场；然后，根据阿拉伯国家有关立场的变化，将阿以关系分为特定历史阶段，每个阶段作为一个案例，具体分析其中包含的权力建构主义关系机制：以色列如何针对阿拉伯国家和阿拉伯人建立了怎样的强制性权力关系结构，这种权力关系结构具备哪些推动建构机制发挥作用的条件，阿拉伯国家和阿拉伯人的观念如何被以色列重构，等等。这一研究通过全新的理论视角，深入厘清阿以关系发展变化的一个微观机制，对我们深入理解阿以关系的演变过程有很大帮助，对有关方面制定推动巴以和平进程的策略方案也有启发作用和参考价值。

本书的研究结论是，以色列长期坚持的对阿拉伯国家和阿拉伯人的强制政策，重塑了阿拉伯国家（如埃及和约旦）、巴勒斯坦政治派别（如巴解组织和哈马斯）以及以色列阿拉伯人的观念和预期，导致阿拉伯国家和有关组织的反以立场不断后退（这一趋势如不能有效扭转，国际社会解决巴以问题的“土地换和平”原则和“两国方案”将难以实现，甚至可能出现在巴勒斯坦地区仅存在一个单一的以色列犹太国家的结果）。

本书研究在理论和政策上均有创新意义。从理论上看，权力建构主义的实证研究非常不足，而本书研究的主要目的之一，就是通过阿以关系分析为权力建构主义理论建立一个实证分析框架，分析结论对理论框架的精细化改进具有一定作用。在应用层面，理论分析过程可以为我们观察和理解阿以关系提供一个全新的视角，同时为国际社会制定解决阿以问题的政策提供参考意见。

本书研究受到外交学院中央高校基本科研业务费专项资金资助，是重点项目“以色列强制政策与阿拉伯国家反以立场弱化关系研究”的最终成果。

项目负责人是高尚涛博士，负责项目的研究问题确定、研究框架设计、研究人员组织和任务分工，并具体负责本书的研究设计以及前言、第1章和第2章写作以及其他各章理论分析部分的书稿修改与终稿审定。外交学院2015级中东方向的研究生参与了本书的研究与写作，具体分工如下：

周方舟负责第3章《以色列对巴解组织的强制性权力关系及其建构作用》。该章认为，巴勒斯坦解放组织从建立之初到此后的40年间，反以立场发生了明显退化。这一变化是巴解组织的反以观念被重构而导致的。以色列建立了对巴解组织的强制性权力关系结构，这一结构持续40余年发挥作用，导致巴解组织对以色列的观念，从一开始坚信以武力消灭犹太复国主义和以色列，发展到相信只有服从以色列的某些权力意志才能生存，到最后相信承认以色列并与之和谈才能实现自己最低限度的政治目标。所以，巴解组织开始主动寻求和谈机会以寻求自身的有限独立，经历了从“坚决敌对和反抗”到“被迫服从”再到“服从合理”的观念变化过程。这一观念变化实际上是以色列的权力意志在强制性权力关系结构的持续作用下重构巴解组织观念的结果。

李哲负责第4章《以色列强制性权力与哈马斯反以立场弱化关系》的写作。该章认为，以色列对巴勒斯坦人施加的限制是一种不对称的强制性权力关系结构。在这一权力关系结构中，以色列是施加强制性权力约束的一方（影响者），哈马斯是受到权力约束的一方（被影响者）。以色列对于哈马斯的权力意志为：承认以色列国家的安全和合法性，放弃恐怖暴力活动，并接受巴以双方达成的和平协议。在强制性权力产生规范转化的三个条件都能基本满足的前提下，哈马斯的观念被以色列的权力意志所重构，致使其立场发生变化，由成立之初的不承认以色列国家的生存与合法性、坚持使用武力对抗（甚至消灭）以色列、反对通过和平途径解决巴以问题，发展到2005年后开始承认奥斯陆协议相关安排、淡化组织暴力色彩、默认以色列的存在。

赵晨林负责第5章《以色列强制性权力与以色列阿拉伯人立场弱化关系》研究。该章认为，1948年以色列建国后，成为以色列公民的阿拉伯人（以色列阿拉伯人）和以色列国家处于一种强制性权力关系结构中。其中，以色列国家是影响者，以色列阿拉伯人是被影响者。在这种强制性权力关系的作用下，以色列国家的权力意志比较彻底地转化成了以色列阿拉伯人的观念和规范，双方实现了认同。其结果是，以色列阿拉伯人从以色列建国初期的基本不承认以色列合法性到20世纪80年代末期超过80%的人承认以色列合法性；从以色列建国初期的不承认自身以色列公民身份到逐渐认同此身份；并且其政治活动也越发符合以色列法律法规，非暴力手段逐渐成为其政治斗争的主要方式。以色列权力意志向以色列阿拉伯人观念的这种转变，是以色列建立的强制性权力关系结构在满足三大条件基础上发生的对以色列阿拉伯人的观念重构导致的。

曹姣负责第6章《以色列强制性权力与埃及反以立场弱化关系》研究。本章以1948年以色列建国后埃以关系的发展为基础，运用权力建构主义的理论框架分析了萨达特执政时期，以色列的强硬政策如何重构了埃及对以色列的认识，进而使其在巴以问题上出现立场退化。研究表明，以色列通过战争和军事力量建立了针对埃及的强制性权力关系。这一权力关系长期存在，基本具备了权力关系结构向规范转化的大部分条件，促使埃及对以色列的认识逐渐改变：与以色列趋同。一开始，埃及的这种观念转变是有条件的，但随着时间的推移，部分转变后的观念被内化。其结果是，在以色列合法性问题上，埃及经历了从最初的坚决拒绝到最后正式承认的转变过程；在冲突解决方式选择问题上，埃及经历了由战转和的明显变化；在被占领土收复问题上，埃及从坚决要求以色列归还1967年占领的全部阿拉伯领土，到最后只要求收复西奈半岛，等等。

周琳娜负责第7章《以色列强制性权力与约旦反以立场弱化关系》。该章的目的在于探讨权力建构主义理论框架下如何理解约旦对以色列政策和立场的变化。首先，本章梳理出强制性权力关系结构存在和发挥建构作用的条件与机制。然后，通过梳理约旦、以色列、巴解组织三方在巴勒斯坦问题上的关系进程，分析以色列和约旦之间的强制性权力关系是否重构了约旦的国家观念和行为规范。分析表明，在巴勒斯坦问题上，以色列对约旦的强制性权力关系对约旦产生了观念重构的影响，使其逐渐跟以色列实现认同，从而立场逐渐向以色列靠近，表现为反以立场的不断退化。

上述研究是学术界首次对权力建构主义理论进行系统的实证分析（以阿以关系为案例），有效地检验和完善了理论。首先，实证研究表明，权力建构主义的解释框架和分析逻辑经得起经验研究的检验。在阿以关系中，以色列通过战争和军事强制手段建立起来的针对阿拉伯国家的强制性权力关系结构，在特定条件具备的前提下，逐渐重构了阿拉伯国家和阿拉伯人的观念，从而导致后者的反以立场逐渐弱化。这是对权力建构主义理论的直接佐证。其次，实证研究也表明，强制性权力关系结构对置身其中的被影响者的观念重构，是一个相对复杂的过程。观念重构的显著度取决于以下几个方面：一是权力关系结构本身需要具有足够的约束力度和强度，约束力度不足、强度不够，都可能削弱重构过程的有效展开；二是权力关系结构中的影响者，其权力意志必须明确、稳定，否则也会弱化和干扰对被影响者的观念重构；三是权力关系结构有效存续的时间需要足够长，否则建构过程也将难以完成；四是影响者需要确保被影响者在服从义务和得到回报之间达到平衡，否则可能影响建构过程的有效完成；五是权力关系结构推动影响者的权力意志对被影响者观念进行重构的过程，分为共同知识形成和集体知识形成两个阶段。共同知识形成阶段是被影响者观念重构和共识形成的初级阶段，是被影响者基于功利性考量与影响者形成的暂时的、有条件的共识。集体知识形成阶段是被影响者观念重构和共识形成的深化阶段，是被影响者先前形成的有条件共识的进一步内化，是被影响者形成的与影响者的无条件共识，服从应然逻辑。当然，集体知识阶段的发生，需要确保先前具备的建构条件能够维持或加强，不能消失或显著弱化。此外，还有一点非常重要：即使在共同知识阶段，被影响者与影响者之间有条件共识的建立，也分为两个更细的阶段，第一个阶段是被影响者在权力关系结构的强压下违心表现出与影响者的权力意志一致以避免损失，第二个阶段是被影响者在强压和约束下心甘情愿地表现出与影响者的权力意志一致以实现特定的利益目标。上述发现进一步深化和精细化了权力建构主义的理论分析框架。当然，本书为阿以关系研究提供一种新的理论视角的研究任务，也在理论阐释过程中基本实现了。

由于研究者的条件和水平所限，本书还有很多不完善的地方。例如，研究中存在一手资料不足的问题，存在个别论述偏离“建构逻辑”分析主线的问题，存在个别论述不够丰富扎实的问题，等等。对于这些问题，项目负责人在书稿修订时尽量做了完善和补救，但仍不能完全解决问题。对此，敬请读者和同行批评指正。

感谢学界同仁和研究团队对本书成稿所做的努力和贡献。感谢世界知识出版社袁路明编审对本书出版所做的支持和推动。

特记。

高尚涛

2017年6月17日

目　录

第1章

权力建构主义理论框架

在目前的主流国际关系理论中，有两种基本分析逻辑，一种是理性主义的“因果逻辑”，即通过因果关系分析阐明国际现象发生的原因或后果；另一种是建构主义的“构成逻辑”，即通过建构模式分析阐明国际现象是如何构成的。“构成逻辑”包含了“适当性逻辑”，后者强调人的观念一旦被重构以后，就会认为基于新观念的行为是完全适当的。[①] 在对以色列政策与阿拉伯国家立场变化关系的分析中，“因果逻辑”分析很多，但“构成逻辑”分析很少。所以，本书将重点阐述“构成逻辑”，分析以色列的强制政策与阿拉伯国家立场变化的建构关系。

本书的这一分析逻辑基于权力建构主义理论框架。该理论认为，任何权力关系结构都存在影响者和被影响者，影响者是主动

① 参见高尚涛：《国际关系的权力与规范》，世界知识出版社，2008年版，第89页。本章内容主要选编自此书第89—101页。

施加权力约束的一方，被影响者是被动受到权力约束的一方。影响者的**权力意志**、被影响者对影响者**单向服从**的结构特性，在权力关系结构的持续约束和连续推动下，会逐渐转化为被影响者的限制性规范和有条件存在的行为观念。假以时日，如果权力关系结构约束继续得以维持或强化，这些限制性规范会逐渐内化为被影响者的构成性规范而彻底重构其观念和认同。

影响者通过权力关系结构为被影响者确立规范和改变观念的方式有两种。一种是影响者利用权力关系的结构约束，明确提出其权力意志并将之“成文”化，然后再以权力约束为后盾加以推行，使被影响者服从。一个国家的法律规范、一些行规和章程等就是这样规范化的，我们将这种方式称为权力关系向相应规范和观念的有意识转化。另一种方式是影响者通过持续和严密的权力约束，将其权力意志和被影响者对其单向服从的关系形式，通过非“成文”化的方式渗透给被影响者，使其自动转化为被影响者的限制性规范乃至构成性规范，改变其观念和认同，我们将这种方式称为权力关系向相应规范和观念的自动转化。

一、权力关系向相应观念和规范的有意转化

权力关系向相应规范和观念的有意转化，是指权力关系的高位者，即影响者，有意识地将其权力意志转化为被影响者必须遵守的、明文规定的行为规范，并以此重构其观念。这种权力意志向相应规范的明确有意识转化，一直是规范产生的重要来源之一。

作为人类行为规范的最重要类别之一的法律规范，就主要是由国家或主权者根据统治阶层的集体利益加以整理、发布和强制

推行的。也就是说，主权者的权力是法律规范的来源和基础。国家的主权者或统治阶层，通过自己处于的权力关系的高位优势，经过一定的有意设计和人为程序，将自己的权力意志转化为书面形式，发布出来，并强制执行，从而形成了人们必须遵守的法律规范。一些宗教的宗教教义成为国家规范也大致走过了相似的过程：宗教人士首先获取世俗权力，将宗教教义转变为权力意志，然后再通过世俗权力将其转变为国家规范，成为法律，并以此改变人们的行为观念，这同样体现了权力意志向相应规范和观念转化的建构逻辑。

国家权力转化为法律规范，只是权力关系向相应规范和观念进行有意识转化的一种表现。在一些非国家权力的权力关系中，这种权力意志的规范和观念转化同样存在。在绝大多数公司里面，管理层和雇员之间都存在着事实上的权力关系，管理层会将自己治理公司的一些要求写成约法，要求员工遵守，违反者要受到相应的惩罚。这些约法就是公司员工的行为规范，是可以重构员工的行为观念的，这些行为规范是由管理层的权力意志经过有意识设计转化而来的。而在学校和学生之间，也存在着事实上的权力关系，学生必须服从学校的管理，否则就要受到处罚。学校管理层将自己的权力意志明确为一些规定和纪律，要求学生遵守。而这些规定和纪律，就是由学校管理层的权力意志有意识转化而来的行为规范，同样可以改变学生的行为观念。事实上，我们可以发现，在多数权力关系存在的地方，都存在着影响者将自己的权力意志明确化为被影响者必须遵守的行为规范并重构其行为观念的现象。这说明这一现象不是孤立的，其存在具有一定的规律性，即在统计意义上，权力意志存在着向其相应规范和观念进行明确转化的事实。

二、权力关系向相应观念和规范的自动转化

权力意志不仅存在着向其相应观念和规范进行明确有意转化的事实，而且，在一定条件下，权力意志也存在着向其相应观念和规范**自动转化**的现实可能。西方一些社会学家通过对一个重要的社会学现象——斯德哥尔摩症候群的深入研究，发现在一定条件下，强制性权力关系可以改变被影响者的认同。而这种认同变化之所以出现，主要是由权力意志自动转化为被影响者自觉服从的规范而导致的。

在斯德哥尔摩症候群中，绑匪对银行职员的强制性权力关系产生了一个非因果关系的作用机制：限制作用。人质身处绑匪所营造的强制性权力关系结构中，受到这种权力关系的结构约束，而这种结构约束在逻辑上是不能离开这种强制性权力关系的环境而存在的。因为，如果这种强制性权力关系不再，其施加的约束也将结束。这就是说，绑匪对人质的这种强制性权力关系，首先是一种限制作用关系。[①]

那么，权力关系的这种限制作用，是如何导致被影响者的认同变化的呢？

首先，我们分析一下绑匪控制人质的具体内容和方式。我们知道，强制性权力关系结构具有典型的限制作用，其对被影响者

① 因果关系的特点之一是，原因必须是独立于结果而存在的。但在限制关系中，限制者和被限制者必须同时存在，互相依存，与因果关系具有明显不同。参见亚历山大·温特：《国际政治的社会理论》，秦亚青译，上海人民出版社，2001年版，第97页。

施加了有效的限制和约束，而强制性权力关系体现了影响者的“权力意志”，即体现着影响者的价值和利益，代表了影响者的世界观和一定看问题的方式。那么，绑匪控制人质使其服从，就是将自己的意志和认知方式强加到被影响者的身上，要求人质必须在行为和态度上与绑匪的要求“保持一致”。这样，人质就处于由绑匪的权力意志所营造的限制性网络中，即处于这种权力关系的结构约束中。而且，这种结构约束对试图抗命者具有以暴力惩罚为手段的阻止性。

其次，这种由绑匪的权力意志所营造的权力关系的结构约束，需要具备三个条件，才可能向相应的规范进行转化。第一个条件是，这种权力关系结构必须是牢不可破的，这是实现规范转化的前提和基础，如果权力关系本身不牢固和不持久，影响者就难以对被影响者的抗命行为进行有效的阻止，那么，规范转化的基础将不复存在。第二个条件，被影响者只要服从，就要得到一定的利益回报，为被影响者的服从提供了内在的功利动机。具备了以上两个条件，影响者就能够对被影响者的行为观念进行有力的引导：应该服从影响者的权力意志。同时，第二个条件还会从某种程度上削弱和瓦解被影响者试图反思和反抗的内在动力。第三个条件是尽量使被影响者与不同于影响者权力意志的其他观点相隔离，使被影响者缺乏来自权力关系之外的旨在反抗影响者权力意志的思想启蒙，从而消除被影响者因外部蛊惑而进行反抗的可能。

在上述三个条件满足的情况下，强制性权力关系的结构约束，就会成为被影响者的一个既定的认知背景，这种既定的认知背景反映到被影响者的大脑中，就会产生“摆脱不可能，服从最合算”的逻辑反应。这种逻辑反应会成为被影响者思考问题的一个基于功利考虑的“既定事实”和背景条件，从而使被影响者在一定时期内失去反思的能力和反抗的动力。在这种情况下，权力关系的结构特性，影响者的权力意志，成为被影响者反复认知和必须接受的观念内容。被影响者必须遵守和接受的这些观念内容，就会成为被影响者的行为依据，这种行为依据或曰准则，就是限制性规范。

这种基于功利考虑的、由影响者的权力意志转化而来的限制性规范，具有一定的不稳定性，可能会随着被影响者功利计算结果的变化而变化。用亚历山大·温特的话说，这种限制性规范还处于共同知识阶段，是有条件存在的。[①] 那么，这种限制性规范如何进一步变成被影响者的构成性规范，成为一种无条件存在的集体知识呢？我们知道，在权力关系作为基础要素持续发挥作用的情况下，在被影响者继续缺乏反思和反抗能力的情况下，这种限制性规范会逐渐使被影响者作为习惯接受下来并加以遵守，同时，这种限制性规范会不断地渗透和强化为被影响者的背景观念之中去。结果就是，限制性规范逐渐“内化”，最终转变为被影响者的行为观念的组成部分。内化以后，被影响者对规范的遵守，就从“必须遵守”变成了“遵守合适”。在这种情况下，被影响者实际上已经开始这样认知自己的身份：在这种权力关系中，我处于这样的地位和身份，遵守“这样的规范”是“适当的”。这样，原来心照不宣的限制性规范就转化为一种构成性规范，被影响者的观念被重构。

---

① 亚历山大·温特:《国际政治的社会理论》，秦亚青译，上海人民出版社，2001年版，第203页。

我们看到，在由限制性规范向构成性规范的转化过程中，是在权力关系的结构约束和推动下，在必须服从影响者权力意志的观点被反复灌输和强化下，被影响者的限制性规范逐渐变成其行为观念的一部分，成为了构成性规范。

综上所述，强制性权力关系结构重构影响者观念的机制可以这样表述：在三个条件具备的情况下，强制性权力关系的结构约束，使得权力关系的单向服从特性及其体现的权力意志，自动转化为被影响者的功利性观念和限制性规范，并随着时间推移，逐渐内化为被影响者的信念性观念和构成性规范。权力关系结构的建构作用所需的条件，一言以蔽之，就是结构的存在必须具有牢固性和持久性，而转化的过程常常是先“功利性认同”后“信念性认同”，先“限制”而后“构成”。

非强制性权力对规范的建构过程与强制性权力关系类似，此处不再赘述。

第2章

阿拉伯反以观念重构的整体审视

"阿拉伯之春"爆发以来，中东阿拉伯国家的内乱成为国际社会关注的焦点，沙特和伊朗之间日益明面化的教派斗争也成为中东地区的重大热点问题。相比之下，曾长期成为中东问题焦点的阿以冲突（包括巴以冲突）却变得不太引人瞩目。有文章认为，这是因为巴以问题被声势更大的"阿拉伯之春"以及沙特与伊朗的教派冲突掩盖了，巴以冲突的激烈程度其实并未降低，也不会降低。[①] 事实真是这样吗？

---

① 有些文章认为，地缘政治和大国强权是巴以冲突的根源。根据这一观点，上述因素只要不弱化和消失，巴以冲突就不会弱化和消失。参见曹兴:《国际政治学视阈下的巴以关系》，载于《世界民族》2012年第2期，第31—38页。这种观点具有一定代表性，在"阿拉伯之春"爆发之前，就有文章断言，巴以冲突是个长期过程，但绝不会倒退。参见王京烈:《从巴勒斯坦战争到马德里和会——从整体考察阿以冲突》，载于《西亚非洲》1992年第2期，第21页；王昌义、吴眠巩:《对中东和平进程的回顾与思考》，载于《外交学院学报》2003年第3期，第8页。等等。

一、阿拉伯人的反以立场在不断弱化

仔细分析以色列建国以来阿拉伯国家与以色列的关系史，我们会发现一个明显的事实：阿拉伯国家反对以色列的立场在逐渐弱化，它们对抗以色列的强度也越来越低。埃及、约旦甚至沙特等国，以及巴勒斯坦的巴解组织和哈马斯、以色列境内的巴勒斯坦平民，均经历了这样一种立场变化。

在阿拉伯国家中，埃及的立场变化最为典型。[①] 1956年，阿拉伯民族主义领袖纳赛尔出任诞生不久的埃及共和国总统兼总理，开始执行强硬的反犹主义路线。纳赛尔发誓，“要将以色列从地图上抹去”，或“将以色列赶出地中海”。[②] 纳赛尔的继任者萨达特上台之初，也延续了这一政策，不承认以色列的合法性，将军事手段作为解决以色列问题的首要选项：“用武力夺走的，必须要用武力夺回。”[③] 在巴勒斯坦领土问题上，萨达特更是寸步不让，坚决要求以色列撤出1967年占领的包括东耶路撒冷在内的巴勒斯坦土地以及其他全部阿拉伯国家领土，否则，“任何（和平）努力都是徒劳的”。[④] 然而，在1973年10月的第四次中东战争失利后，埃及的立场开始发生变化。1973年12月21日，在日内瓦召开的关于中东安全问题的和平会议上，埃及代表没有重申以色列不是中

---

① 这里的埃及是指1953年6月18日正式成立的“阿拉伯埃及共和国”。

② 陈建民主编：《埃及与中东》，北京大学出版社，2005年版，第192页。

③ 肖显社著：《赎罪日战争——第四次中东战争纪实》，世界知识出版社，1997年版，第12页。

④ Joseph P. Lorenz: *Egypt and Arabs: Foreign Policy and the Search for Identity*, Westview Press, 1990, pp.140-141.

东地区国家的观点。同时，埃及总统萨达特公开表示，埃及可以承认中东各国的主权、领土完整和政治独立，其中包括以色列。[①] 1977年4月4日，萨达特总统在访美期间向卡特总统表示，如果进展顺利，埃及会在五年后外交承认以色列。[②] 同年11月19日，萨达特不顾其他阿拉伯国家反对，开始对以色列进行"历史性访问"，[③] 用实际行动承认了以色列。1978年9月17日，埃及与以色列经过戴维营会谈，在华盛顿签署和平协议，建立了大使级外交关系。曾几何时，还是阿拉伯国家反以领袖的埃及，如今却成为第一个与以色列签署和平协议并正式承认以色列的阿拉伯国家，可谓斗转星移。1994年10月，约旦步埃及后尘，也与以色列签署了和平条约，正式承认了以色列。[④]

未与以色列建交的阿拉伯国家，他们对以色列的最初立场，与当时的埃及大同小异。在埃及与以色列建交的最初几年里，这些国家一度"坚持原则"，严厉批评埃及的"背叛"。但在私下，这些国家也逐渐放松了对以色列的抵制，其反以立场和政策底线也日益松动，最具标志性的事件是一向以保守著称的沙特阿拉伯在2002年3月28日召开的第14次阿盟首脑会议上提出"中东和平新建议"，并获得与会国家的一致赞同。[⑤] 这项旨在结束巴以冲突

---

① 肖月著:《磨合：中东和平进程中的领袖们》，东方出版社，1999年版，第11页。

② 《磨合：中东和平进程中的领袖们》，第24页。

③ 彭树智:《20世纪中东史》，高等教育出版社，2001年版，第201页。

④ Muzaffar Husain Syed, Syed Saud Akhtar, B D Usmani: *A Concise History of Islam*. Vij Books India Pvt Ltd.2011. p.378.

⑤ Tony Jones, Tim Palmer: "Latest suicide attack overshadows Arab summit". *Late line*. Australian Broadcasting Corporation. March 28, 2002. http://www.abc.net.au/lateline/stories/s516352.htm. 2016.7.25.

的新建议被命名为“阿拉伯和平倡议”（Arab Peace Initiative），其核心内容是，以色列必须遵守联合国有关决议，全面撤出1967年以来占领的所有阿拉伯领土，接受建立以东耶路撒冷为首都的、拥有主权的、独立的巴勒斯坦国，并根据联合国第194号决议解决巴勒斯坦难民问题。如果以色列能够满足以上要求，阿拉伯国家将同以色列签署和平协议，并逐步与以色列建立正常外交关系。巴解组织立即欢迎这一倡议并敦促美国政府协助推动落实。哈马斯内部也有部分派别支持这一建议。然而，沙龙政府高度怀疑阿拉伯国家的和平诚意，认为这是阿拉伯国家集体释放的一个烟雾弹，所以断然拒绝了这一包含众多阿拉伯国家原则性让步的倡议（包括沙特在内的阿拉伯国家不再要求1948年巴勒斯坦疆界更别提整个巴勒斯坦，不再要求将整个耶路撒冷作为巴勒斯坦首都，不再坚持“三无”原则，愿意承认以色列，与以色列谈判，甚至签署和平协议和正式建交）。[①] 2007年的阿盟峰会上，阿拉伯国家重申了这一倡议。至此，不管以色列是否相信，阿拉伯国家反以立场的整体退化趋势已显露无疑。

巴解组织（全称“巴勒斯坦解放组织”）曾是巴勒斯坦人抵抗以色列占领的主要力量，该组织于1964年1月为落实阿盟（全称

① “Arabs offer Israel peace plan”. *BBC News*. 2002-03-28. Retrieved 2013.4.17. And Hoffman, Gil (March 4, 2002). “Sharon warns Saudi plan may be Arab plot”. *The Jerusalem Post*. Archived from the original on February 3, 2004. Retrieved October 1, 2011.

“阿拉伯国家联盟”）“巴人抗以”的新战略而成立，[①] 其宗旨就是通过武装斗争，在巴勒斯坦全境（以英国委任统治时期确立的行政版图为准）消灭犹太复国主义、建立巴勒斯坦国，决不承认以色列国和犹太人在巴勒斯坦境内的生存权。[②] 但是，这一宗旨在历经10年的艰苦斗争后开始动摇。1974年6月，巴解组织在第12次全国委员会会议上正式提出了在“部分土地”上建立巴勒斯坦国的“阶段性目标”：先回到1967年边界，再回到1947年边界，最终建立独立的巴勒斯坦国；在斗争方式上，也不再坚持武装斗争的唯一性，宣称“利用一切手段，但首选武装斗争，解放巴勒斯坦”。[③] 这一看似权宜之计的策略，实际上是巴解组织立场不断后退的开端。此后，巴解组织主席阿拉法特不断强调“一手拿着来复枪，一手拿着橄榄枝”的全新斗争方式，政治和外交方式成为其重要选项，这意味着巴解组织开始承认以色列。巴解组织的立场后退还在继续，1982年9月，阿拉伯国家首脑会议通过了8项原则，要求以色列撤出在1967年第三次中东战争中占领的阿拉伯土

---

① 巴解组织成立之前，阿拉伯国家的抗以策略是联合消灭阿拉伯领土上出现的以色列国，将此领土并入自己的版图，不存在政治意义上的作为独立实体的巴勒斯坦概念，也没有为巴勒斯坦阿拉伯人建立一个巴勒斯坦国的愿望。在对以战争屡战屡败以后，阿盟为了丰富对以作战手段，决定“巴人救巴”，让巴勒斯坦人也承担起反对以色列占领的义务，这一政策的落脚点就是阿盟提议建立的巴解组织。部分参见阿伦·布雷格曼著:《以色列史》，杨军译，中国出版集团、东方出版中心，2009年版，第99页。

② “The Palestinian National Charter: Resolutions of the Palestine National Council July 1-17, 1968”, *The Avalon Project*, Yale Law School. http://avalon.law.yale.edu/20th_century/plocov.asp. Logging in: 2016.7.27.

③ Sameer Abraham: “The PLO at the Crossroads- Moderation, Encirclement, Future Prospects”, *MER 80 - After the Treaty*, Volume 9, September/October 1979. http://www.merip.org/mer/mer80/plo-crossroads. 2016.7.27.

地，但未要求以色列撤出全部阿拉伯领土。这几乎是阿拉伯国家对以色列国的正式认可，巴解组织竟然对此予以默认。① 此后，巴解组织的对以斗争方式也基本上由“以武装斗争为主”转变为“以政治斗争为主、以武装斗争为辅”。② 1993年9月9日，在奥斯陆协议签署前夕，巴解组织和以色列正式互相承认，③ 巴解组织的立场向以色列靠近又迈出实质性一步。

哈马斯（正式名称为“巴勒斯坦伊斯兰抵抗运动”）也经历了类似的立场退化过程。1988年8月，哈马斯在其成立之初颁布的“哈马斯宪章”（The Covenant of the Islamic Resistance Movement）中，明确规定其奋斗目标是消灭以色列（不承认以色列国家的合法性和生存权），在巴勒斯坦的全部领土上建立独立的巴勒斯坦国，实现这一目标的唯一方式是对犹太人和以色列发动“圣战”，坚决反对任何政治解决巴勒斯坦问题的方案、国际会议与和平倡议。④ 然而，经过16年的艰苦奋战后，哈马斯原本“坚不可摧”的意志开始动摇。哈马斯逐渐接受了奥斯陆协议框架下的政治安排，默认了在加沙和约旦河西岸建立巴勒斯坦政权的领土方案，实际接受了以色列国与政治解决巴以问题的方式。2004年1月，哈

---

① 谢贻明,《阿拉伯非斯首脑会议的中东和平方案》, 国际问题资料,1982年第44期, 第2—6页。

② Sameer Abraham: “The PLO at the Crossroads- Moderation, Encirclement, Future Prospects”, *MER 80 - After the Treaty*, Volume 9, September/October 1979. http://www.merip.org/mer/mer80/plo-crossroads. 2016.7.27.

③ “Israel-Palestinian Peace Process: Letters of Mutual Recognition (September 9, 1993)”, *Peace Process*, Jewish Virtual Library. https://www.jewishvirtuallibrary.org/jsource/Peace/recogn.html. 2016.7.27.

④ “The Covenant of the Islamic Resistance Movement”, http://avalon.law.yale.edu/20th_century/hamas.asp. 2016.5.19.

马斯提议与以色列休战10年，接受在1967年边界基础上建国的“阶段性解放目标”。① 2005年3月，哈马斯在开罗与巴勒斯坦其他主要政治派别就“暂停对以色列的军事行动”达成一致。② 2005年秋，哈马斯公布旨在参加立法委员会选举的“变化与改革”纲领，不再呼吁消灭以色列，仅表示采用一切可能措施包括武装斗争以结束以色列的占领。2006年1月，哈马斯起草的组建联合政府计划，进一步体现了哈马斯反以立场的退化。该计划要求以色列结束占领、撤离犹太定居点，巴勒斯坦人（以加沙和约旦河西岸为基础）建立拥有完全独立主权的巴勒斯坦国。计划草案保留哈马斯通过各种形式对抗以色列的权利，表示哈马斯会“以高度负责任的态度处理此前与以色列签署的协议”，并提出依靠国际法庭解决以色列建立隔离墙的问题。③ 从此，哈马斯对以色列的斗争力度进一步减弱。

类似的变化也发生在以色列境内的普通巴勒斯坦人身上（本书统一称之为“以色列阿拉伯人”）。1948年5月14日以色列建国之初，约有15.6万中底层阿拉伯人（约占以色列总人口的12.5%）选择了留在以色列生活，以色列根据《独立宣言》赋予他们以色列

① “Hamas offers truce in return for 1967 borders”, NBCNews.com, 2008.4.21. http://www.nbcnews.com/id/24235665/ns/world_news-mideast_n_africa/t/hamas-offers-truce-return-borders/#.V5nX6o9OJdh. 2016.7.27.

② “The Egyptian initiative for a lull in the fighting”, *Intelligence and Terrorism Information Center*, 2008.5.6. http://www.terrorism-info.org.il/data/pdf/PDF_08_124_2.pdf. 2016.7.27.

③ “Surge in East Jerusalem Palestinians losing residency”. *BBC News*. http://news.bbc.co.uk/2/hi/8390717.stm. 2009.12.2. 2016.7.27.

国籍和公民身份，[①] 使这些人成为以色列阿拉伯人。以色列阿拉伯人深受一战以来阿拉伯民族主义的影响，政治上具有反犹主义倾向，对以色列强占阿拉伯人土地的行为感到愤怒。但同时，他们又是以色列公民，经常面对"我的国家正与我的民族作战"的内心挣扎，很多人由此拒绝参与以色列的政治生活。第三次中东战争以后，居住在东耶路撒冷的以色列阿拉伯人尤其如此，他们拿着以色列身份证，但不承认以色列主权，与约旦河西岸的阿拉伯人联系密切。但是，随着以色列当局的严厉管制，以色列阿拉伯人的政治立场逐渐发生变化。[②] 到1966年前后，以色列阿拉伯人开始寻求融入以色列的政治框架，追求与犹太人平等的个人权利和集体权利。他们陆续组建了"和平与平等民主阵线"（Hadash）、巴拉德党（Balad）和联合阿拉伯民主党（United Arab List）等具有阿拉伯人特色的政党，用选票对以色列的竞选施加影响并以此提高自己的政治地位，并逐渐形成了与其他地区的阿拉伯人不同的次群体认同：认可以色列公民身份，接受政党政治、民主体制与和平斗争方式。[③] 基于此，1987年12月巴勒斯坦被占区爆发大起义后，以色列阿拉伯人没有暴力参与其中，仅仅通过游行、罢

---

① ［英］诺亚·卢卡斯：《以色列现代史》，商务印书馆，1997年版，第270页。尹崇敬主编：《中东问题一百年》，新华出版社，1998年版，第136页。

② Ilan Peleg, Dov Waxman: *Israel's Palestinians: The Conflict Within*. Cambridge University Press,2011. pp.2–3 (note 4), pp.26-29. 大量问卷调查显示，多数以色列籍阿拉伯公民自视为巴勒斯坦人而不是以色列阿拉伯人。但在1967年解除军事管制以前，公开表达这一身份是犯忌讳的。现在，他们几乎可以自由表达自己的阿拉伯身份，但其行为方式却更加以色列化。

③ Frisch H: "The Arab Vote in the Israeli Elections: The Bid for Leadership". *Israel Affairs*, Vol.7, No.2 & 3, 2001. pp.153-170.

工和资助等和平方式表达对其同胞的支持。① 2014年，以色列内阁通过了界定“以色列是（只有犹太人享有民族权力的）犹太民族国家”的《犹太国家法案》，以色列阿拉伯人尽管强烈反对，但其行为仍然保持了相当的“克制”和“理性”。② 这意味着，这些取得以色列国籍的阿拉伯人，不仅在很大程度上承认和接受了犹太人和他们的以色列国，而且在一定程度上成了以色列政治体制内的“顺民”。

二、阿拉伯人立场退化的因果关系解释

由上可见，阿拉伯人的反以立场在持续发生退化。那么，我们应如何理解阿拉伯人的这种变化呢?

翻阅文献，我们很难发现有文章对这一问题进行过系统深入的分析，有些文献只是或多或少地提及这一变化的原因。例如，美国学者小阿瑟·戈尔德施密特（Arthur Goldschmidt，Jr）与劳伦斯·戴维森（Lawrence Davidson）有意无意地将巴勒斯坦和阿拉伯国家在对以色列斗争过程中的不断退让解释为阿拉伯民族主义的幻灭和阿拉伯国家内部存在的巨大分歧：阿拉伯民族主义界定了阿拉伯人的整体利益和以色列作为外敌入侵者的身份，也为阿拉伯国家集体反对以色列树立了一面旗帜，但是，阿拉伯各国的巨大差异和它们之间的利益冲突逐渐将阿拉伯民族主义撕裂，阿拉伯国家失去了共同的方向和动力。在军事实力强大的以色列面

---

① Tessler Mark, Audra K Grant: “Israel’s Arab Citizens: The Continuing struggle”. *Annals of the American Academy of Political and Social Science*, Jan 1998. pp.97-113.

② 张倩红:《以色列发展报告（2015）》，社会科学文献出版社，2015年版，第156页。

前，各国出于自身利益考虑，纷纷选择退让。[①] 美国亚利桑那大学的查尔斯·史密斯（Charles D. Smith）也认为，巴解组织和阿拉伯国家自身的不团结是导致其反以立场不断退化的一个重要原因。[②] 但是，这种解释尚嫌粗略，它只能大概说明阿拉伯国家在团结抗以问题上可能会因目标不统一和合力不足而走向失败、说明阿拉伯国家可能在反以问题上因内部矛盾而各行其是，但无法清晰阐明阿拉伯人对以色列的政治立场是如何发生巨大改变的。

有些文献将阿拉伯人的步步退让解释为压力下的理性权衡：自身的实力无法战胜以色列，外界的压力又很强大，面对现实，他们只能违心地承认以色列，学会与其共处，并伺机通过更可行的方式维护和实现自己的利益。例如，查尔斯·史密斯除了把巴解组织立场退化的原因归咎于其自身的不团结外，还指出巴以之间的巨大力量差异是其立场退化的重要原因。[③] 英国利兹大学的侯赛因·斯里叶赫（Hussein Sirriyeh）将哈马斯的立场软化（即使是策略性让步）解释为以色列和巴解组织共同施压的结果。[④] 中国学者也从不同角度做出了类似的解释。例如，杨辉和马学清则认为巴解组织领导人阿拉法特审时度势、客观认清现实是导致其立场

---

① ［美］小阿瑟·戈尔德施密特、劳伦斯·戴维森著：《中东史》，哈安全、刘志华译，上海：东方出版中心，2010年版，第341页。

② Charles D. Smith: *Palestine and the Arab-Israeli Conflict: A History with Documents*, Bedford/St. Martin's, Boston, 2007. pp.395-396.

③ *Palestine and the Arab-Israeli Conflict: A History with Documents*, pp.395-396.

④ Hussein Sirriyeh: "Is there a Palestinian civil war? The concept and the impact", *Israel Affairs*, Vol. 17, No. 2, April 2011, pp.247-258.

变化的主要原因。[①] 李玮将巴勒斯坦立场退化的原因归结为以色列和巴勒斯坦在实力、制度和文化等方面的不对称和巴勒斯坦所处的明显弱势地位，这种不对称地位改变了巴勒斯坦领导人的利益测算，促使其做出了退让的决定。[②] 赵克仁认为域外大国强行干预加剧了巴解组织的弱势地位和挫败感，并促使其做出让步的决定。[③] 李秀珍和虞卫东则认为以色列掌控了巴勒斯坦经济命脉，导致其经济难以自足，以至于不得不对以色列步步退让。[④] 姚惠娜和黄民兴也基本承认这种观点。[⑤]

但是，这种解释仍从三个方面不能令人满意。

第一，功利性的权衡往往具有策略性，决策者面临的利害关系背景的每一个变化，都会导致其权衡结果的改变。阿拉伯人对以色列的政治立场，经历了一个长期的持续弱化过程，在这一过程中，阿拉伯人的利害关系环境不断变化，局部的优势和劣势反复出现，无法为他们提供稳定的权衡条件和利害关系基础，无法确保他们的权衡结果始终朝着一个方向演化。根据功利主义的因果关系解释，以色列的军事经济压力和国际社会的和谈压力一旦增大，阿拉伯人就会妥协和让步，那么反过来，我们可以合理假

---

① 杨辉，马学清：《巴勒斯坦战略目标的演变》，载于《西亚非洲》2002年第6期，第12页。

② 李玮：《浅析巴以关系中以色列的不对称共处策略》，载于《宁夏社会科学》2015年第1期，第98—101页。

③ 赵克仁：《强权政治与巴勒斯坦问题》，载于《西亚非洲》2001年3期，第8—12页。

④ 李秀珍：《实力悬殊的谈判——巴勒斯坦在巴以和谈中劣势地位的经济根源》，《西亚非洲》2000年第3期，第11—13页；虞卫东：《试析巴以冲突的经济内涵——从以色列对巴勒斯坦经济的全面控制谈起》，载于《阿拉伯世界研究》2008年第1期，第40—44页。

⑤ 姚惠娜、黄民兴：《试论巴勒斯坦民族主义发展阶段及特征》，载于《史学理论研究》2014年第2期，第65页。

设，一旦以色列和国际社会的压力减弱，阿拉伯人的立场就会恢复强硬。但事实并非如此，如前所述，阿拉伯人的立场退化具有持续性和趋势性。

第二，功利主义的因果关系解释有一个基本假定，即决策者是高度理性的，这也是理性选择模型的基础。但是，我们没有足够的资料证明，阿拉伯人，尤其是巴解组织和哈马斯的领导人，他们在对以决策上是高度理性的。与此相反，他们的很多斗争理念，例如对犹太复国主义的仇恨、对以色列国的藐视、对圣战主义的青睐，很大程度上来源于他们的信念、信仰甚至情绪，而不是理性计算。例如，《哈马斯宪章》里的下列原则：伊斯兰将清除以色列，正如它以前清除其他民族；巴勒斯坦问题的解决，除了圣战别无他途，等等，就是如此。[①] 从这个角度看，我们很难相信功利主义的理性计算能够很好地解释阿拉伯人的行为变化。

第三，也是更重要的一点，基于功利主义的因果关系解释过于笼统，无法为我们提供清晰具体的理解和洞见。这种解释模式告诉我们，在阿以冲突中，存在着高度理性的以色列和阿拉伯人两方，以色列从一方对阿拉伯人施加强力打压，阿拉伯人从另一方产生退让，以色列的打压是原因，阿拉伯人的退让是结果，以色列人的原因导致了阿拉伯人的结果。但是，以色列对阿拉伯人进行打压后，阿拉伯人究竟发生了哪些变化，最终导致他们选择了退让而且是一让再让呢？我们知道，退让不是打压所能产生的唯一可能结果，但是，基于功利主义的因果关系解释模式无法告诉我们，究竟源于何

① Hamas Charter：The Covenant of the Islamic Resistance Movement (Hamas)，1988.8.18. From *MidEast Web Historical Documents*. http://www.mideastweb.org/hamas.htm. 2016.7.11.

种机制，导致以色列的打压产生了阿拉伯人的退让而不是其他结果（例如死拼、逃避或投降）。换言之，在因果关系解释的原因和结果之间，存在一个将多种可能结果导变为一个特定结果的具体关系机制和变化内容的“黑匣子”没有被揭开。

那么，这个“黑匣子”是什么呢？

三、阿拉伯人立场退化的权力建构主义解释

为了解开“以色列对阿拉伯人进行打压”这一原因和“阿拉伯人选择退让”这一结果之间的“黑匣子”，更加透彻地理解阿拉伯人反以立场退化背后的关系机制，我们需要引进一个新的分析框架：权力建构主义（Power Constructivism）。

权力建构主义试图解释，在由“影响者”和“被影响者”通过影响与被影响的作用机制所构成的一个“权力关系结构”中，“被影响者”的观念如何被“影响者”的权力意志所重构。[①] 该理论认为，影响者的权力意志、被影响者对影响者单向服从的结构特性，会在权力关系结构的持续约束和连续推动下，转化为被影响者的行为观念和限制性规范（共同知识建构），假以时日，这些行为观念和限制性规范会逐渐内化为被影响者的信念和构成性规范（集体知识建构）。[②] 这一建构过程的实现需要具备三个条件，一是权

① 跟绝大多数社会理论一样，权力建构主义将“权力”界定为一种影响者（施加权力影响的人）和被影响者（受到权力影响的人）之间的关系结构，而不是一种物质力量。

② 高尚涛：《国际关系的权力与规范》，世界知识出版社，2008年版，第95—99页。共同知识是指双方基于功利考虑达成的共同认识，这种共识具有不稳定性，共同利益存在则共识存在，共同利益消失则共识可能随之瓦解。集体知识是指双方的共同知识经过不断内化后发展成双方共有的很难动摇的共有信念。

力关系结构必须牢不可破，二是被影响者能够通过服从获得利益回报（即被影响者实现与影响者认同的压力与动力要平衡），三是被影响者尽量与不同于影响者权力意志的观点相隔离。[①] 在三个条件满足的情况下，权力关系的结构约束，就会成为被影响者的一个既定的认知背景，在被影响者的大脑中产生“摆脱不可能，服从最合算”的逻辑反应，而这一反应一旦内化，就会使被影响者失去反思能力和反抗动力，认为服从影响者的权力意志理所当然。

那么，在以色列与阿拉伯人之间，存在这样一种权力关系结构吗？换句话说，以色列是否成功建立了其对阿拉伯人的权力关系结构？在这一权力关系结构中，以色列作为影响者，是否成功地向被影响者阿拉伯人灌输了其权力意志呢？

回答是肯定的。以色列在建国伊始，就在严峻的安全压力驱动下，牢固建立了其对阿拉伯人的强制性权力关系结构，而且这一结构不断被强化。在这一过程中，以色列几乎始终毫不妥协地把自己的意志强加到阿拉伯人身上。

1947年11月29日，联合国大会通过巴勒斯坦分治决议，允许以色列在巴勒斯坦建国，阿拉伯人随即组织“圣战军”（埃及支持的巴勒斯坦人军事组织）、阿拉伯解放军（阿盟军事组织）、“阿拉伯军团”（约旦军事力量）在巴勒斯坦袭击犹太人并争抢地盘。对此，犹太人毫不退让，时任巴勒斯坦犹太办事处主席的大卫・本–古里安（David Ben-Gurion）指示其武装组织哈加纳（Haganah）落

① 高尚涛:《国际关系的权力与规范》，第94页。

实“达拉特计划”（Plan Dalet），坚决阻止阿拉伯国家入侵。[①] 在英国结束委任统治的前一天，即1948年5月14日，本–古里安宣布犹太人在“以色列地”（Eretz Israel）建立“以色列国”（State of Israel）。15日，约旦、埃及、叙利亚和伊拉克的军队从三面攻入巴勒斯坦，企图一举消灭以色列，夺取巴勒斯坦土地，但事与愿违。[②] 以色列组织力量殊死抵抗，最终击败阿拉伯联军，不仅保住了联合国分治协议分配的领土，还多占了22%的巴勒斯坦土地（包括西耶路撒冷）。在这块土地上，以色列用强大的军事力量和坚强的意志向阿拉伯人昭示着以色列国家的现实存在，阿拉伯人被其裹挟却竟无可奈何。在以色列的军事约束下，参战的阿拉伯国家很不情愿地接受以色列国在巴勒斯坦存在的现实，先后与其签署停战协定。[③] 这样，通过战争，以色列建立了基于强大军事能力的、对阿拉伯国家施加强制影响的权力关系结构。这一权力关系结构经过后来的六次中东战争不断被强化。需要强调的是，通过1967年的第三次中东战争，以色列占领了加沙、约旦河西岸和戈兰高地，[④] 对上述地方施加了更加直接和深入的权力关系结构

① Landis Joshua: “Syria in the 1948 Palestine War: Fighting King Abdullah’s Greater Syria Plan,” in Eugene Rogan and Avi Shlaim,”*Rewriting the Palestine War: 1948 and the History of the Arab-Israeli Conflict*, Cambridge University Press, 2001. pp.178-205.

② Clifford Clark M: *With Richard Holbrooke: Counsel to the President: A Memoir*. Random House, 1991. p. 20.

③ Cragg Kenneth: *Palestine: The Prize and Price of Zion.* Cassell academic and religious lists, Continuum International Publishing Group,1997. p.57,116. 阿拉伯国家与以色列签订停战协定的时间如下：埃及1949年1月24日，黎巴嫩1949年3月23日，约旦1949年4月3日，叙利亚1949年7月20日。

④ 同时被以色列占领的还有埃及的西奈半岛，但以色列根据1979年的埃以协议将该岛归还了埃及。所以此处不论。

约束。

第一次中东战争失利后，阿拉伯人意外地发现，他们已被以色列的军事力量和强大权力困住了，尽管他们从内心不承认以色列，尽管他们仍然考虑如何将以色列"从地球上抹去"，但是，他们却囿于以色列的权力束缚无法开展有效行动。面对现实，他们违心地但自信是暂时地接受以色列国存在的事实，通过签订停火协议为自己留出东山再起的时间。正因为如此，阿拉伯国家在停战协议中特别强调：停战协议不是任何意义上的政治或领土边界协议，不影响他们对巴勒斯坦问题最终解决的任何权利和主张，也不能取消阿拉伯国家对以色列的战争状态。① 但令人遗憾的是，阿拉伯国家至今也没有等来东山再起的那一天，在此后的历次阿以战争中，阿拉伯人几乎屡战屡败。对阿拉伯人来说，以色列是个日益强大的存在，以色列施加在他们身上、阻止他们反以抗以的强制性权力关系结构，正变得日益牢不可破。

在这一权力关系结构中，以色列是影响者，其权力意志可以概括为以下五点：第一，以色列地是犹太人的祖居地，是犹太民族精神、宗教和政治身份形成的基础；在以色列地建国是犹太人的自然和历史权利，也是国联和联合国对犹太人的政治承诺，犹太人将用生命捍卫这一权利，其他国家必须承认和尊重，与以色列和平和睦相处。第二，以色列是一个犹太民族国家，向世界各地的犹太移民开放，以色列国的阿拉伯居民应和平、平等地参与

① Avi Shlaim: *The Iron Wall: Israel and the Arab World*, Penguin Books, 2000. p.57.

以色列国家建设。[①] 第三，以色列接受联合国决议中允许以色列建国的决定，但不接受其土地划分，以色列如能在抵御阿拉伯国家的战争中夺得土地，应将其并入以色列领土。[②] 第四，耶路撒冷是以色列国的首都。[③] 第五，巴勒斯坦难民，无论自行出逃的还是被驱逐出境的，均不能返回以色列（否则将严重危害以色列国家的稳定），但可以返回一个新建的巴勒斯坦国（至于这个巴勒斯坦国怎么建、在哪儿建，那是阿拉伯人的事）。[④]

以色列的上述权力意志不断通过强制性权力关系结构投射和渗透给被影响者阿拉伯人。在这一过程中，如果阿拉伯人接受和服从，就会得到利益回报；如果反抗或抵制，或者试图挑战这一权力关系结构的束缚，就会受到惩罚，遭受利益损失。第一次中东战争后期，跟以色列签署停战协定并从巴勒斯坦撤军的国家，都得到了不同程度的利益回报：以色列承认约旦吞并约旦河西岸、埃及占领加沙，叙利亚在加利利海北部和南部得到了立足点，黎巴嫩南部几个被以军占领的村庄得以返还，被以色列士兵围困的阿拉伯士兵可以携带武器安全回国。[⑤] 在战争中站错队的阿拉伯平

---

① David Ben-Gurion: “Declaration of Establishment of State of Israel”, 1948.5.14. From Israeli MFA. http://www.mfa.gov.il/mfa/foreignpolicy/peace/guide/pages/declaration%20of%20establishment%20of%20state%20of%20israel.aspx。2016.7.13.

② Tuvia Friling, S. Ilan Troen: “Proclaiming Independence: Five Days in May from Ben-Gurion’s Diary”, *Israel Studies*, 1998.3.1. pp.170-194. 在犹太人看来，真正的以色列地包括整个巴勒斯坦地区和约旦。

③ Ian Lustick: “Has Israel Annexed East Jerusalem?” *Middle East Policy*, Volume V, January 1997, Number 1, pp.34-45.

④ Ilan Pappé: “The Ethnic cleansing of Palestine”, Oneworld Publications, 2006. p.186.

⑤ Benvenisti Meron: *City of Stone: The Hidden History of Jerusalem*, University of California Press, 1996. p.27.

民则受到了以色列的惩罚：他们不能返回处于以色列控制下的本属自己的家园。①

第一次中东战争后，多数阿拉伯人已经意识到，承认以色列并与之合作，可以带来实实在在的利益；否认以色列并坚持对抗，则会遭受重大利益损失。而这也是以色列想通过行动告诉阿拉伯人的。这说明，阿拉伯人与以色列之间已经形成了一种基于利益权衡之上的共同认识，或曰“共识”。这一偏离阿拉伯人初衷却接近以色列人要求的共识，尽管还相当脆弱、随时可能被更大的利益权衡摧毁，但它毕竟已经产生了，并将在以色列的强力推动和大力培育下逐渐生长。1956年7月26日，埃及总统纳赛尔出于国家尊严和利益考虑，决定违反与以色列的停战协定及其他国际协议，收回苏伊士运河，禁止以色列船只通行。此前，埃及已封锁阿卡巴湾和蒂朗海峡，禁止以色列船只出入。② 埃及试图挑战以色列权力关系结构的行为引发以色列的强烈反应。1956年10月29日，以色列配合英法军队突袭埃及，抢占加沙和西奈半岛，捣毁岛上针对以色列的全部军事设施，埃及遭受重创。后在联合国调停下，埃及同意回到以色列的轨道上来，重新开放航道，并将西奈半岛非军事化。作为回报，以色列军队撤出埃及。③ 以色列推动建立的与阿拉伯国家的共识：“承认与合作有利、否定与对抗有害”，或

---

① Erskine Childers: “The Other Exodus”, *The Spectator*, 1961.5.12, reprinted in Walter Laqueur (ed.) *The Israel-Arab Reader: A Documentary History of the Middle East Conflict (1969),* rev.ed. Pelican, 1970. pp.179-188, 183.

② Sachar Howard: *A History of Israel: From the Rise of Zionism to Our Time*. Alfred A. Knopf, 1976. p.455.

③ Chomsky Noam: *The Fateful Triangle: The United States, Israel and the Palestinians.* South End Press, 1983. p.194.

者简称为“有利下的和平”，[①] 再次得以强调。

“西奈战争”后，以色列周边的阿拉伯国家意识到单打独斗无法突破以色列的权力压制，放弃认输又有悖于他们早先确立的反犹信念和民族自尊。于是，脆弱的“有利下的和平”共识让位于挑战以色列权力结构牢固性的尝试，埃及、叙利亚、约旦三国再度尝试联合抗以。以色列对此高度警觉，决定先发制人。1967年6月5日，以色列突袭埃及空军，对其进行毁灭性打击。同时，以色列地面部队攻入加沙和西奈半岛，埃及军队全线溃败。约旦和叙利亚出兵援助埃及，被以色列迅速击溃，以军进占约旦河西岸和东耶路撒冷，并占领叙利亚的戈兰高地。6月11日，埃、约、叙三国被迫再次与以色列签署停火协议。[②] 战争结束后，以色列很快抛出诱饵（由美国人秘密转达），只要埃及和叙利亚愿意签署和平协议（政治承认以色列），以色列就会归还西奈半岛和戈兰高地（但加沙除外）。以色列还表示愿与约旦就“东部边界问题”进行公开谈判（但东耶路撒冷除外）。[③] 然而，丢了土地又丢人的阿拉伯国家被逼到墙角，他们在9月1日的喀土穆峰会（Khartoum Arab Summit）上对以色列做出了强硬回应：阿拉伯国家与以色列之间“没有和平、没有承认、没有谈判”，这就是著名的“三无原则”（Three No's）。纳赛尔强调，“与以色列直接和谈就是投降”。[④] 这

① 阿拉伯国家在现实利益权衡下，实现与以色列的和平共处。

② Elie Podeh, Onn Winckler: *Rethinking Nasserism: Revolution and Historical Memory in Modern Egypt*. University Press of Florida, 2004. pp.105-106.

③ Shlomo Ben-Ami: *Scars of War, Wounds of Peace: The Israeli–Arab Tragedy*. Orion 0Books Ltd, 2005. p.125.

④ Itamar Rabinovich, Haim Shaked: *From June to October: The Middle East between 1967 and 1973*. Transaction Publishers. pp.190-195.

一事件说明，在以色列推动阿拉伯国家形成与自己的权力意志相一致的共识过程中，需要把握好压力与动力的平衡，如果以色列对阿拉伯人施加的压力过大，而给予的利益回报过小，就可能把阿拉伯人逼做困兽之斗，不利于共识的稳定与成长。

埃及的显著变化发生在1973年的“赎罪日战争”（Yom Kippur War）之后。此前，纳赛尔已于1970年9月去世，萨达特继任埃及总统，埃及对以色列的基本政策仍是不承认以色列存在的合法性和用战争方式解决阿以问题，但策略有所变化。以色列要求埃及进行无条件谈判，签署和平协议。萨达特的回应是，埃及可以与以色列谈判，也可以与其签署和平协议，但前提是，以色列必须从西奈半岛、加沙地带及其他被占的阿拉伯领土撤军，退回到1967年的停火线；以色列必须公正解决巴勒斯坦难民问题；必须执行联合国安理会242号决议。① 显然，在这种策略性表态背后，我们看到了埃及立场的微调：以色列是可以谈判的（不同于纳赛尔的“三不”原则），只要求以色列从1967年5月第三次中东战争以来占领的阿拉伯领土撤军（以前占领的可以不撤），这在以色列看来虽然是不值一提的一小步，但对阿拉伯国家来说，却是不知不觉向以色列的权力意志靠拢的一大步。尽管如此，萨达特还是希望通过战争夺回西奈半岛等被占领土，以此挽回颜面，提高自己的威信，然后再进行谈判。“在战争问题上，必须孤注一掷”。②1973年10月6日，埃及军队和叙利亚军队在犹太教的“赎罪日”对以色列发动突袭，初战告捷，但在随后的以色列反击中被逐步

---

① Rosenne Meir: “Understanding UN Security Council Resolution 242”. 2002.5.23. *Jerusalem Center For Public Affairs*. http://jcpa.org/security_council_resolution_242/. 2016.7.13.

② Rabinovich: *The Yom Kippur War*. Schocken Books, 2004. p.13.

击溃。最终，以色列军队占领了苏伊士运河东南沿岸1600平方公里的土地和东岸的一块飞地，距离开罗仅100公里；占领了叙利亚戈兰高地500平方公里的土地，离大马士革仅30多公里。[①] 战争结果使萨达特总统进一步认识到，使用军事力量挑战以色列的权力结构也许永远不会成功，每次战争的结果只能是进一步强化以色列对阿拉伯领土的控制。所以，和平谈判也许是更好的方式。对以色列而言，战争的目的是获得在祖居的“以色列地”建立合法国家的权利，在战争中打败阿拉伯国家是为了逼迫其承认以色列国家的生存权，战争本身不是目的。所以，说服阿拉伯人接受以色列，最好的方法可能不是一味通过战争和加强军事控制，而是在强化军事打击和军事控制的基础上，加强利益诱导，促使他们进行谈判。[②] 这意味着，在“赎罪日战争”后，以色列和埃及在和平谈判问题上想到了一起，原来的共识得以强化。

随后，埃及与以色列和谈比较顺利。1973年10月24日，联合国安理会通过339号决议，要求参战各方停火。借此机会，埃及国家安全委员会顾问伊斯梅尔向前来调停的基辛格表示，只要以色列同意埃及向第三军团运送非军事物资并彻底停火，埃及愿与以色列进行直接谈判。又惊又喜的基辛格立即协调埃及和以色列的军事长官举行脱离军事接触的直接会谈。1974年1月19日，埃及和以色列正式签署“西奈部队隔离协定”（Sinai Separation of Forces Agreement）。1975年9月4日，埃以两国又正式签署了“西

① Hammad Gamal: *Military Battles on the Egyptian Front* (First ed.). Dār al-Shurūq, 2002. pp.237-276.

② Friedman George: “*Israeli–Palestinian peace talks again.*” Stratfor, 2010.8.23. https://www.stratfor.com/weekly/20100823_israeli_and_palestinian_peace_talks_again. 2016.7.13.

奈临时协定”（Sinai Interim Agreement），宣布两国的冲突应和平解决而不使用武力。[①] 这是身处以埃强制性权力关系结构中的埃及，在不知不觉之中沿着趋向以色列权力意志的方向，与以色列形成的一个重要共识。这已不仅仅是在利益权衡下的不稳定共识，而是在反复权衡和不断试错的基础上，逐渐形成的共同信念：以色列希望埃及相信且埃及已经相信，承认以色列并与其和平共处、通过和平方式解决争端是唯一可行的选择。在这一信念支撑下，埃及不顾其他阿拉伯国家的反对，毅然赴美国参加与以色列的“戴维营会谈”（Camp David Talks），并与以色列签署“埃以和平条约”（Egypt–Israel Peace Treaty，1979.3.26），实现两国关系正常化。[②] 从此以后，埃及的反以立场大大减弱了。

四、结语

以色列建国后通过自卫战争建立了面向阿拉伯国家的强制性权力关系结构，这一权力关系结构随着阿以战争的反复进行而不断强化。借助这一权力关系结构，以色列不断把自己在以色列地合法生存和发展的理念灌输和渗透给阿拉伯国家。最终，与以色列打交道最多且对阿以利害关系体会最深的埃及，率先与以色列实现了和平共存意义上的观念认同。翻阅阿以关系史，我们可以发现，这一权力建构机制和观念转化过程，在阿拉伯国家和阿拉

---

① Pierre Tristam: “The Egyptian-Israeli Disengagement Treaties of 1974 and 1975”, *about news*, http://middleeast.about.com/od/arabisraeliconflict/a/me080421.htm. 2016.7.11.

② Stein Kenneth: “Heroic Diplomacy: Sadat, Kissinger, Carter, Begin, and the Quest for Arab-Israeli Peace”. *Taylor & Francis*, 1999. pp. 221-229.

伯人中或多或少、或早或晚地普遍存在着。正是这一机制和过程，逐渐改变了埃及、约旦、叙利亚、沙特等国以及巴解组织、哈马斯等政治组织的观念，使它们的立场越来越靠近以色列，它们的反以态度从而不断弱化（本书后面几章将逐一展开阐述）。

截至目前，尽管只有埃及、约旦和巴解组织跟以色列签订和平协议并正式承认以色列（毛里塔尼亚已于2010年与以色列断绝所有外交关系），[1] 但是，只要以色列建立的这种权力关系结构不变，假以时日，会有更多的阿拉伯国家认同以色列的和平共存理念（认同以色列的全部理念则需要相当长的有效时间）、承认以色列并与其建立正常外交关系。

当然，这一过程会存在曲折和反复。原因主要来自两个方面，一是以色列始终无法将不同于自己权力意志的观点与阿拉伯国家完全隔离开，使得阿拉伯人观念重构的第三个条件难以彻底满足，结果就是阿拉伯国家重构观念的进程变得缓慢，重构后的观念也需要不断巩固才能逐渐稳定下来；二是阿拉伯国家存在打破以色列权力关系结构的冲动，它们仍可能不断积蓄力量试图冲破这一结构，而一旦这一努力取得成功，以色列权力关系结构的建构机制和阿拉伯国家的观念转化过程会终结。

但是，以色列不会允许这一局面出现，他们会全力提高军事能力、巩固和强化其权力关系结构。在可以预见的将来，我们还看不到阿拉伯国家有效冲破以色列权力关系结构的现实可能，以色列权力意志对阿拉伯国家观念的渗透和重塑还将继续下去。

---

① Gelvin James L: *The Israel-Palestine conflict: One Hundred Years of War.* Cambridge University Press, 2007. p.233.

第3章

以色列对巴解组织的强制性权力关系及其建构作用

一、以色列与哈马斯关系引论

巴以问题由来已久。地处亚、非、欧三大洲交汇点的巴勒斯坦地区在历史上被不同民族和国家多次占领，迦南人、犹太人、波斯人和罗马人都曾经统治过这片土地。阿拉伯人从公元6世纪开始迁移至此处，开启了这一地区的阿拉伯化与伊斯兰化进程。这一变化十分彻底，即使在随后经历了近200年的十字军东征及占领，与奥斯曼帝国对该地区长达4个世纪的统治，这里的居民依然大都保留了其阿拉伯式的伊斯兰属性。

自19世纪末犹太复国主义兴起以来，犹太人与阿拉伯人开始了对巴勒斯坦土地的激烈争夺。在巴勒斯坦进行委任统治的英国人于1917年发表“贝尔福宣言”，声称英国将支持犹太人在巴勒斯坦地区建立犹太民族之家，并将努力促成其实现。该宣言引发了当时占巴勒斯坦总人口93%左右[①]的阿拉伯人的强烈反对，阿拉伯人与犹太人之间的矛盾愈演愈烈。而联合国大会于1947年通过的181（2）号决议成为巴以问题爆发的导火索。在随后近40年的时间里，阿以之间爆发了五次大规模战争以及数次军事冲突。第一次中东战争中，以色列最终占领80%的巴勒斯坦土地；苏伊士运河战争中以色列重创埃及；“六·五战争”中以色列直接占领阿拉伯国家六万多平方公里的土地；“十月战争”中以军在美国援助下逆转战局；黎巴嫩战争中以色列则直接以武装力量驱逐了寄居于黎巴嫩的巴解组织总部。以色列以军事手段不断占领阿拉伯土地，拒绝联合国要求其撤出被占领土的决议，反对“以土地换和平”的冲突解决方式，由此可见，以色列在巴以冲突中通过以军事力量为后盾的一系列手段不断约束对手，并迫使其就范，其目的是为了贯彻以色列的权力意志，即巴勒斯坦人不再成为以色列维护国家安全和扩张在巴勒斯坦领土的障碍。

在阿拉伯人民反抗以色列占领巴勒斯坦领土的斗争过程中，巴勒斯坦解放组织逐渐成为阿拉伯世界的重要抵抗力量，其作为巴勒斯坦人民代表的地位也获得了其他阿拉伯国家的承认。1964年巴勒斯坦解放组织成立，随后在国民宪章中明确提出以武装斗争为唯一斗争手段、消灭以色列并建立巴勒斯坦国家等政策目标。这样的战略目标和斗争方式在巴解组织建立之初的近十年时间里并未发生明显变化，但随着以色列强大的军事实力与强硬的政治立场的持续作用，巴解组织逐渐放弃了原有的政治立场和斗

① 杨辉:《中东国家通史·巴勒斯坦卷》，商务印书馆，2002年版，第84页。

争手段，做出了更加实际的战略调整。“六·五战争”之后，巴解组织遭受重大损失，退守约旦，随后又撤至黎巴嫩；70年代中期，巴解组织开始提出武装斗争之外的斗争方式；1982年黎南部巴解武装力量被以军基本摧毁，巴解组织不得不以更灵活、务实的态度处理巴以冲突；1988年巴勒斯坦国宣告成立，同时也宣布承认以色列及联合国关于双方领土争端的242号及338号决议；1993年巴解组织则与以色列签订了历史性的《奥斯陆协议》。

通过观察不难发现，巴以冲突的双方立场变化的趋势有很大不同。以色列在以军事力量为主要手段的强制性权力建立之后，不断通过各种方式约束并改变对手的行为以贯彻其权力意志；与之相对的是，巴解组织在斗争过程中却经历了从武装冲突到缓和，再从缓和到和解的过程，其立场发生了明显的松动和转变。鉴于巴以问题的复杂性与关键性，有必要深入分析以色列强权政治与巴解组织立场演变之间的内在联系，并对这种联系如何影响未来的巴以和平进程进行评估。

对该问题的探讨，其主要研究目的在于：第一，厘清巴勒斯坦解放组织成立之后在与以色列斗争过程中立场发生了何种转变；第二，探究巴解组织立场后退的现象是否与以色列强制性权力的实施有关，以及这种关联如何产生、如何发生影响。

本章以以色列的强制性权力与巴解组织立场演变之间的关系作为研究议题，其中的两个变量比较关键，分别是以色列的强制性权力和巴勒斯坦解放组织立场变化。本章将以权力建构主义为理论框架，深入分析两者之间的建构关系。因此本章的研究问题可以这样表述：以色列的强制性权力如何重构了巴解组织的观念，从而导致其反以立场发生后退。

本章的论述结构如下：引论部分引出并确立研究问题，简要阐述问题背景，并指出该问题的研究目的及意义；第一部分对国内外研究现状进行分析，主要对相关问题的文献进行回顾；第二部分利用权力建构主义的理论框架具体分析以色列对巴解组织的强制性权力关系如何一步步建构和重塑巴解组织的立场，这一部分将对巴解组织立场发生变化的各个阶段，强制性权力的建立和持续，以及强制性权力关系向相应规范的转化进行细致分析；最后一部分则进行总结与评价。

二、以色列与哈马斯关系研究评估

国内外学者对巴勒斯坦问题的研究由来已久。在前人的研究和分析中，有两种研究思路显得尤为清晰。第一种思路是从巴以冲突甚至阿以冲突的整体视角分析巴勒斯坦问题的起因、过程和解决方法，并对未来可能的发展道路展开分析；另一种思路是着眼于巴勒斯坦人民的斗争，尤其是巴勒斯坦解放组织在其中的作用，着重对巴解组织立场的演变进行了梳理，部分研究还给出了因果性的分析。对这些研究的回顾和梳理有助于对本章研究问题的探析。

从巴以问题乃至阿以问题的整体视角进行分析的文献在相关研究中占据了大多数。这一类型的研究通常包括对巴以冲突的历史回顾、阶段划分、根源分析、前瞻预测，以及中东和平进程发展与挫折的因果性分析，还有对有助于解决阿以问题的功能性合作的分析等。

哈全安所著《中东史：610—2000》、美国学者小阿瑟·戈尔德施密特与劳伦斯·戴维森共同撰写的《中东史》，以及格伦·派瑞（Glenn E. Perry）撰写的专著《中东：十四个伊斯兰世纪》（*The Middle East: Fourteen Islamic Centuries*）等均从历史学的角度概括分析了阿以冲突的起因和经过，对其中比较重要的战争和事件进行了历史性的描述。在《中东史》中，作者还提及了巴解组织的建立，并在随后的章节中穿插式地指出了巴解组织在巴以问题中发挥的作用。[①] 另外，《以色列史》则从对立面的角度描述了各个阶段中巴解组织的行为。

有一部分学者将对中东问题的研究缩小到了巴以问题之上，并尝试对其根源与化解途径进行探究。在分析该问题的成因方面，王京烈在《巴以冲突：理论构建与前瞻分析》中构建了分析巴以冲突的理论框架，其中包括“巴勒斯坦问题的性质”“阿以冲突的历史分期”“阿、以在冲突中的角色和主导作用”以及“有关巴以冲突重大制约要素的分析”四个方面。[②] 在他的另外一篇文章《巴以冲突：主要影响因素及预测分析》中，作者又对上文提到的第四方面展开论证，即对影响巴以冲突的重要因素进行了逐个分析。还有一部分学者从国际政治的视角分析巴以问题的成因。李平民在《巴以冲突与国际政治》中通过研究大国关系对巴以冲突带来的影响试图解释巴以问题的成因，[③] 曹兴在《国际政治学视阈下的巴以关系》提出地缘政治和大国强权是巴以冲突的根源所在。[④] 除

---

① 小阿瑟·戈尔德施密特、劳伦斯·戴维森著：《中东史》，哈全安、刘志华译，东方出版中心，2015年版，第338—351页。

② 王京烈：《巴以冲突：理论构建与前瞻分析》，载《阿拉伯世界研究》，2006年第1期，第8—9页。

③ 李平民：《巴以冲突与国际政治》，载《阿拉伯世界》，2001年第3期，第30—32页。

④ 曹兴：《国际政治学视阈下的巴以关系》，载《世界民族》，2012年第2期，第31—38页。

此以外，学者还关注中东和平进程等巴以问题可能的化解途径。王京烈与王昌义均认为，中东和平进程的推动需要巴以双方、阿犹各方各自的努力，国际社会也应对此予以支持，这个过程将持续很长时间，但不会倒退。[①]

对巴以问题的整体分析虽然并未突出分析巴解组织的发展和演变，但这些文献有助于为当前研究与分析提供翔实的史实和依据。

不少学者对巴解组织的产生和历史发展阶段进行了较为详尽的论述，并且概括出了其立场发生调整和变化的过程。《中东国家通史·巴勒斯坦卷》在第六章专门分析了巴解组织的斗争方式和最终战略目标的演变，将其主要分为两个阶段：第一阶段中，巴解组织将斗争方式调整为武装斗争与外交斗争并重，其战略目标也发展为分阶段建立巴勒斯坦国；在第二阶段中，巴解组织承认了以色列的合法地位以及联合国相关决议。[②] 在《列国志：巴勒斯坦》中，巴解组织战略目标的演变被分为三个阶段：早期目标的确立、小型巴勒斯坦国的提出以及宣布建国与承认以色列。[③] 以上两本专著主要通过对史实的概述分析了巴解组织从冲突走向缓和的过程，分阶段体现了巴解组织立场的弱化。

还有学者虽未直接指出巴解组织立场的后退，但试图分析巴解组织从冲突走向缓和这一现象的原因。查尔斯·史密斯认为，

---

① 王京烈：《从巴勒斯坦战争到马德里和会——从整体考察阿以冲突》，载《西亚非洲》，1992年第2期，第21页；王昌义、吴珉珉：《对中东和平进程的回顾与思考》，载《外交学院学报》，2003年第3期，第8页。

② 杨辉：《中东国家通史·巴勒斯坦卷》，商务印书馆，2002年版，第213—220页。

③ 姚惠娜：《列国志·巴勒斯坦》，社会科学文献出版社，2010年版，第95—96页。

巴以之间力量对比的巨大差异性与巴解组织自身的不团结是产生这一现象的主要原因。[①] 杨辉在《巴勒斯坦战略目标的演变》中分阶段对代表巴解组织立场发生变化的事件进行分析，并认为其领导人阿拉法特对巴以之间局势的客观分析是这种立场发生演变的最主要原因。[②] 李玮认为，以色列与巴勒斯坦之间一直存在一种"不对称共处状态"，主要指实力、制度和文化三方面的不对称，这导致了巴解组织和其他巴勒斯坦组织在巴以问题中的弱势。[③] 赵克仁认为，巴解组织在和谈过程中的不断让步也是以色列以及相关大国施加强权政治的结果。[④] 李秀珍在《实力悬殊的谈判——巴勒斯坦在巴以和谈中劣势地位的经济根源》中分析了巴勒斯坦经济的脆弱性对巴解组织在和谈中的地位造成的影响，从另一角度阐释了巴解组织立场弱化的原因。[⑤] 虞卫东也认为，以色列通过掌握和控制巴勒斯坦的经济命脉，使得巴解组织不得不一步步退让，也使得巴以冲突呈现出非对称性的特点。[⑥]

有一部分学者在对阿拉伯民族主义和巴勒斯坦民族主义的分析中观察到了巴解组织发展过程中的变化。赵克仁认为，包括巴解组织在内的阿拉伯国家和组织都在巴勒斯坦战争后发生了民族

---

① Charles D. Smith, *Palestine and the Arab-Israeli Conflict*, Boston: Bedford/ St. Martin's, 2004, pp.395-396.

② 杨辉、马学清:《巴勒斯坦战略目标的演变》，载《西亚非洲》,2002年第6期，第12页。

③ 李玮:《浅析巴以关系中以色列的不对称共处策略》，载《宁夏社会科学》，2015年第1期，第98—101页。

④ 赵克仁:《强权政治与巴勒斯坦问题》，载《西亚非洲》,2001年第3期，第8—12页。

⑤ 李秀珍:《实力悬殊的谈判——巴勒斯坦在巴以和谈中劣势地位的经济根源》，载《西亚非洲》，2000年第3期，第11—13页。

⑥ 虞卫东:《试析巴以冲突的经济内涵——从以色列对巴勒斯坦经济的全面控制谈起》，载《阿拉伯世界研究》，2008年第1期，第40—44页。

主义的觉醒。虽然阿拉伯民族主义并非在1947年以后才产生，但战争的爆发无疑加深了各方对自身阿拉伯属性的认同。阿拉伯世界作为一个整体都在巴以冲突中逐渐软化了立场，这其中的重要原因就是阿拉伯民族主义的发展与壮大。[①] 姚惠娜、黄民兴则在《试论巴勒斯坦民族主义发展阶段及特征》中分析了巴解组织在武装斗争以及建立独立的巴勒斯坦国家方面的立场变化，并指出“缺乏独立的经济基础，以及阿拉伯国家甚至整个伊斯兰世界的影响，和美国偏向以色列的外交政策，严重限制了巴勒斯坦民族独立运动和建国事业的发展”。[②] 温蒂·珀尔曼（Wendy Pearlman）在其著作《暴力、非暴力与巴勒斯坦民族运动》（*Violence*, *Nonviolence*, *and the Palestinian National Movement*）中提到，巴解组织从非暴力走向暴力，与巴勒斯坦民族运动的内聚力（cohesion）有关，内聚力的增强会引导民族运动向非暴力的方向发展，而民族运动的分裂性（fragmentation）愈强则有可能引发暴力冲突。[③]

纵观国内外学者对巴以问题各方面研究和分析可以看出，当前对巴以问题的分析以对相关史实的描述和分析为主，并试图在此基础上分析巴以问题的成因与根源。但此类型的研究在一定程度上存在局限性。首先，将巴勒斯坦解放组织这一巴勒斯坦人民的唯一合法代表，与参与巴以问题的其他阿拉伯国家或组织作为一个整体进行分析，在一定程度上忽略了巴解组织的重要地位和特殊作用。

---

① 赵克仁:《阿拉伯国家在巴以问题上的民族主义》，载《阿拉伯世界》,2002年第3期，第15—16页。

② 姚惠娜、黄民兴:《试论巴勒斯坦民族主义发展阶段及特征》，载《史学理论研究》，2014年第2期，第65页。

③ Wendy Pearlman, *Violence, nonviolence, and the Palestinian national movement*, New York: Cambridge University Press, 2011, pp.11-23.

其次，部分学者注意到了巴解组织的重要性，也尝试从巴解组织的角度分析巴以关系的变迁。但是，这些研究都是对其因果关系的分析，即以巴解组织的立场变化作为结果，分析“为什么”会发生这样的现象。但这种因果关系分析无法让我们看清巴解组织立场变化的内在机制，巴解组织立场弱化并不是一个静止的现象，而是有一个发展过程，要说清楚这个过程，就有必要对其机制进行分析，应回答这一现象是“如何产生”的，而不能仅仅停留在对“什么原因”的分析上。这意味着，对巴解组织立场变化问题的建构关系分析或许能为这一问题的理解提供新的洞见。

除此之外，学者在对巴解组织立场变化问题的因果关系分析中强调了以色列与巴解组织之间存在的不均衡的实力对比，这种权力的巨大差异是否对巴解组织立场变化的建构过程产生作用，也需要进一步的分析与阐释。

三、巴解组织反以立场后退分析

权力建构主义认为，强制性权力在持续作用一段时间后能够产生建构作用。在这一过程中，强制性权力关系需要满足三个条件，才能使影响者对被影响者产生限制作用，从而产生了限制性规范；在此基础上，强制性权力关系再推动限制性规范向构成性规范转化，使被影响者观念中业已形成的限制性规范内化，从而最终改变或重塑其认同。那么，在巴以冲突中，巴解组织立场的后退是否是由这种先“限制”后“构成”的建构模式导致的呢？而且，这种建构模式又是如何实现的呢？本章将对这一问题进行详细的研究和分析。

（一）以色列强制性权力关系的确立

权力建构主义认为，任何权力关系结构都包括施加权力约束的影响者和受到约束的被影响者。作为权力关系方式之一的强制性权力关系也具有这样的特性。在强制性权力关系中，影响者以武力为后盾贯彻其权力意志。而在巴以冲突中，以色列作为影响者通过一系列行动确立了其对巴解组织的强制性权力关系，使后者逐渐成为对以色列单向服从的被影响者。

总体而言，以色列通过军事进攻和政治手段建立起对巴勒斯坦的强制性权力关系，这其中以军事手段为主。从1964年到1974年，以色列通过两场战争从事实上确立了对巴解组织的强制性权力关系。首先，在1967年的“六·五战争”中，以色列军队通过短短6天的时间便大获全胜，以色列仅仅付出了777人的伤亡代价，[①] 却获得了大量收益，以军除了获得包括约旦河西岸、加沙地带、戈兰高地和西奈半岛在内的8万多平方公里土地并占领耶路撒冷旧城以外，还对巴勒斯坦的武装力量——巴勒斯坦解放军进行了毁灭性打击，迫使其将军事基地移至约旦。这一次战争之后，巴解组织的军队无法再与以军展开势均力敌的对抗，结果是巴解组织试图通过武力反抗和摆脱以色列控制的希望难以实现。其次，在1973年的“十月战争”中，阿拉伯国家虽然打破了以色列的不败神话，但巴解组织面对萨达特的和解政策依然无能为力，因为在战争中，巴勒斯坦解放军的实力无法在埃及军队停滞不前时与以色列单独对峙；在战争结束后，巴勒斯坦人依然无法实现收复

---

① 阿伦·布雷格曼著:《以色列史》，杨军译，上海：东方出版中心，2009年版，第121页。

土地的愿望，更无法摆脱以色列对巴勒斯坦土地的占领和控制。这意味着以色列通过军事手段建立的对巴解组织的强制性权力关系结构已牢固确立。

同时，以色列还通过政治手段维护并巩固这种强制性权力关系。以色列通过外交手段使联合国通过了242号决议，要求以军从“最近冲突中占领的土地撤离”（from territories occupied in the recent conflict）而非全部撤离[①]，这种模糊的措辞对阿拉伯国家和巴解组织收复巴勒斯坦土地没有产生任何实质影响。在军事上毫无还手之力的巴解组织此时尚未被联合国承认其合法地位，因此只能接受战争带来的后果。而此时的以色列已经成为美国在中东地区抗衡苏联、夺取霸权的重要支柱，在美国等西方大国的帮助下，以色列继续对约旦河西岸和加沙地带进行占领，且拒绝“以土地换和平”的建议，从而加强了对巴解组织的控制。

由此可见，以色列通过军事手段大大削弱了巴解组织的反抗能力，初步形成了强制性权力关系，同时又通过政治手段将对巴勒斯坦土地的占领与控制稳定下来，确立了这种使巴解组织单向服从的强制性权力关系。通过这种强制性权力关系的确立，以色列将其权力意志渗透给巴解组织，即巴解组织不再成为以色列维护国家安全和扩张在巴勒斯坦领土的阻碍。

（二）巴解组织的成立及其原初立场

从20世纪50年代初开始，随着巴勒斯坦人民反抗情绪的不断

---

① Charles D. Smith, *Palestine and the Arab-Israeli Conflict*, (Boston: Bedford/ St. Martin's, 2004), p.331.

高涨，致力于抵抗以色列占领的各色社会组织不断成立。阿拉伯国家开始考虑成立一个能单独代表巴勒斯坦人民利益的组织或机构，即巴勒斯坦实体。在阿拉伯联盟的推动下，1964年5月召开的巴勒斯坦人国民大会正式通过了成立巴勒斯坦解放组织的决议。这次会议选举舒凯里为巴解组织执行委员会主席，并选出由他领导的15人执委会；通过了《巴勒斯坦国民宪章》（草案）和《巴勒斯坦解放组织章程》。巴解组织通过3年的时间进行改组和统一，并于1967年由阿拉法特领导的“法塔赫”接管了巴解组织。在此之后，多个抵抗运动组织被纳入框架之内，各抵抗组织也在统一的领导下开始实现解放巴勒斯坦的共同目标。

鉴于巴解组织在建立初期的内部调整和重构，其原初立场的确立必须结合巴解组织成立前夕以及成立初期的一系列官方记录、巴解组织的抵抗活动以及主要领导人的言行进行判断。在正式成立巴解组织之前，阿拉法特领导的“法塔赫”就强调暴力革命是解放巴勒斯坦的唯一途径。[①] 1964年国民大会通过的两个纲领性文件以及1968年修改后的巴勒斯坦国民宪章也清楚地反映了这种立场。具体而言，这种立场可以体现为以下四方面。

一是巴勒斯坦的疆界和领土范围。草案中明确提出，巴勒斯坦的疆界以英国委任统治时期为准，且领土不可分割。在1968年正式修改后的国民宪章中，这一点再次被确认。这意味着巴解组织不仅拒绝接受以色列在巴勒斯坦战争中获取领土的既成事实，也不承认1947年联合国分治方案中的领土划分，即巴解组织要解放的巴勒斯坦并不只是联合国分治方案以及以色列随后在巴勒斯

① 杨辉：《中东国家通史·巴勒斯坦卷》，商务印书馆，2002年版，第191页。

坦战争中占领的阿拉伯领土。

二是对以色列生存权利的承认与否问题。1968年修改后的《巴勒斯坦国民宪章》中的第十九条明确指出，“1947年巴勒斯坦的分治决议以及以色列的建立完全是非法的”[①]。除此之外，宪章中从未出现过“以色列人”的字眼，而以“犹太复国主义者”对其进行统称。这意味着巴解组织在此时完全不承认以色列国已经建立的事实，甚至坚信只有将以色列国家毁灭才能解放巴勒斯坦。[②]

三是巴解组织的战略目标。1968年国民宣言的第一条就明确指出，巴勒斯坦是巴勒斯坦阿拉伯人民的家园。巴解组织建立的目的就是为了带领所有巴勒斯坦阿拉伯人解放家园，将犹太复国主义从这片领土驱逐出去。可以看出，巴解组织确定的战略目标就是在巴勒斯坦领土上建立巴勒斯坦国。这一目标包含两层含义，其一是指将领土恢复到英国委任统治时期的巴勒斯坦疆界，其二是犹太复国主义者不被允许在巴勒斯坦领土上存在。[③]

四是斗争方式。不仅作为巴解组织中核心力量的“法塔赫”明确表明解放巴勒斯坦的唯一斗争方式是武装斗争，这一立场还在国民宪章中有所体现。此外，宪章号召每一个巴勒斯坦人都应参加武装斗争。而巴解组织在建立之初就形成一支军队，设有各个抵抗运动组织共同参加的“武装斗争指挥部”，并以游击斗争的方式发起了大量抵抗活动。

事实上，巴解组织从1964年刚刚成立到“法塔赫”接管巴解

① 尹崇敬主编:《中东问题100年》，新华出版社，1999年版，第58页。

② 杨辉:《中东国家通史 · 巴勒斯坦卷》，商务印书馆，2002年版，第213页。

③ 梁洁:《试论巴勒斯坦的建国权利及其实现》，载《西亚非洲》，2013年第3期，第136页。

组织这一改组和重构过程本身也是其立场确立和强化的体现。因为巴解组织刚成立时并未吸收各个抵抗运动组织，且存在组织结构松散、巴勒斯坦解放军面临瘫痪等问题。改组后的巴解组织尤其凸显了“法塔赫”的重要性，“人阵”“民阵”“闪电”等抵抗运动组织也发挥了很大的作用，从而明确了巴解组织在参与巴以冲突时的原初立场。

因此，对巴解组织立场变化的分析也要从以上四个方面进行分别探究。为了使分析更加清晰透彻，本章将着重分析1964年至2002年阿拉法特执政期间的巴解组织，并将其具体划分为5个阶段。每个阶段都以能表明立场变化的重大事件为节点，首先阐述巴解组织在该阶段立场发生变化的具体表现，再分析以色列如何建立或持续其强制性权力关系，然后探讨该阶段的强制性权力关系是否符合向相应规范转化的三个条件，并分析导致这种变化的建构过程。值得注意的是，三个条件的满足程度直接决定了该阶段强制性权力关系产生建构作用的效用，三个条件完全满足的阶段，其建构作用也较为明显；反之，则建构作用减弱。

（三）巴解组织立场后退的第一阶段（1964—1974年）

这一阶段是巴解组织在面临巴以冲突时立场首次发生改变的时期。这些改变与之后几个阶段相比并不剧烈，等仍然可以清晰地观察出巴解组织的立场发生弱化，因此也相应地调整其斗争政策。

首先是该阶段巴解组织立场变化的标志。

这一阶段表明巴解组织立场软化的事件主要体现在巴解组织战略目标和斗争方式这两方面。战略目标的改变最初发生于第三次中东战争之后。以色列在1967年的“六·五战争”中不仅大获全胜，还占领了包括约旦河西岸、加沙地带、戈兰高地和西奈半岛在内的81600平方公里的土地[①]，同时占领了耶路撒冷旧城。在这种情况下，“法塔赫”内部的部分官员开始提出要“分阶段”实现战略目标的建议，又称“小型国家战略”。而在1973年的“十月战争”中，阿拉伯国家通过战争收复领土的希望再一次落空。巴解组织逐渐意识到，以一蹴而就的方式直接收复整个巴勒斯坦地区是不可能实现的，因此转而开始采纳此前组织内部少数官员认同的分阶段计划。这项计划于1974年2月由“法塔赫”“民阵”和“闪电”共同正式提出，主要内容是为了实现解放整个巴勒斯坦的目标，现阶段应先考虑在约旦河西岸和加沙地带建立独立的巴勒斯坦国以作为实现总目标的第一步任务。同年6月召开的第12次全国巴勒斯坦全国委员会会议正式通过了此方案，明确了在“部分土地”上建立巴勒斯坦国家的阶段性目标。对此，首次提出该分阶段计划的巴解组织官员卡杜米做出了详细阐述。他指出巴解组织当前的目标是回到1967年边界，之后再回到1947年边界，最终建立独立的巴勒斯坦国。

在巴解组织的斗争方式方面，发生变化的时间要晚于战略目标发生变化的时间。在1971年之前，巴解组织仍在不断强调获取胜利的唯一斗争方式是武装斗争。如“法塔赫”在1969年《关于巴勒斯坦全国委员会会议的声明》中继续坚持武装斗争的唯一重要性，且明确指出要加强巴勒斯坦国防军的建设；阿拉法特也在采访中重申武装斗争的意义。然而在1970年的“黑九月事件”中，

① 李兴刚:《阿以冲突中的犹太定居点问题研究》，云南大学出版社，2011年版，第30页。

约旦镇压了巴勒斯坦游击队，又在次年将其赶出约旦。这一事件的根源在于1967年的“六·五战争”造成大量巴勒斯坦难民涌入约旦，而巴解组织此前的基地不断遭到以色列的报复性袭击。约旦由于紧邻此地也蒙受了巨大的损失，最终在不堪重负的情形下造成巴解组织再次失去武装斗争基地的后果。因此，巴解组织此时不得不调整斗争方式。同样是在1974年6月探讨的全国委员会会议上，各抵抗组织就是否参加日内瓦中东和会进行激烈争论，最终虽未达成一致意见，但这次会议后通过的《临时政治纲领》则明确指出未来的斗争方式是以武装斗争为主的各种斗争方式，不再强调武力解决巴以问题是唯一途径。阿拉法特也以实际行动开始了政治外交斗争方式，他称当前的斗争方式是“一手拿着来复枪，一手拿着橄榄枝”[①]，并且从1974年开始不断展开外交攻势，于11月在联合国大会发表演讲。巴解组织的合法地位也在随后得到联大的承认。

其次是该阶段以色列针对巴解组织的强制性权力关系结构的建立。通过上述分析可知，以色列占领巴勒斯坦土地，通过军事力量和政治斗争使巴解组织无法产生能与之相抗衡的力量而摆脱其控制，从而建立起了强制性权力关系。以色列所希望贯彻的权力意志是巴勒斯坦人不再成为以色列维护国家安全和扩张在巴勒斯坦领土的阻碍。在这一权力意志的贯彻过程中，巴解组织的战略目标和斗争方式发生演变，立场也发生后退。由此可见，以色列与巴解组织之间确实存在权力关系。在这一过程中，以色列的权力意志并未以成文化的方式体现出来，因此这一过程主要是影

① 杨辉:《中东国家通史·巴勒斯坦卷》，商务印书馆，2002年版，第216—217页。

响者权力意志的自动转化。下面将对这种转化过程进行具体分析。

最后是该阶段以色列针对巴解组织的强制性权力关系结构推动巴解组织规范转变的关系机制。权力建构主义认为，任何权力关系向特定规范的转化都要经过“限制”和“构成”这两个过程。1964年至1974年间以色列对巴解组织的军事打击和对约旦河西岸以及加沙地带的占领已经对巴解组织产生了限制性作用。它通过军事打击和占领土地的方式贯彻其保卫国家安全的权力意志，迫使巴解组织的抵抗运动受到约束和限制。

再来看这种强制性权力关系产生建构作用须符合的三个条件。上文提到，巴解组织在这一阶段立场后退体现在战略目标和斗争方式两个方面。之所以没有发生四个方面的全面后退，是因为这一阶段以色列对巴解组织的权力关系并不完全符合三个条件。

1. 以色列对巴解组织的强制性权力关系必须牢不可破。首先，以色列通过军事打击和占领领土的方式，使巴解组织意识到摆脱这种权力关系是不太可能的。从1947年巴勒斯坦战争开始，以色列就坚决以武力方式捍卫民族国家的安全和利益。而在“六·五战争”之后，以色列即使在面对联合国242号决议以及国际舆论对其的谴责时，依然保持对这些土地的占领。不仅如此，以色列很快将这次战争获得的阿拉伯土地视作本国应得的领土，不可能考虑以“本国土地”换取巴以和平的可能性。虽然表面上声称愿意与阿拉伯国家进行谈判，但以色列很快就着手在这些土地上建立犹太人定居点，仅西岸地区就在10年间建立了14个。在以色列以军事力量为后盾的占领政策面前，巴解组织提出的第一阶段先回到1967年边界的方针在此时毫无实现的可能。

2. 被影响者相信服从行为能够带来利益回报。在这一阶段，以色列并未以直接给予巴解组织奖励性的回报，其行为主要是间接性的。首先，以色列在占领加沙地带之后，允许巴勒斯坦人进入以色列寻找工作，而加沙地带和西岸与以色列的市场也开始进行小规模的交易。这在事实上对于弱化巴勒斯坦人的仇恨和愤怒起到了积极作用。另外，“十月战争”后埃及与以色列逐渐走向和谈的趋势为巴解组织指明了一条道路，即放弃武力、通过政治斗争的方式或许能够使其目标在一定程度上实现。

3. 影响者限制被影响者对外行为，将其与外界不同观点隔离开。这一条件也是通过间接方法实现的。巴解组织在“六·五战争”中被以色列摧毁了基地，后迁移至靠近以占领土的约旦河谷地区。巴勒斯坦游击队对以色列的袭击遭到以军报复，导致约旦遭受巨大损失。这成为了日后约旦对巴解军事基地进行全面进攻，双方关系破裂的最主要动因之一。以色列通过这一行为限制了巴解组织与一个重要阿拉伯国家的对外交往，破坏了两者的盟友关系，虽未将其完全隔离，但也严重削弱了巴解的武装力量。

可以看出，这一阶段的强制性权力关系完全符合第一个条件，基本符合第三个条件，但第二个条件并不完全符合，因此其限制作用的发挥受到了影响。对于被影响者巴解组织来说，组织内部的个别官员从第三次中东战争后就意识到摆脱这种作用的不可能性，而随着以色列占领的持续，这种意识发展为组织内部几个重要抵抗运动的共同认知。这一点尤其体现在巴解组织斗争方式的变化上，“法塔赫”“闪电”和“民阵”已清楚意识到继续单纯地以武力抗衡以色列不存在获胜的可能，继续坚持以武装斗争为唯一斗争方式的后果很可能造成巴解军事力量全面覆灭。出于理性的功利计算，这一阶段的巴解组织虽未完全失去反抗的动力，但其趋势已有所体现。至此，以色列对巴解组织的强制性权力关系所产生的限制性规范初步形成。

上文提到，这一阶段以色列对巴解组织的强制性权力关系并不完全符合产生建构作用的三个条件，因此其限制性规范的形成并不彻底。这也导致了限制性规范向构成性规范转化的不彻底性。这种转化的机制在于限制性规范在强制性权力关系的持续作用下，内化为被影响者思想意识的一部分。以色列所要贯彻的权力意志——巴勒斯坦人不再成为以色列维护国家安全和扩张在巴勒斯坦领土的阻碍——在这一阶段尚不具备完全自觉地被巴解组织遵守的条件，但也有所渗透。巴解组织已经将其战略目标演变为分阶段建立巴勒斯坦国，即“小型国家战略”。包括阿拉法特在内的巴解组织领导决策层已经开始考虑通过放弃原有故土70%的面积来换取小型国家的初步建立。这为巴解组织在未来自觉地将加沙地带和约旦河西岸（而非1947年以前的巴勒斯坦领土）作为领土目标建立国家奠定了基础。

（四）巴解组织立场后退的第二阶段（1974—1982年）

1982年以色列军队直接对驻黎巴嫩的巴解军队进行军事袭击，造成巴解军事力量受损严重，再一次失去武装基地；此外，巴解组织总部被迫撤离贝鲁特，并分散至多个阿拉伯国家。巴解组织在这一年公开出现了多次立场松动，因此作为这一阶段的时间节点。

首先是该阶段巴解组织立场变化的标志。

从战略目标来看，巴解组织继续实施上一阶段提出的“小型国家战略”。在黎巴嫩战争发生之前，包括阿拉法特在内的多个巴解组织领导层人士不仅认真考虑这项计划，而且进一步推动其落实。阿拉法特作为巴解组织领导人，为了达成此计划对巴勒斯坦全国委员会的300多名成员进行逐一劝说，最终在1979年的全国委员会会议上正式以293票同意、4票反对通过该计划。[①] 事实上，在此前一段时间里，阿拉法特一直极力促成该计划的通过和实施，只是因为担心失去对巴解组织的领导权而有所犹豫。在1982年的黎巴嫩战争后，里根曾提出巴解与约旦相联系以解决巴勒斯坦问题的建议。阿拉法特极力探索这种计划的可能性，并说服巴解组织内部其他官员不要直接拒绝。在他看来，为了实现巴勒斯坦的最终独立，通过约巴建立联邦的方式或许能够作为一个阶段性的目标予以实现。

这一阶段中，巴解组织对联合国242号决议的态度也发生了明显变化。这一决议对巴解组织意味着两方面的立场变化，承认242号决议一方面意味着在疆界和领土问题上的松动；另一方面则在事实上对以色列国家的合法性进行了确认。联合国、苏联和美国都希望巴解组织以积极的态度对该决议进行回应，以此作为下一阶段和平进程的突破口。阿拉法特虽然不同意由巴解组织主动表示承认，但他多次在公开场合表示，如果联合国愿意将242号决议中把巴勒斯坦问题视作难民问题的措辞修改为尊重巴勒斯坦民族自决的措辞，则巴解愿意考虑接受。在以色列的强烈反对下，这种修改显然不可能实现。而在1982年黎巴嫩战争中，巴解军事力量几乎被消灭，巴解组织总部也被以色列包围。为了巴解组织的生存，阿拉法特公开表示接受所有联合国关于巴勒斯坦的决议。

---

① 托尼·沃克著:《阿拉法特传》，军事科学出版社，2005年版，第382页。

这标志着巴解此前所坚持的领土和对以色列的立场出现极大变化。

在承认以色列问题上的另一个重大事件是巴解对“非斯方案”的默许。1982年9月阿拉伯首脑会议在非斯召开，会上通过了8项原则。内容包括要求以色列撤出1967年战争中所占领的土地，但并未要求撤出全部阿拉伯土地。这是阿拉伯国家对以色列存在的认可，而巴解组织对此方案的态度是默认。[①]

从斗争方式来看，此前巴解组织所强调的是以武装斗争为主的各种斗争方式在此时已基本让位于政治斗争方式。从70年代开始的外交斗争依然在持续，1976年巴解成为不结盟运动的成员，不断加强与第三世界国家的联系；1980年欧共体承认巴勒斯坦人民的权利；超过120个国家在80年代初承认巴解组织的合法地位。此外，美国虽然碍于以色列的强烈反对没有与巴解建立正式联系，但私下的接触一直持续。而巴解组织的军事力量在1982年黎巴嫩战争中受到重创，伤亡3000人，被俘超过7000人，坦克和火炮等重型武器也出现大量损失，黎南部的游击队甚至直接被以军摧毁。[②] 巴解组织已经失去了武装斗争的基础。

其次是以色列针对巴解组织的强制性权力关系的持续和加强。

在上一阶段强制性权力关系已经建立的基础上，以色列通过一系列手段持续加强了这种权力关系结构。这首先体现在利库德集团的上台。1973年“十月战争”后，工党政府仅仅继续维持了4年。1977年贝京领导的利库德集团在选举中获胜，首次执掌了以色列政权。相比工党政府，这个以色列右翼政党在巴勒斯坦问题

---

① 谢贻明:《阿拉伯非斯首脑会议的中东和平方案》，国际问题资料，1982年第44期，第2—6页。

② 杨辉:《中东国家通史 · 巴勒斯坦卷》，商务印书馆，2002年版，第234页。

上显得更加强硬。其领导人贝京早年曾担任专门与巴勒斯坦人进行抵抗的地下组织伊尔贡的首脑，在以色列建国后也以态度强硬而闻名。利库德集团的上台也确实加强了以色列的立场。

在被占领地区建设定居点的问题上，贝京政府采取了更为激进的措施。工党政府虽然也支持犹太人在西奈和约旦河西岸等地区建立犹太人定居点，但主要出于较为现实的功利考虑，即犹太人需要在这些地方生存，所以建立定居点。而利库德集团则更多出于意识形态上的考虑。贝京本人坚持认为犹太人可以在任何《圣经》表明属于以色列的土地上居住。[①] 这一态度最明显的标志莫过于支持此前不被工党政府认可的信仰者集团的非法占领，并在1977年至1978年间将定居点增加了24个。利库德集团通过这种方式削弱被占领地区阿拉伯人的力量，有利于加强以色列对这些地区的控制。

在军事行动方面，以色列继续之前的政策。以色列一直将巴解组织视作恐怖主义组织，因此不断以武力方式进行打击和报复。1978年3月，一辆公共汽车在特拉维夫附近被巴勒斯坦人劫持，造成超过100名以色列乘客伤亡。这些劫持者之后被以色列全部消灭，且以军直接军事打击了驻扎在黎巴嫩南部的巴解组织基地。随后在1981年上台的第二任利库德政府利用其驻英大使遇刺的理由大举报复，直接入侵黎巴嫩，再一次极大削弱了巴解组织的力量。

这一阶段的另一重要事件是《戴维营协议》的签署。埃以实现和解似乎对整个阿以冲突的缓和起到了积极作用，但对于巴解

---

① 阿伦·布雷格曼著:《以色列史》，杨军译，东方出版中心，2009年版，第177页。

组织来说并非如此。以色列明确表示，不接受对以色列国家安全有严重威胁的巴解组织参与到和谈过程中来。萨达特虽然对此表示同意，但坚持在约旦河西岸和加沙地带建立巴勒斯坦国，这实际上符合巴解组织成立小巴勒斯坦国的方案。这个提议被贝京明确否决。贝京甚至表示“不给恐怖分子自治的权利”。[①] 由此可见，以色列即使在和谈中也未发生立场的后退。

最后是该阶段以色列针对巴解组织的强制性权力关系结构推动以色列权力意志向巴解组织的观念和规范转化的进程和机制。我们先看这一阶段以色列对巴解组织的强制性权力关系是否符合发生建构作用的三个条件。

一是强制性权力关系必须牢不可破。从上文分析可知，以色列的军事打击和扩建定居点等行为不仅没有随着巴解组织立场软化而发生减少，反而愈演愈烈。在军事上，以色列利用一切可能的机会铲除巴解残留的武装力量，将巴解组织设在黎巴嫩南部的游击队直接歼灭，迫使巴解总部和剩余武装人员分散至8个阿拉伯国家，大大削弱其力量。此时的巴解组织在武装斗争上已毫无还手之力。在对被占领地区的控制问题上，利库德集团的目的就是要提高这些地区的犹太人口比例，挤走这一地区的巴勒斯坦阿拉伯人，进一步加强了对被占领地区尤其是约旦河西岸和加沙地带的控制。另外，巴以之间从1981年7月开始实现了一段时间的停火，这说明以色列的目的是尽量弱化巴解力量使其完全纳入以色列的控制之下，而非将其全部消灭。这意味着，以色列建立的针对巴解组织的强制性权力关系结构，在这一时间段内不仅有效存

① 阿伦·布雷格曼著:《以色列史》，第173页。

在，而且继续保持牢不可破的状态。

二是被影响者巴解组织通过接受和服从以色列的权力意志能够得到利益回报。与第二阶段相似，以色列并未对巴解组织给出十分明确的利益回报。但是有两方面的行动向巴解组织展示了“如果服从或许能获取好处”的可能。一方面，在阿拉法特对是否接受242号决议而犹豫不决时，以色列表示可以接受“以安全换和平”，即巴解如果接受该协议，承认以色列的生存权利，那么双方或许有进一步和解的可能。很遗憾的是当时巴解组织内部存在大量声音强烈反对该建议。另一方面，埃以之间签订的《戴维营协议》就是以色列“以安全换和平”的蓝本，萨达特在“十月战争”以及随后的埃以谈判中都做出了不同程度的让步，以色列对此的回应是同意以军从西奈半岛撤离，埃以两国就此实现关系正常化。同时以色列还就西岸和加沙地带5年过渡期自治机构做出安排。巴解组织对此的回应则是强烈反对，将萨达特的行为视作“对犹太复国主义的投降”。[①] 但实际上，以色列承诺对西岸和加沙地带5年过渡期的自治机构做出安排，就是对巴以和解的让步和对巴方的利益回报。不过，这一回报没有达到巴解组织的预期，所以也未被巴解组织理解，这将导致以色列权力意志向巴解组织观念转化的进程受阻。

三是对巴解组织不同于以色列权力意志的观念的隔离。事实上，在任何国际政治事务中，对某一政治实体进行完全隔离的行为是不可能发生的，但以色列在一定程度上达到了对巴解组织进行思想隔离的效果。这一点十分突出地体现在禁止巴解组织参加

① 尹崇敬主编:《中东问题100年》，新华出版社，1999年版，第98页。

戴维营会谈的问题上。阿拉伯国家、联合国以及世界上大部分国家已经从70年代开始陆续承认巴解组织的合法地位及其对巴勒斯坦人民权利的代表性，但贝京在戴维营会谈期间坚决表示要将巴解组织排除在外。美国曾试图说服以色列改变立场，但最终结果是基辛格同意在巴解组织承认242号决议以及放弃恐怖主义行为以前不对其合法地位进行承认。以色列的这一做法，客观上强化了以色列权力意志对巴解组织思想观念的侵入和对其他不同观念的排挤，起到了隔离巴解组织不同观念的效果。此外，以色列再次通过军事打击打掉了巴解组织与黎巴嫩的紧密联系，使其再次失去了一个与阿拉伯世界进行深入联系和观念沟通的渠道，也在客观上起到了隔离巴解组织不同观念的效果。以色列的做法并非直接将巴解组织控制在某个地理范围内、隔绝其与外部不同观念的直接交流，而是将有可能支持、怂恿其反抗以色列的力量逐一剥离，使他们的观念和思想不再影响巴解组织。这实际上已经起到隔离作用的效果。

由此可见，这一阶段的强制性权力关系依然无法完全满足三个条件，这也是巴解组织依然在发动小规模武装袭击的根源。但该阶段的限制性规范实际上有加强的趋势。巴解组织的军事力量被进一步削弱，其立场也在四个方面全面倒退，表明其反抗动力进一步下降。巴解组织的主要领导层已经通过对242号决议和以色列合法地位的默认表明他们反抗意图的弱化。至此，巴解组织已经很清楚，一方面他们不再具备反抗以色列的实力，另一方面激烈的反抗只能招致整个组织的覆灭。通过理性的功利计算，最好的做法就是弱化甚至放弃反抗。这意味着，以色列针对巴解组织的强制性权力关系结构已对巴解组织起到了有效的限制作用。

在这种限制作用有所加强的前提下，由“限制”向“构成”转化的趋势也有所加强。这一点明显地体现在巴解组织领导人阿拉法特身上。他认为，在约旦河西岸和加沙地带建立巴勒斯坦国的方案不是一种政治妥协，而是一种务实可行的斗争方法。他认为，只要能够在这一地区建立起独立的巴勒斯坦国，即使通过和谈的方式也是可以接受的。因此他逐渐开始尝试降低组织内部其他成员对接受242号决议以及参加和谈的反感。[①] 出于对失去巴解组织领导权的担心，阿拉法特始终未在公开场合阐述过这种观点，但是，其默认“非斯方案”、同意约巴联盟的建立等表现已经说明，只要建国目标可能实现，任何方式都值得尝试。这实际上已经与以色列“以安全换和平”的提议相距不远。以色列的权力意志就是为了使巴解组织不再威胁到本国安全，而阿拉法特此阶段的思想已经显现出向此靠拢的趋势。而构成性规范的形成意味着巴解组织对从以色列的权力意志转化而来的规范的态度从“必须遵守”转变为“遵守合适”，可以说，阿拉法特已经在此阶段将放弃对以色列的全面抵抗视作更适合巴解组织生存的规范。

（五）巴解组织立场后退的第三阶段（1982—1988年）

首先是该阶段巴解组织立场变化的标志。巴解组织的立场在这一阶段发生了较为复杂的转变，这体现在三个重要事件的发生上。

从巴解组织被赶出黎巴嫩后，阿拉法特将总部迁至突尼斯。

---

① Charles D. Smith, *Palestine and the Arab-Israeli Conflict*, Boston: Bedford/ St. Martin's, 2004, pp.322-323.

为了维持组织的生存，阿拉法特开始正式提出要接受国际社会提出的解决巴以问题方案，即接受联合国242号决议以及承认以色列的合法地位。巴解组织希望与约旦联手，通过建立约巴联邦的方式参与中东和谈，进而在加沙地带和约旦河西岸建立巴勒斯坦国。然而此时的以色列已经完全不接受巴解组织任何形式的退让，要求在任何形势下都将巴解组织排除在和谈框架之外，美国对此表示支持。除此以外，约旦也试图越过巴解组织直接与以色列进行谈判。1986年2月，建立约巴联邦的方案被中止了。巴解组织再次陷入困境。

然而1987年爆发的被占领地区巴勒斯坦人起义给了巴解组织恢复生机的机会。1987年12月8日，一辆以色列运输卡车撞毁数辆巴勒斯坦阿拉伯人的汽车，造成4人死亡、数人受伤。随后巴勒斯坦人开始举行游行示威，但遭到以色列军队镇压。这一事件引发了被占领地区大规模的巴勒斯坦人游行，该活动被称为“因提法达”（Intifada，意思是大起义）。巴勒斯坦人在起义中高举阿拉法特肖像，高喊拥护巴解组织的口号。这使得一度被排除在和谈框架之外的巴解组织再一次提升了影响力。在起义活动愈演愈烈的情况下，约旦宣布与约旦河西岸终止法律关系，重新确认了巴解组织对被占领区巴勒斯坦人的代表权。

巴解组织借此机会重新回到和谈框架之内。1988年10月，巴解组织召开的第19次全国委员会会议正式宣告成立巴勒斯坦国。这次会议通过的《独立宣言》首次以书面方式承认1947年联合国第181（2）号决议和第242号、第338号决议。1988年12月，阿拉法特公开宣布巴解承认以色列的存在。

在这一阶段，巴解组织虽然在一定程度上恢复了其国际地位和影响力，但相比1968年修改的《国民宪章》，其反以立场发生了全面倒退。首先，巴解组织公开对以色列的合法地位予以承认，同时也意味着接受了在巴勒斯坦领土上分别建立犹太国家和巴勒斯坦国的决议，原初立场中将整个巴勒斯坦领土作为国家独立后的疆域并把犹太复国主义者逐出这一地区的战略目标已被彻底放弃；在领土问题上，《独立宣言》并未直接划定范围，但巴解组织官员随后解释，巴勒斯坦国的领土包括约旦河西岸和加沙地带，而非原初立场中的英国委任统治时期划定的疆界；《独立宣言》同时也明确指出，巴勒斯坦国未来将“通过和平途径解决国际和地区问题”。[①] 至此，巴解组织的立场已发生重大转折。

其次是以色列建立的针对巴解组织的强制性权力关系结构的持续。从前两个阶段来看，以色列维持其对巴解组织的强制性权力关系的方式主要是军事打击和在被占领地区扩建犹太人定居点。在本阶段中，这两种方式仍在持续，但已让位于另一种方式——对巴解组织作为巴勒斯坦人唯一合法代表地位的严厉拒绝和压制。

从黎巴嫩战争之后，巴解组织已经试图通过对联合国242号和第338号决议的承认换取巴勒斯坦国家独立的可能。然而以色列利库德集团对此予以拒绝。此前利库德集团并没有完全否认与巴解组织之间“以安全换和平”的机会，然而以色列官方在1983年对外宣称，以色列在任何情况下都不允许巴解组织参与到和谈框架内，即使他们承认联合国的有关决议。这实际上表明以色列拒绝承认巴解组织的合法性，更不承认它是巴勒斯坦人民的唯一合法

① 尹崇敬主编：《中东问题100年》，新华出版社，1999年版，第126页。

代表，而仍将其视作严重威胁以色列国家安全的恐怖组织，因此，以色列强烈反对巴解组织建立独立国家的任何可能性。美国也不愿看到巴勒斯坦建立独立国家，因此虽然与巴解组织保持私下接触，但也拒绝承认其唯一合法代表地位。双方都同意直接与约旦商讨约旦河西岸的自治问题。但随着1987年巴勒斯坦大起义的发生以及工党—利库德集团共同执政的开始，以色列虽然依然坚持不承认巴解组织，但也指出其原因是巴解组织尚未接受联合国有关决议。无论如何，以色列始终坚持不承认巴解组织唯一合法代表地位的底线。

除此之外，以色列针对巴解组织的军事行动以及在被占领地区扩建犹太定居点的活动依然继续。1987年“因提法达”的爆发对以色列产生重要影响，一方面，由于被占领地区阿拉伯人主要以投掷石块等方式进行抗议，以军如果直接以现代武器进行反击会有损国家形象；另一方面，利库德集团又指责工党手段软弱。在这种情况下，以色列政府选择对全面介入大起义的巴解组织再一次进行打击。同时，在约旦河西岸和加沙的犹太定居点扩建活动也未停止，只是减缓了扩建速度。

以色列在此阶段已经降低了武力在其维持强制性权力关系中的比重，但获得的成果甚至多于前两个阶段。正是在此期间，巴解组织为了建立巴勒斯坦国，正式承认了以色列的合法地位并接受了联合国所有相关决议。因此这一阶段的强制性权力关系的建构进程十分值得研究。

最后是该阶段以色列建立的针对巴解组织的强制性权力关系结构重构巴解组织观念和规范的过程分析。在本阶段，以色列的权力意志体现得尤为清晰。实际上从上一阶段开始，以色列政府已经作出明确表态。贝京在1978年接受美国《新闻周刊》访问时就提出要让巴勒斯坦的阿拉伯人“实行不威胁巴勒斯坦的犹太人的安全的自治”。[①] 而在1988年巴解组织宣布成立巴勒斯坦国时以色列拒绝承认，原因是以色列始终认为巴解组织成立的目的就是要“摧毁以色列”，其建国的目的就是要打造一个消灭以色列的坚强“堡垒”。可以看出，以色列在对其权力意志的贯彻问题上依然持十分坚决的态度。

在这一阶段，巴解组织凭借“因提法达”重新恢复影响力，但其立场却发生转折性的全面后退。这与以色列对巴解组织强制性权力关系发生建构作用需满足的三个条件有关。

第一个条件是强制性权力关系的存在必须牢不可破。根据前文的分析可知，以色列依然牢牢控制着加沙地带和约旦河西岸，并持续不断地对巴解组织进行军事打击。这一阶段的军事打击主要有两次，第一次是以军轰炸巴解组织驻突尼斯总部，造成160多名巴勒斯坦人伤亡；第二次是在1987年“因提法达”爆发后，对指挥被占领地区巴勒斯坦人起义的巴解军事指挥官进行刺杀。从程度上来说，以色列在黎巴嫩战争后没有再大规模地对巴解组织使用武力。主要原因在于，前两个阶段的军事行动基本消除了巴解组织进行军事反抗的可能性。在强制性权力关系的持续作用下，以色列只需要付出很少代价就可维持这种控制状态。

第二个条件是被影响者巴解组织服从以色列权力意志的行为可以获得利益回报。从表面来看，以色列在这一阶段似乎并未许以巴解组织任何好处，但事实上它用迂回的方式做到了这一点。

① 尹崇敬主编:《中东问题100年》，新华出版社，1999年版，第152页。

以色列首先伙同美国和约旦对巴解组织施压。阿拉法特从1982年的黎巴嫩战争时期就公开表示将接受联合国242号和338号决议，但以色列随后明确表示即使巴解组织接受决议也不与其和谈，迫使巴解转向约旦，寻求建立约巴联邦的可能。这样一来就降低了巴解组织的心理预期。随后以色列、美国和约旦三方试图甩开巴解组织而进行和谈，巴解组织保存自身的最后一条途径也即将丧失，心理预期降至最低点。值得注意的是，以色列总理佩雷斯曾在1986年提出允许加沙先行自治的主张，但其和谈对象是约旦而非巴解组织。巴解组织多年所追求的自治问题终于有所进展，但自身却无法在其中发挥作用。但1987年爆发的“因提法达”给了巴解组织一线生机，以色列看出完全消除巴解组织在和谈中影响的机会消失了，于是又将态度退回至此前“不允许巴解组织进入和谈框架，除非其接受联合国决议”的立场。已经毫无退路的巴解组织为了获得组织生存和建立巴勒斯坦国的机会，主动并公开表示接受所有联合国有关决议，并承认以色列。事实上，以色列从未给予巴解组织任何直接的奖励，而是采取了先抑后扬的办法，在其影响力降至最低谷时，稍稍放松对其的约束作用，从而获得了巨大的收获。这意味着，巴解组织的服从也在某种程度上得到了以色列的利益回报，那就是承认其和谈代表的身份。

第三个条件是将被影响者巴解组织不同于以色列权力意志的其他观念与巴解组织隔离开。从上一节的分析可知，以色列并非采取将巴解组织包围的方式将其与外界和其他观念隔离，而是选择离间其与所有可能成为巴解组织靠山或影响来源的国家之间的关系来达成。在这一阶段，以色列继续使用这一办法，利用约旦希望完全吞并约旦河西岸的企图成功破解了约巴联邦的实现、打断了约旦对巴解组织观念的影响。在“因提法达”之前，以色列先是完全反对巴解组织以任何形式参与和谈，后在巴解组织几乎完全瘫痪时，怂恿约旦将其放弃。此外，以色列一再反对美国、英国与巴解组织领导人接触，在客观上增强了对巴解组织进行物理隔离、防止其受其他观念影响的效果。

在这一阶段，强制性权力关系产生的结构性约束进一步强化了。前两个阶段中，限制性规范的实施还必须以军事打击等明显的外在强制力来实现，而在本阶段中，以色列在强制性权力关系的维持中，武力方式已背景化。以色列利用此前军事打击建立的威势，在巴解组织的代表地位能否得到承认以及能否进入中东和谈框架的问题上坚持不让步，直接把其权力意志作为限制性规范不断约束巴解组织的行为，直到实现其对以色列的完全无害。而是否承认以色列以及联合国关于巴以问题的决议则是考察巴解组织被约束程度的具体指标。巴解组织也很明确自身的处境，因此即使在“因提法达”爆发的有利条件下依然没有主动进行反抗，而是直接承认了联合国有关决议和对以色列的承认，从而公开而明确地将以色列的权力意志视作巴解组织生存下去必须接受的内容。

限制性规范的强化和维持为其向构成性规范转化奠定了基础。转化的具体过程就是，以色列的权力意志转化而来的限制性规范，不断渗透至巴解组织的观念中，使其将“必须遵守”的规范视作符合自身利益而甘愿遵守的规范，甚至进一步内化。在上一阶段中，巴解组织中除了阿拉法特以外的大部分人依然认为，对以色列地位和联合国决议的默认是不得已而为之的行为，也就是“必须遵守”规范（处于有条件共识的共同知识阶段）。在这一阶段中，巴解组织整体开始趋向此前阿拉法特的认同，即从“必须遵守”发展为“甘愿遵守”，甚至逐渐过渡到“遵守合适”（趋近无条件共识的集体知识阶段）。判断是否发生这种转变的关键，在于此前促成这种变化的以以色列军事力量为主的外在强制力背景化的情况下（较少的实际使用这种强制力改变巴解组织的行为），这种变化是否依然在发生。显而易见的是，在这一阶段，巴解组织已经很少直接面对以军的炮火，但依然主动而公开地做出了让步。巴解组织已经明确，其整体战略目标的退让、对以色列的承认以及对各项联合国决议的承认是最适合组织继续生存的办法，他们甘愿主动调整自己的政策，与以色列的权力意志靠近。这说明，巴解组织的观念已经至少在功利主义的第二个层面上实现了与以色列权力意志的至少部分的认同（功利主义的第一个层面是在强压下违心表现出一致以避免损失，第二个层面是在强压和约束下甘愿表现出一致以实现自己的特定利益目标）。至于巴解组织是否在内心深处完全内化了以色列的权力意志还难以确定（很可能尚未达到完全内化的程度）。

（六）巴解组织立场后退的第四阶段（1988—1996 年）

首先是巴解组织反以立场后退的标志。

从20世纪90年代初开始，因伊拉克入侵科威特引发的海湾战争转移了国际社会对中东问题的关注，但中东和平进程的启动已势不可当。该进程启动的标志性事件就是1991年中东马德里和会的召开。[①] 然而对于一再声明自己是巴勒斯坦人民唯一合法代表的

---

① 王昌义、吴珉珉：《对中东和平进程的回顾与思考》，载《外交学院学报》，2003年第3期，第4页。

巴解组织却被排除在这场和谈之外。即使巴解组织已经在1988年巴勒斯坦建国时对以色列和联合国有关决议表示公开承认，以色列依然对其保持政治上的强压态势，重申不接受与巴解组织进行谈判。而原本支持巴解组织的阿拉伯国家由于巴解组织在海湾战争中支持伊拉克而基本默许了以色列的态度。巴解组织在此情况下不得已再次做出让步，同意由约旦与被占领土的巴勒斯坦人组成一个代表团出席和会。在此情况下，巴解组织为了防止自己的力量被完全排除在了整个马德里中东和会之外，设法与参与马德里和会的巴勒斯坦代表团保持了密切联系。巴解组织通过这个代表团向马德里和会发声，顽强地向以色列和国际社会表达着自己的政治存在。

在以色列持续的军事控制和政治高压下，巴解组织采取了"以认同换承认"的应对策略，力图通过承认以色列的（某些权力意志）换取与以色列进行谈判的地位。这意味着，在这一阶段，承认以色列（以色列的权力意志之一）已经成为巴解组织的主动要求。在这一背景下，巴解组织开始与以色列进行了长达7个月的秘密谈判，并于8月20日达成《加沙地带—杰里科先行自治决议》。随后，双方都做出了有利于和平解决巴以问题的公开表示，以色列率先公布了协议内容，巴解组织随后宣布将对1968年的《巴勒斯坦国民宪章》进行修改，承认以色列的合法地位、删除敌视以色列的内容，使其符合当前巴以和解形势。9月13日，巴解组织代表阿巴斯与以色列外长佩雷斯在《临时自治安排原则宣言》上签字。该文件的签署为巴以问题的最终解决迈出了关键的一步。在随后的3年中，双方就加沙—杰里科地区的自治问题进行了多轮谈判，取得了多项进展。巴解组织在此过程中做出了巨大让步，进一步靠近以色列的权力意志。

首先，在领土与疆界问题上，巴解组织并未过度强调回到1967年边界，而是将重点放在加沙—杰里科自治问题上。杰里科位于约旦河西岸的河谷地区，第一轮谈判中巴解组织仅获得56平方公里的杰里科土地的自治权，第二阶段获得了30%西岸土地的自治权。无论与原初立场还是"小型国家战略"的要求相比都后退一大步。其次，在对以色列的承认问题上，与以色列进行谈判本身就是巴解组织从行动上承认其合法地位的显示。再次，巴解组织此时的目标是尽可能扩大自治区的范围，而不是确立巴勒斯坦的独立主权。巴解组织在与以色列的协商中，获得了选举自治权力机构、获得以色列移交的部分民事权力以及允许在一些地段悬挂巴勒斯坦旗帜等权利，但与真正意义上的国家主权相距甚远。同时，更为重要的是，巴解组织删除了其1968年《国民宪章》中消灭以色列的有关内容，这不能不说是巴解组织最具实质性的巨大变化，巴解组织自身的政治属性发生了趋向以色列权力意志的显著变化。最后，在斗争方式问题上，巴解组织基本放弃了武装斗争的选项，在马德里中东和会、《奥斯陆协议》签署以及之后相关决议的实施中，基本上倾向于通过协商与谈判来解决巴以问题，这也是向着以色列的权力意志方向发生的明显变化。

接下来分析该阶段以色列建立的针对巴解组织的强制性权力关系结构重构巴解组织观念和规范的关系机制。在继续施加军事控制的基础上，以色列通过限制巴解组织进入中东和平进程等政治高压方式，向巴解组织贯彻其权力意志，强化其强制性权力关系结构。除此以外，来自利库德集团的以色列总理沙米尔还在1990年表示将建立大以色列，接纳从苏联等地区移民至此的犹太人，这意味着以色列继续其对被占领土的控制以及犹太定居点的扩建。

以色列巩固强制性权力关系的方式之一是掌握谈判的主动权。它首先排除了巴解组织率代表团参加马德里中东和会的可能。在意识到参与和会的巴勒斯坦代表与巴解组织联系紧密之后，以色列拒绝与其就耶路撒冷地位以及定居点问题进行谈判；相反，巴勒斯坦获得的自治权必须是有限的，这些权力仅包含日常事务，且必须由以色列批准。巴方认为这体现了以色列试图永久性占领加沙地带和约旦河西岸的企图。此外，在巴方要求以色列按照联合国242号决议进行撤军时，以色列认为以军已经从西奈半岛撤出，巴方应做出让步。很显然，以色列不仅又回到“以安全换和平”的立场上，还拒绝履行联合国决议。利库德集团此时的政策基本可以概括为不归还被占领土、不停止定居点扩建以及不承认巴勒斯坦人民权利。巴方已经不可能通过其他包括武力在内的方式推动和谈，只能等待以色列国内工党上台带来新的契机。

工党的重新执政确实有力地推动了巴以和谈进程，实现了巴以第一次和解，巴解组织也在这一阶段进一步松动了其立场。之所以取得多方面的收获，与这一阶段强制性权力关系产生建构作用的三个条件的完全符合有很大关联。

第一个条件“强制性权力关系的牢不可破”完全符合。从巴解组织的角度可以更明显地看出强制性权力关系中影响者以色列对被影响者巴解组织的作用。巴解组织从黎巴嫩战争后基本已经失去了武装反抗的武器装备和人员配备，而以色列在美国的支持下军事实力不断壮大，早已成为中东地区军事实力最强大的国家。这一阶段的强制性权力关系虽然主要依靠政治施压和外交手段维持，但军事控制依然左右谈判进程。以色列不仅拒绝向巴解组织以及其他阿拉伯国家让步，甚至拒绝执行联合国的撤军协议。因此，巴解组织深知，以色列与巴解组织的这种权力关系是无法通过武装斗争摆脱的。而在政治斗争方面，巴解组织在奥斯陆谈判之前都无法直接参与谈判进程，不能直接发挥作用，从而使其国际影响力受到极大限制。再加上海湾战争之后巴解组织与阿拉伯国家交恶，失去了大量的资金和政治支持。在如此强烈的实力对比之下，巴解组织唯一的出路也被以色列框定了，即符合以色列的权力意志，减少对以色列国家安全的威胁。长此以往，巴解组织摆脱这种权力关系的希望已经越来越难以实现了。

第二个条件是影响者以色列对被影响者巴解组织服从的利益回报。在这一阶段，作为影响者的以色列给予了巴解组织实质性的利益回报，即奥斯陆谈判的机会。这个机会并非是以色列主动授予的。在工党再次上台后，拉宾采取了比利库德政府更务实的立场。由于中东马德里和会的第10轮谈判再次陷入僵局，拉宾政府希望通过一种方法迫使巴方进一步让步。与此同时巴解组织的个别官员正在与以色列有关学者在挪威奥斯陆进行非正式会谈，并有意邀请以色列官方加入。拉宾将此看作一个契机，希望以巴解组织参加奥斯陆谈判为条件，促成中东和会在华盛顿进行会谈。对此，巴解组织做出了积极回应，以色列看到了奥斯陆会谈对巴解组织的巨大诱惑，因此开始一步步地深入推进这个过程。这意味着巴解组织首次获得了以色列官方实质上的承认。这个利益回报带来的巨大影响就是巴解组织为了将以色列留在奥斯陆会谈中，放弃耶路撒冷等敏感问题的谈判，转而就相对温和的加沙地带自治权问题进行商谈。作为奖励和回报，以色列也一改此前的强硬立场，对于非敏感问题体现出可以协商的态度，将巴解组织留在了谈判桌前。1993年，阿拉法特在信中首次提出将删除1968年《国民宪章》中消灭以色列的条款，拉宾立即回信表示将正式承认巴解组织是巴勒斯坦人唯一代表的地位。在接下来有关自治问题的谈判中，以色列同意撤军、允许巴解组织通过选举成立民族权力机构、同意巴解组织在部分被占领土上实现有限度的自治等，都体现了以色列对巴解组织的利益回报。

第三个条件是以色列对被影响者巴解组织观念的隔离。在《奥斯陆协议》签署之前，以色列继续限制巴解组织参与中东和谈。除此以外，巴解组织由于在海湾战争中错误地站在伊拉克一方而被众多阿拉伯国家排挤，失去了大量援助。巴解组织的政治孤立客观上导致了其难以受到这些国家的观念影响，起到了观念隔离的效果。

在这一阶段，限制性规范的约束作用比前三个阶段体现得更彻底。在实施方法上，以色列已无须直接动用武力来约束巴解组织，而是通过是否承认巴解组织是巴勒斯坦人民唯一合法代表的政治施压方式控制巴解组织，向其强行渗透以色列的权力意志、排挤其他观念的影响。在这一阶段，巴解组织不仅发生了四个方面立场的又一次全面倒退，而且修改了1968年具有奠基性的《巴勒斯坦国民宪章》，重新界定了组织本身的身份。因为巴解组织通过理性指引下的功利计算已经意识到，服从所带来的利益要远远大于反抗，谈判与协商已经成为其解决巴以问题的首选方式，所以，主动摒弃其他观念、接受以色列的权力意志、调整自身观念，已成为巴解组织的自愿选项，巴解组织的观念隔离也开始从被动隔离向主动隔离转变。

同样，在这一阶段，限制性规范向构成性规范的转化已在一定程度上有所实现。奥斯陆会谈的开启就是巴解组织官员在阿拉法特默认下的主动行为，而在谈判过程中，对自治领土的划分、自治权力机构的形成，以及后来阿拉法特主动给拉宾去信表示将删除1968《国民宪章》中消灭以色列条款的行为，都是巴解组织自身主动的选择。这表明巴解组织已经将自身定位成在谈判桌上与以色列平起平坐就巴以问题进行商讨的角色，而非过去试图带领巴勒斯坦人民以武装斗争方式打破以色列暴力统治的组织。可以说，以色列所希望贯彻的权力意志——使巴解组织不再成为以色列国家安全的障碍——已经成为巴解组织自身观念的一部分，而且，这一观念也在某种程度上实现了内化，其《国民宪章》的修订就是佐证。

（七）巴解组织立场后退的第五阶段（1996—2004年）

在第五阶段，以色列的立场发生变化，导致巴解组织的立场退化也出现了反复。

从1996年5月利库德集团再次执掌以色列政权开始，巴以关系再一次陷入僵局。先是内塔尼亚胡上台后宣布对巴强硬政策，并拖延落实《奥斯陆协议》中以军撤出希伯伦地区的约定、要求继续扩建犹太人定居点。之后，内塔尼亚胡开通阿克萨清真寺的地下通道，引发大规模流血冲突。以军撤出希伯伦地区的协定在拖延了10个月后，以色列才与巴解组织就希伯伦地区的撤军事宜重新达成协议。但内塔尼亚胡政府并未打算真正实施该计划，且在接下来的西岸撤军问题上再一次表达强硬立场，巴以双方再次经过多轮谈判，在巴方多次让步后于1998年达成《怀依协议》，以方承诺以军撤出约旦河西岸13.1%的领土。

1999年5月以色列总理巴拉克上台后，巴以继续通过谈判的方式达成《沙姆沙伊赫备忘录》，基本落实了《怀依协议》中以军撤出西岸13.1%领土的规定。但是，由于双方在一些具体问题上针锋相对，立场难以调和，导致2000年7月召开的巴以戴维营会谈以失败告终。同年9月，以色列利库德集团领袖沙龙突然闯入耶路撒冷的阿克萨清真寺，宣称耶路撒冷是以色列“永久的首都”，造成了新一轮巴以之间大规模流血冲突的爆发，阿克萨起义就此开始。巴以关系陷入停滞，且在2004年阿拉法特去世之间没有发生明显的缓和。

在这一阶段中，巴解组织的立场继续发生变化，但与前几个阶段有所不同。其立场继续弱化的方面首先体现在对以色列的承认和斗争方式上。巴解组织并没有改变已经承认以色列合法地位的立场，并主要通过一轮又一轮谈判的方式与之进行交锋。值得一提的是，在这一阶段的多次巴以流血冲突中，巴解组织和巴勒斯坦民族权力机构都保持克制，没有使用武力回击以方。巴解组织唯一拥有的武装力量是一支1.2万人左右的警察部队。巴解组织为了在和谈中取得进展，还向以色列承诺将打击恐怖主义（主要是“哈马斯”和“杰哈德”等非官方激进组织）。

但在某些具体问题上，巴解组织态度比较坚决，并未作出让步。这些问题包括耶路撒冷的最终地位问题、水资源问题以及难民问题等。在巴以戴维营会谈中，巴拉克政府开始提出以色列的立场包括不撤回1967年以军边界、不承认巴勒斯坦难民返回家园的权利、耶路撒冷是以色列的领土，巴方在耶路撒冷地位和难民问题上表示没有退让的余地，这也是谈判最终破裂的主要原因。

这两个问题实际上反映了巴解组织对于其战略目标中最核心部分的态度，领土的划分或许还可以分阶段实施，但涉及主权归属问题时则不可退让。另外，阿拉法特在和谈中又突出了巴勒斯坦要以1967年联合国决议划分的领土为疆界。这些都表明了巴解组织立场的反复。

另一方面，以色列建立的针对巴解组织的强制性权力关系结构有再次加强的趋势。在前两个阶段中，以色列主要在军事控制基础上以政治施压和外交手段维持其对巴解组织的强制性权力关系，但在这一阶段，以色列转而使用暴力手段全面进攻和打压巴勒斯坦极端组织，客观上强化了对巴解组织的控制和影响。从1995年拉宾遇刺开始，巴以双方的小规模暴力冲突开始持续增加，以军开始对被占领土上部分巴勒斯坦极端分子实施大规模的武力进攻。2000年，因沙龙闯入阿克萨清真寺而引发了巴勒斯坦的第二次“因提法达”（阿克萨起义），随后发生大规模冲突。2001年，以军开始以反恐为名全面出击，对巴勒斯坦控制区进行大规模轰炸，夷平武装分子可能藏匿的据点。以色列的这一做法，客观上加强了对巴解组织的约束和控制。

除此以外，以色列在巴以谈判中的立场再次变得强硬。以方多次强调不撤回到1967年撤军界限、不让出巴勒斯坦旧城、不停止犹太人定居点的扩建，仅在难民问题上有所松动。在利库德集团执政期间，以方不仅继续扩建犹太人定居点，还故意拖延《奥斯陆协议》中的撤军计划。很明显，以色列以更强的手段继续强化了其对巴解组织和巴勒斯坦阿拉伯人的强制性权力关系。

在这一阶段，巴解组织的反以立场发生了轻微反弹。我们从强制性权力关系结构推动巴解组织发生观念变化和规范转化的三个条件对此进行分析。

首先，以色列与巴解组织的强制性权力关系依然保持着牢不可破的状态。对于仅仅拥有1.2万人组成的警察部队的巴勒斯坦民族权力机构来说，武装反抗以色列是难以想象的。巴解组织以及巴勒斯坦民族权力机构只能通过一轮又一轮的谈判来达到目的。不仅如此，在处理以色列与巴勒斯坦人的武装冲突问题时，巴解组织不止一次承诺将禁止一切暴力活动和恐怖行为，甚至要求警察部队在受到攻击时也保持克制。这意味着，以色列针对巴解组织的强制性权力关系已经真正做到了牢不可破。

但值得注意的是，这一条件中所要符合的隐含条件是影响者以色列必须保证被影响者巴解组织存在，否则只剩下影响者时任何关系都不存在了。在这一阶段中，以色列对武力的使用明显有了大幅度的加强，开始出现直接消灭巴勒斯坦人的倾向，但没有直接全面消灭巴解组织，这确保了以色列与巴解组织之间的权力关系结构的存在。

另外，强制性权力关系产生建构作用的后两个条件：影响者以色列对被影响者巴解组织的服从行为进行一定利益回报，以及以色列对巴解组织的观念进行隔离，在这一阶段中都不满足。以色列没有因为巴解组织的服从与合作行为给予其任何的直接利益回报，仅仅在难民问题上稍稍动摇了立场，从不承认巴勒斯坦难民的回归权利回到允许几万难民回归家园。除此以外，以色列没有刻意阻止巴解组织向其他阿拉伯国家寻求支援，以及巴解组织与美国的交涉。以色列将重点放在了与巴解组织在谈判桌上进行直接交锋，以及对巴占区的军事进攻上。

由于三个条件不完全满足，这一阶段强制性权力关系结构推动的巴解组织观念变化（稳定地向以色列的权力意志靠拢），出现了反弹。戴维营会谈的失败说明了巴解组织在某些敏感问题上不可退让的态度，这种态度是巴解组织自身存在意义的体现。但这种反弹是有限度的，巴解并没有将立场恢复到组织建立初期的原初立场。其原因是构成性规范在上一阶段已经基本形成，巴解组织的观念已经得到了重构。巴解组织在立场反弹的情况下依然没有突破以色列的权力意志，它依然将自身视作可以与以色列进行谈判的对手，而没有选择与“哈马斯”等激进组织一起以武力反抗以色列。巴解组织已经不可能再成为以色列国家安全的威胁，这就是以色列的权力意志外化为巴解组织内在认同的最直观表现。

四、结语

为了分析以色列对巴解组织的强制性权力关系及其如何重新建构巴解组织观念和规范，本章先确立了巴解组织建立之初的四个基本立场，再将阿拉法特执政时期的巴解组织分成五个阶段进行分析。在领土划分问题上，巴解组织从一开始要求恢复英国委任统治时期的领土转变到恢复1967年边界，再到要求对加沙—杰里科行使自治权，最终到同意分阶段地恢复被占领土；在战略目标上，巴解组织从要求建立独立的巴勒斯坦国、将犹太复国主义者赶出巴勒斯坦领土，转变到实施“小型国家战略”，再到接受在巴勒斯坦领土上并存阿拉伯国家和犹太国家，最后转变为在收回的被占领土上行使有限的民族权力、删除1968年《国民宪章》有关消灭以色列的内容；在对以色列的承认上，巴解组织经历了从不承认、通过交往转化为实质上的承认、口头上的承认以及落实到法律文件上的承认的过程；最后，在斗争方式上，巴解组织从强调武装斗争是唯一斗争方式，转化到武装斗争与政治斗争并重，再到政治斗争为主、武装斗争为辅，最后发展至完全放弃武装斗争。纵观这五个阶段，巴解组织在每个阶段的立场都比原初立场发生了后退，从第二阶段开始，巴解组织的立场每一阶段都比上一阶段发生了不同程度的弱化。

而深受灭亡恐惧驱使的以色列，一直不惜一切代价维持着其对巴解组织的强制性权力关系，这种关系也经历了建立、持续和强化等发展过程。通过多种多样的手段和方法达到持续其权力关系、贯彻其权力意志的目的。在各个阶段中，以色列始终不变的手段和方式就是军事打击。军事手段在五个阶段中的比重不尽相等，比如在前两个阶段以及最后一个阶段发挥的作用较大，第三、四阶段影响较小，但一直持续存在。同时，对犹太定居点的扩建和被占领土的持续控制也是以色列维持和加强权力关系的手段。除此之外，以色列还通过是否承认巴解组织的合法地位、控制谈判的主动权等不断向巴解组织进行政治施压，不断强化其强制性权力关系控制。

在强制性权力关系产生建构作用所需符合的三个条件问题上，可以看出，当某一阶段的强制性权力关系完全符合三个条件时，巴解组织的立场后退就比较明显；当某一阶段的强制性权力关系无法完全符合三个条件时，巴解组织立场的后退就不能在四个方面全部体现出来。三个条件满足程度越高，巴解组织的立场后退就越明显。在三个条件满足程度最高的第四阶段，巴解组织的立场在四个方面发生了全面倒退。由此可见，当强制性权力关系完全符合三方面的条件时，其约束作用较大，所形成的限制性规范影响力较强，巴解组织的立场后退也更加明显。因此，能否完全符合三个条件对于限制性规范的形成及其作用的大小有至关重要的作用。在三个条件满足程度最弱的第五阶段，除了强制性权力关系继续维持牢不可破以外，另外两个条件都没有得到满足，与此同时，巴解组织的立场出现了一定程度的反弹。这从另一个方面说明，当强制性权力关系不能同时满足三个条件时，其建构作用减弱。

巴解组织立场后退的背后，是其反以观念的重构。在强制性权力关系中，观念的重构意味着影响者将其权力意志贯彻给被影响者，并最终使其内化为被影响者自身的观念和认同。在以色列对巴解组织的强制性权力关系结构四十余年的作用下，巴解组织的观念从一开始坚信以武力消灭犹太复国主义和以色列，发展到相信只有服从以色列的某些权力意志才能生存，到最后发展为相信承认以色列并与之和谈才能实现自己最低限度的政治目标，所以开始主动寻求和谈机会以寻求自身的有限独立，经历了从“坚决敌对和反抗”到“必须服从”再到“服从合理甚至合适”的观念变化过程。这一观念变化实际上是以色列的权力意志通过长时间的强制性权力关系的持续作用，最终形成的对巴解组织的观念重构结果。

第4章

以色列强制性权力与哈马斯反以立场弱化关系

一、以色列与哈马斯关系引论

1987年12月，一场车祸事件导致了加沙难民营的集体骚乱，[①] 继而局面失控，巴勒斯坦人在加沙和约旦河西岸发动了大规模游行示威和暴动。在接下来的两周内，以色列阿拉伯人（以色列境内的巴勒斯坦阿拉伯人）也以罢工的形式支持占领区的暴动，这一系列的反抗活动极大震撼了以色列的军事占领当局。12月14日，哈马斯（“巴勒斯坦伊斯兰抵抗运动”的简称）应运而生。哈马斯本质上是一个保守的伊斯兰抵抗组织，其伊斯兰原教旨主义

① 1987年12月8日，以色列人驾驶的汽车与巴勒斯坦人乘坐的面包车相撞，导致后者人员伤亡。巴勒斯坦人认为以色列人蓄意撞车，这一事件很快被激化成骚乱向外蔓延。

思想集中体现在1988年颁布的《哈马斯宪章》中。这部宪章明确了哈马斯的斗争目标：从地中海到约旦河的巴勒斯坦土地上建立一个伊斯兰共和国。[①] 它强调，整个巴勒斯坦的土地是伊斯兰的“瓦格夫”（神圣教产），[②] 任何一部分都是不可放弃的，巴勒斯坦的归属权在于真主，它是不可谈判也是不可让渡的。哈马斯认为，需要通过“圣战”来解决巴勒斯坦问题，整个组织都将致力于消灭侵略的犹太复国主义者和以色列敌人，并且号召全世界的穆斯林来参加解放巴勒斯坦的“圣战”。除此之外，对于各种关于巴勒斯坦的提议、方案、国际会议，哈马斯视之为在浪费时间且无效的，是无法实现既定目标的。总而言之，成立之初的哈马斯的立场是坚决不承认以色列的合法存在，坚持暴力斗争反对以色列，反对任何解决巴勒斯坦问题的和平方案。1991年，哈马斯成立了自己的军事组织——卡桑旅，1994年后开始以自杀袭击的方式反抗以色列的军事占领。

对于哈马斯的自杀式袭击，以色列做出了有力的回应，一方面，加大对占领区的控制，继续扩大在约旦河西岸的犹太定居点，另一方面，对哈马斯重要领导人实施“定点清除”。而在武力反抗以色列占领未果的条件下，哈马斯转而寻求政治途径解决巴以问题，2005年哈马斯宣布参加巴勒斯坦立法委员会选举，在2006年1月赢得大选后，哈马斯主张要“与国际社会合作，致力于结束以色列的占领，恢复该地区的和平、自由和稳定；以高度负责任

---

① 肖宪:《巴勒斯坦的伊斯兰原教旨主义组织——哈马斯》，载《西亚非洲》，1993年第2期，第52页。

② *The Chaeter of the Islamic Resistance Movement*: http://avalon.law.yale.edu/20th_century/hamas.asp.2016.3.9.

的态度处理此前与以色列签署的协议”。[1] 这些要求都显示出哈马斯正逐步地向国际社会的主流靠拢，哈马斯已流露出将最终目标定位于在约旦河西岸和加沙地带建立未来的巴勒斯坦国的思想理念，与成立之初的立场已完全不一样。2006年3月27日，巴勒斯坦自治政府总理哈尼亚发表组阁演说，含蓄地承认以色列，并表示巴勒斯坦方面将在约旦河西岸和加沙地带建立未来的国家。为消除以色列和西方的疑虑，哈马斯表示愿与以色列就各项事务进行协商。

梳理史实我们不难发现，自1988年到2006年这段时间里，哈马斯在与以色列互动过程中，其成立之初的强硬政治立场不断弱化，对于巴勒斯坦政治进程的参与、逐步放弃自杀式袭击方式的做法，都表明哈马斯变得更加理性。同时，哈马斯所参与的政治体制是巴以达成的《奥斯陆协议》框架的产物，这也从侧面证明了哈马斯在逐步认可巴以间的和平协议。最为重要的是，哈马斯已经默认以色列的生存权和在巴勒斯坦地区的存在。

我们知道，哈马斯生活在以色列长期占领下的加沙地带和约旦河西岸，因为其强硬的反以立场和极端行为，以色列将其定性为恐怖组织，予以坚决打击。在2000年第二次“大起义”爆发后，以色列更是“定点清除”了该组织多名重要领导人，使其元气大伤。这样，以色列通过军事占领、政治高压、严厉打击等方式，牢固确立了针对哈马斯的强制性权力关系结构。那么，以色列所施加的这种强制性权力关系与哈马斯反以立场的逐渐弱化存在着

① Khaled Hroub：“A NEW Hamas Through It’s Documents”, *Journal of Palestine Studies*, Vol.35, No.4 (Summer 2006), p.17.

什么关系呢？基于这一疑问，本章提出假设：两者存在着建构关系。以色列通过军事占领对哈马斯形成控制，造成了一种强制性权力。在这一权力关系中，以色列是影响者，哈马斯是被影响者，在满足特定条件下，影响者以色列的权力意志逐渐转化成为被影响者哈马斯的行为观念和规范，哈马斯的反以立场随之弱化。

从本章收集的资料来看，关于哈马斯在1988到2006年这段时间内立场变化的研究，多是集中在对相关史实进行直接描述和简单因果分析之上的。比如，国内学者郭依峰在其论文《哈马斯的宗教政治特性及其斗争策略的调整》中认为，哈马斯的立场变化是中东和平进程发展的结果；[①] 持相似观点的还有国内学者吴磊和王勇辉的论文《哈马斯与中东和平进程中》，该文认为，哈马斯的政治主张并非一成不变的，而是兼具灵活性和现实主义双重特性，中东和平进程启动以来，哈马斯仍不愿放弃对以武装斗争，只是暴力程度有所收敛和控制而已，武装斗争则成了哈马斯的一种政治计谋和手段。而对于以色列所施加的强制性权力的影响，上文则持否定态度，认为以色列对哈马斯的军事打击和高压政策只会适得其反，它将进一步刺激哈马斯的恐怖行为的增长。[②] 而国内学者陈天社在其论文《论以色列对哈马斯的政策及其影响》中同样认为："面对以色列的封锁与严厉打击，哈马斯并没有改变其强硬的反以立场。"[③] 这样的观点显然不符合事实，更多的学者注意到

① 郭依峰：《哈马斯的宗教政治特性及其斗争策略的调整》，载《国际论坛》，2009年第6期，第71页。

② 吴磊，王勇辉：《哈马斯与中东和平进程》，载《现代国际关系》，2002年第3期，第41页。

③ 陈天社：《论以色列对哈马斯的政策及其影响》，载《西亚非洲》，2014年第2期，第87—88页。

了哈马斯反以立场的明显变化。例如，国内学者王俊生认为哈马斯立场发生了倒退，其在论文《议会体制的内化性与中东和平进程——兼论哈马斯的政治前途》中提出，巴勒斯坦国内的议会体制对于哈马斯的内化作用导致了其由武装政治派别到合法政党的转变。为取得国际社会的支持，哈马斯也有可能根据国际社会的需要逐步修改自己较为极端的政治纲领及其目标等，哈马斯正逐渐适应政治派别的角色，对以色列态度也趋于软化。①

对于哈马斯政治主张和立场的变化，国外学者多从哈马斯的实用主义策略、政治灵活性以及组织本身的世俗化转向等方面进行解读。如哈立德·哈鲁勃（Khaled Hroub）通过对哈马斯有关文件的比较研究，认为2006年大选后哈马斯已发生了许多实用主义的变化，他称其为“新哈马斯”。② 法瓦兹·葛盖思（Fawaz A Gerges）认为2005年后哈马斯的主张就体现出了实用主义。③ 约亚斯·瓦格美克（Joas Wagemaker）认为哈马斯具有灵活性和实用主义。④ 杰伦·冈宁（Jeroen Gunning）则着眼于哈马斯的政治实践，对哈马斯在 2006 年议会选举中以绝对优势击败执政党法塔赫的原因，上台后面临的孤立境地以及对中东和平进程的影响进行了深入的分析，并强调不应过度关注于哈马斯的宗教属性和暴力活

---

① 王俊生，范广军：《议会体制的内化性与中东和平进程——兼论哈马斯的政治前途》，载《阿拉伯世界研究》，2006年第3期，第19页。

② Khaled Hroub："A NEW Hamas Through It's Documents", *Journal of Palestine Studies*, Vol.35, No.4 (Summer 2006).

③ Fawaz A Gerges: "The Transformation of Hamas", *The Nation*, January 25 ,2010.

④ Joas Wagemaker:"Legitimizing Pragmatism: Hamas'Efforts from Militancy to Moderation and Back", *Terrorism and Political Volience*, Vol 3, 2010.

动，而应注意到哈马斯被动世俗化的转向和趋势。[①] 阿尼萨和·英格兰德（Anisseh Van Engeland）和蕾切尔·帕多夫（Rachael M. Pudolph）在著作中将哈马斯作为研究案例探讨了类似哈马斯的“恐怖主义组织”如何过渡为政党的问题，并且分析了他们从恐怖组织向政党过渡的合法性、利益以及动机，讨论了实现过渡的政党是否能够长久存在下去以及他们是否有可能在保留武装力量的同时仍拥有合法政党地位的问题。作者认为，国际社会特别是民主国家对这些组织的认知和政策对他们的发展具有重要的影响，恐怖主义组织的转向是出于生存的需要，暴力活动已经难以获得广泛支持，是逆历史发展潮流的。[②] 沙乌勒·米莎儿（Shaul Mishal）和亚伯拉罕·塞拉（Avraham Sela）在著作中论述了哈马斯自诞生以来的世界观变化和行为转变，分析了哈马斯面临的意识形态与客观现实、理论与实践的矛盾。[③] 两人认为，哈马斯并非一直固守不切实际的目标。随着内外形势的变化，哈马斯已经意识到要转变政治立场并且要根据成本收益计算来制定政策。[④]

基于以上分析，笔者发现，多数研究巴以关系的文献，仅是对基本事实进行描述，而对现象形成的内在推动因素缺乏分析。另有部分文章尝试对哈马斯立场变化进行解释，但是使用的是较

① Jeroen Gunning, *Hamas in Politics: Democracy, Religion, Violence*, New York: Columbia University Press, 2008.

② Anisseh Van Engeland and Rachael M. Pudolph, *From Terrorism to Politics*, Bodmin: MPG Books Ltd., 2008.

③ Shaul Mishal &Avraham Sela, *The Palestinian Hamas: Vision, Violence and Coexistence*, New York: Columbia University Press, 2000.

④ Shaul Mishal & Avraham Sela: “*The Palestinian Hamas*”, New York: Columbia University Press, 2006, p.170.

为简单的因果分析，将以色列的权力因素作为诸多导致哈马斯立场变化的原因之一，这种多个自变量的分析往往不能深入解释问题，对于现象形成的内在机制也缺乏研究。

针对上述不足，本章拟采用权力建构主义理论框架，深入分析以色列强制政策与哈马斯反以立场变化之间的关系机制。权力建构主义理论不同于传统的因果关系分析，它强调构成逻辑，注重分析研究对象的观念重构，认为人的观念一旦被重构，就会认为按照新观念的行为是适当的。该理论认为，权力关系结构的单向服从特性以及影响者的权力意志，在一定条件下可以转化为被影响者的观念和规范。[①] 关于转化的条件，主要有三点：1. 权力关系的结构必须是牢不可破的；2. 处于权力关系结构中的被影响者只要服从影响者，就要得到一定的利益回报；3. 被影响者尽量与不同于影响者的观点相隔离。在研究以色列建立的强制性权力关系对哈马斯政治立场弱化的影响时，本章认为，在以色列和哈马斯的权力关系中，以色列是影响者，哈马斯是被影响者，以色列施加的强制性权力发挥了建构作用，最终，以色列的权力意志重构了哈马斯的观念结构，使得哈马斯政治立场主动向以色列靠近，而不是简单的被动调整。

需要指出的是，本章把哈马斯这个组织默认为是一个统一的行为体，并且给予该组织人格化，即具有个人行为体的特征，这样方便我们从个体的行为理解组织或者国家行为。

---

① 高尚涛:《国际关系的权力与规范》，世界知识出版社，2008年版，第77页。

二、哈马斯成立之初对以色列的立场

本章选取的研究时间段为1988年到2006年，在这一时间段内，我们要分析的权力关系结构，是以色列（影响者）对哈马斯（被影响者）所施加的强制性权力关系结构。前文已经提到，1967年“六·五战争”后，以色列占领了约旦河西岸和加沙地带，并对占领区的阿拉伯人进行了实质统治，从而在事实上形成了以色列对占领区所有巴勒斯坦人的、以军事实力为后盾的强制性权力关系影响。所以，在哈马斯成立之前，以色列的这种强制性权力影响就已经存在，而哈马斯作为一个主要由巴勒斯坦的阿拉伯人组成的抵抗组织，其成立伊始就处于这一强制性权力关系结构的控制之内，而其建立之初的目标之一，就是要打破这一强制性权力关系结构。

1987年12月第一次“因提法达”爆发，哈马斯趁机成立并作为一股独立的力量开始了反抗以色列占领的活动。1988年8月18日，哈马斯颁布了《哈马斯宪章》(The Covenant of the Islamic Resistance Movement)，[①] 集中表达了哈马斯当时对于以色列的立场。

哈马斯将犹太人看作敌人。《哈马斯宪章》没有区分犹太人、犹太复国主义者和以色列人。《宪章》把犹太人定义为敌人(Enemies)，宣扬对所有犹太人的仇恨：“犹太人以纳粹的方式对

① “The Covenant of the Islamic Resistance Movement”: http://avalon.law.yale.edu/20th_century/hamas.asp.2017.4.5.

待我们，不管是妇女还是儿童，都存在于这种恐怖政策之下。”[①] 哈马斯在《宪章》中对犹太人的行为做了以下描述：“敌人们以集体惩罚作为主要手段，掠夺阿拉伯人的财产，把阿拉伯人驱逐出了自己的家园，并且肆无忌惮的屠杀儿童、妇女和老人；敌人们把数以千计的同胞投送到了拘留营，使他们遭到了非人对待；敌人摧毁我们的房屋，使我们的孩子变得孤苦伶仃，对反抗的青年人施以重刑，让他们在监狱中度过青春。”[②] 另外，哈马斯还通过“阴谋论”式的描述犹太人的形象。《宪章》第22条有以下叙述：“我们的敌人致力于聚集庞大的财富，并运用这些财富控制了国际的大众传媒——新闻机构、报纸、广播电台、出版行业等。他们运用财富来挑起部分地区的革命运动，以实现自身利益追求，窃取革命的果实。他们是法国大革命、共产主义革命背后的推手。运用财富，他们能够控制世界上的帝国主义国家，唆使这些国家进行殖民活动，以掠夺殖民地的资源并传播腐朽（文化）。”[③] “在第一次世界大战中，犹太人身居幕后，在此战中，伊斯兰的哈里发被摧毁，而他们不仅攫取了巨大的财富和资源，还获得了《贝尔福宣言》的承诺，并通过国际联盟作为工具来控制全世界。在第二次世界大战中，他们同样处于幕后，通过军火贸易大发横财，为他们国家的建立奠定了物质基础。他们又建立了取代国际联盟的新的国际组织——联合国与安理会，以此来继续控制世界。”哈

① “The Covenant of the Islamic Resistance Movement”: http://avalon.law.yale.edu/20th_century/hamas.asp, Article20.2017.4.5.

② “The Covenant of the Islamic Resistance Movement”: http://avalon.law.yale.edu/20th_century/hamas.asp，Article22. 2017.4.5.

③ “The Covenant of the Islamic Resistance Movement”: http://avalon.law.yale.edu/20th_century/hamas.asp, Article22. 2017.4.5.

马斯还认为犹太人与穆斯林妇女的堕落有关。[①]《宪章》第17条称，犹太人操纵着传媒和动画娱乐产业，使穆斯林妇女逐渐远离宗教生活。犹太人通过他们控制和赞助的各类组织、情报网络、宣传机器和舆论影响者，引导穆斯林妇女道德堕落。

哈马斯认为犹太复国主义是分离巴勒斯坦人的元凶，将与犹太复国主义的冲突视为文明与生存的冲突，两者势不两立。[②]《宪章》严厉谴责犹太复国主义，第32条中有如下论述："犹太复国主义者和帝国主义力量相互勾结，试图用蓄谋已久的计划和策略把阿拉伯国家从与犹太复国主义的斗争中分离开来，以便使犹太人能够最后单独对付巴勒斯坦人……若巴勒斯坦在今天被犹太复国主义者所灭亡，那么明天面临灾难的将是其他阿拉伯国家。犹太复国主义者的野心不会休止，在打败巴勒斯坦之后，他们将会从尼罗河扩张到幼发拉底河。当他们完全吞并这些地区后，他们又将觊觎下一片土地。这就是'锡安主义长老议定书'中制定的计划。"《宪章》第35条称："当前犹太复国主义的入侵是西方十字军与东方鞑靼入侵的延续。"[③] 同时，哈马斯也号召全体穆斯林像曾经打败历史上的侵略者那样去抗击犹太复国主义者，而在安拉的庇佑下抗争一定能胜利。

哈马斯以消灭以色列为目标，对于以色列国家的合法性、生存与安全一概不予认可。哈马斯称以色列为"犹太复国主义实体

---

① "The Covenant of the Islamic Resistance Movement": http://avalon.law.yale.edu/20th_century/hamas.asp, Article17. 2017.4.5.

② 陈天社：《哈马斯、法塔赫犹太—以色列观的分歧》，载《河南大学学报（社会科学版）》，2014年3月，第2期，第54卷，第129页。

③ "The Covenant of the Islamic Resistance Movement": http://avalon.law.yale.edu/20th_century/hamas.asp，Article17. 2017.4.5.

（the Zionist entity）”，是“正在蔓延、威胁整个伊斯兰世界的癌症”。[①] 在哈马斯成立后不久，组织内的一名负责人曾说：“哈马斯中的任何一名成员都不会承认以色列的生存权。若其中有一人承认，那么他一定是个说谎者。”哈马斯政治局主席哈立德·马沙尔（Khalid Misha'al）也公开表明：“以色列是联合国在西方国家操纵下强行通过决议制造出的，巴勒斯坦的阿拉伯原住民毫无发言权，只有被压迫和驱逐。因此，这是一个强盗国家，没有合法性。”[②]

关于对犹太人的斗争方式，哈马斯认为：“巴勒斯坦人与犹太人的斗争是伟大且庄重的，需要真诚的努力奋斗，主张圣战为解放巴勒斯坦唯一之路，号召对犹太人、以色列发动圣战。”[③]《宪章》第15条中对于“圣战”做了如下论述：“自从敌人占领我们土地的那天起，圣战就成了每个穆斯林的责任。面对犹太人对巴勒斯坦的侵占，我们更要高举圣战的旗帜。为此我们要在本地区、阿拉伯国家甚至整个伊斯兰世界的大众中传播我们的伊斯兰观念。必须要把圣战的观念灌输到我们民族的每个人心中，使他们奋起反抗，与侵略者战斗。”“科学工作者、教育工作者、媒体工作者和受过良好教育的人们，尤其是青年人和部落酋长，都应该加入到唤醒大众圣战意识的行动中去。”“‘巴勒斯坦问题是宗教问题，需要在宗教的基础上解决。’把这一观念灌输给信奉伊斯

---

① Andrea Nusse, *Muslim Palestine: the ideology of Hamas*, Amsterdam: Harwood Academic publisher ,1998, p.37.

② 《哈马斯为何不承认以色列》，伊斯兰之光网：http://www.norislam.com/?viewnews-3169。登录时间：2016年12月7日。

③ 陈天社：《哈马斯、法塔赫犹太—以色列观的分歧》，载《河南大学学报（社会科学版）》，2014年3月，第2期，第54卷，第129页。

兰教的每一代人十分必要。”[①] 哈马斯前身伊斯兰中心领导人之一、被驱逐到科威特的哈里勒·库卡（Khalil Koka）称：“安拉把犹太人聚集在巴勒斯坦，不是让其从该地获益，而是在此为其挖掘了坟墓和把世界从其玷污中拯救出来。正如穆斯林朝觐者在麦加宰牲来赎罪一样，犹太人将被宰杀在阿克萨的岩石上。”[②] 哈马斯前领导人兰提斯（Abdel. Azizal-Rantisi）也有类似言论：“在安拉的名义下，我们将同犹太人战斗；在伊斯兰的名义下，我们将解放我们的土地。”[③] 哈马斯称与犹太人的斗争是长期性的。在哈马斯政治局之后的政治文件中，哈马斯将军事斗争称为“解放巴勒斯坦、对抗犹太复国主义的战略选择，是对抗犹太复国主义实体（指以色列）以阻止其在巴勒斯坦以外寻求扩张的唯一保证，是反对军事占领、拒绝犹太复国主义实体在巴勒斯坦土地存在的合法性的真正表达。这一合法性来源是神圣的宗教、国际规范与人类历史”。[④]

对于巴以和解的态度，哈马斯坚决反对任何政治解决巴勒斯坦问题的方案、国际会议与和平倡议。《宪章》第13条有以下叙述：“所有的国际倡议、所谓的解决巴勒斯坦问题的和平方案和国际会议都与伊斯兰抵抗运动的原则相冲突。对一个巴勒斯坦人的

---

① “The Covenant of the Islamic Resistance Movement”: http://avalon.law.yale.edu/20th_century/hamas.asp，Article15. 2017.4.13.

② Ze’ev Schiff and Ehud Ya’ ari, *Intifada: The Palestinian Uprising — Israel’s Third Front*, New York: Simon and Schuster, 1989, p.235.

③ Beverley Milton-Edwards and Stephen Farrell, *Hamas: The Islamic Resistance Movement*, Cambridge: Polity Press, 2010, p.4.

④ Azzam Tamimi, *Hamas: Unwritten Chapters*, London: C. Hurst& Co. Ltd,2007, p.279.

不公正对待就是对整个伊斯兰教的不公正对待。”[①] 基于组成国际会议的各方对于穆斯林问题过去和现在的态度，哈马斯认为，对于被压迫的穆斯林来说，这些国际会议不能满足他们的诉求，重建他们的权利并获得公平对待。“这些国际会议只是把异教徒作为穆斯林土地的仲裁者，什么时候有异教徒对穆斯林信仰者公正对待过？”[②] 在哈马斯看来，解决巴勒斯坦问题的途径除了圣战之外别无他法。所有的倡议、提案和国际会议都将是浪费时间并且徒劳无功，巴勒斯坦人民比那些把自己的命运、权利和未来当做儿戏的群体更懂得如何去选择解决问题的方式。对所有旨在解决巴勒斯坦问题的政治谈判、国际会议和和平协议，哈马斯都予以严厉谴责。[③]

综上所述，我们可以总结出哈马斯在成立之初对以色列的立场，即：不承认以色列国家的生存与合法性，坚持使用武力对抗（甚至消灭）以色列，反对通过和平途径解决巴以问题。

三、以色列建立的强制性权力关系结构

1967年“六·五战争”后，以色列占领了约旦河西岸和加沙地带，并以军事力量为后盾，分别在政治、经济和社会领域对占领区的巴勒斯坦人进行全方位的控制，这种控制说明以色列对于巴勒斯

① “The Covenant of the Islamic Resistance Movement”: http://avalon.law.yale.edu/20th_century/hamas.asp，Article13. 2017.4.15.

② “The Covenant of the Islamic Resistance Movement”: http://avalon.law.yale.edu/20th_century/hamas.asp，Article13. 2017.4.12.

③ 陈天社：《哈马斯、法塔赫犹太—以色列观的分歧》，载《河南大学学报（社会科学版）》，2014年3月，第2期，第54卷，第129页。

坦人（包括1987年成立的哈马斯）的强制性权力关系结构是存在的。

（一）政治领域的控制

1967年6月7日，以色列占领军总司令部就出台了“二号声明”（Proclamation Two），以处理占领区的行政管理和法律安排的问题。该份声明规定，约旦河西岸和加沙地带被占领之前存在的法律在不与占领军当局颁布的法律相冲突下才能继续有效。[①] 这意味着，以色列可以根据统治的需要来制定法律，而且也能改变或者取消在对占领之前当地已经存在的法律（加沙地带占领前使用的是埃及法律，约旦河西岸占领前使用的是约旦法律）。随后几年，军事占领当局立法权力迅速膨胀，颁布了上千条法令，这些法令不仅涵盖范围广，涉及军事、司法、财政、行政管理、教育、社会福利、健康医疗、犹太定居者地位等领域，而且关注的问题也十分详细具体，例如，有些命令是关于限制活动和宵禁的，有些命令是关于公共绿地的使用、货币兑换比率、对烟酒的征税、邮寄规则、农产品的运输等。这套复杂综合的法律体系显示出以色列对于占领区的控制已经远远超出了对于自身军事安全的关切。

为了保证法令的实施，以色列占领当局在占领区建立了一系列的配套机构：设立军事法庭和上诉法庭，委任军事法官和检察官，并且为这些机构配备了翻译人员，以确保巴勒斯坦人能够了解法庭的程序；[②] 设立负责管理当地的安全和行政事务的办事机构，安全

---

① Raja Shedadah, *Occupier's Law: Israel and the West Bank*, Washington, DC: Insitute for Palestine Studies, 1985, p.10.

② Lisa Hajjar, *Courting Conflict: The Israeli Military Court System in the West Bank and Gaza*, Berkeley and Los Angeles: University of California Press,2005, p.132.

机构由以色列军人组成，负责维护法律和秩序，保障占领区的犹太居民的安全。同时，建立军事哨所并部署军队，在必要的情况下通过宵禁、关闭学校、拆毁民居等手段来惩戒巴勒斯坦人。[①] 1981年后，以色列占领当局又在约旦河西岸和加沙地带分别建立文官政府，负责处理巴勒斯坦人的社会事务。行政机构下属若干部门，主要有负责经济发展的部门和负责公共服务的部门。前者负责监管占领区的工商业、农业、劳工和金融，后者负责处理教育、福利、医疗和邮政等事务。这些部门的主要负责人多为犹太裔，而其余90%的员工则是巴勒斯坦人（职务有：学校校长、老师、公务员、医生、警察、护士和邮递员等），他们要负责日常事务的正常运转。尽管占领军政府在加沙地带的权力很大，但占领政策的制定还是要经过以色列内阁的许可。需要说明的是，以色列占领当局在占领区出台的这些法令并不对犹太定居者适用，犹太定居者或者是来此的以色列游客享有“法外治权”，仅受到以色列本国的法律约束（在占领区内的不具有以色列国籍的犹太定居者同样仅受到以色列国内法律的制约）。因此，以色列当局制造出“在同一生存空间内，人们因种族不同而受两套不同法律体系制约的情况。”[②]

（二）经济领域的控制

以色列对占领区的经济领域的控制，主要体现在推行“经济

---

① State of Israel, Ministry of Defense, Unit for Coordination of Activities in the Territories, *Three Years of Military Government, 1967–1970: Figures on Civilian Activity in Judea, Samaria, the Gaza Strip and Northern Sinai*, Tel-Aviv: Ministry of Defense, 1970, p.2.

② Eyal Benvenisti, *Legal Dualism: The Absorption of the Occupied Territories into Israel*, Boulder, CO: Westview Press, 1990, p.23.

一体化政策”上。历届以色列内阁都把推进“经济一体化”作为占领行为的最高目标之一，要求占领区要服务于以色列本土的经济发展。[①] 占领区对以色列经济发展作用巨大，正如以色列一位负责经济的官员所说：“一方面，被占领区是以色列商品与服务的补充市场；另一方面，对以色列经济来说又是生产要素，尤其是熟练劳动力的来源。”[②] 事实上，在占领后的20年里，以色列确实把占领区的经济与以色列本土的经济整合到了一起，占领区的巴勒斯坦人在经济社会发展上越来越依赖以色列。这种不对称的脆弱性依赖，也成为强化以色列与巴勒斯坦人（包括哈马斯）的强制性权力关系的重要因素。

以色列通过公共设施征地、军事用地、制造无产权土地以及建设犹太定居点等方式征用巴勒斯坦人的土地。到20世纪80年代中期，以色列占领当局共征用巴勒斯坦原住民的土地达88万杜纳亩。[③] 依据利库德集团1977年执政后颁布的新土地法，巴勒斯坦人如拿不出地契证明土地归自己所有，其土地就作为“未被占用土地”而被以色列政府没收，到1984年，此类土地达180万杜纳亩。到1987年起义前夕，西岸土地的52%、加沙土地的40%被以色列没收。[④] 除此之外，以色列还在两地建立定居点，1967—1977年间，以色列仅在约旦河西岸就建立了40个犹太定居点，犹太定居者有

① 张倩红：《以色列史》，人民出版社，2014年版，第308页。

② George Wigoder, *The Palestinian Economy: Studies in Development Under Prolonged Occupation*, Routledge, London, 1988, p.124.

③ F .Robert Hunter, *The Palestinian Uprising: A War by Other Means*, Berkeley and Los Angeles :Univesity of California Press, 1991, p.48.

④ Cherly A .Rubenberg,“Twenty Years of Israel Economic Policies in the West Bank and Gaza:Prologue to the Intifada”, *Journal of Arab Affairs*,Vol.8, No.1, 1989, p.35.

5023人。[①] 1977年利库德集团执政后，将犹太人定居点作为吞并占领区实现“大以色列计划”的核心环节，扩建定居点步伐大幅度加快。工党执政时两地犹太定居者年均增加仅770人，而1978—1987年间，犹太定居者年均增加高达5960人。到1987年底，西岸已有犹太人定居点107个，定居者6.7万，加沙有14个，定居者2506人。[②] 以色列大量侵占巴勒斯坦人土地，不仅严重影响了巴勒斯坦人的农业发展，而且压缩了巴勒斯坦人的生存空间。

以色列占领当局还对巴勒斯坦企业施加各种限制。以工业发展为例，巴勒斯坦企业发展面临的限制既有资金的缺口，也有生产上的限制。一方面，占领区金融机构被以色列占领当局控制，无法获得足够融资。在“六·五战争”后，以色列占领当局关闭了占领区内的所有阿拉伯人开办的金融货币机构，同时把该区的金融事务管理权交付给了以色列中央银行，以色列货币成为了法定流通货币，而且也禁止其他国家的资金流入，这对该地区的储蓄、信贷和产业投资都产生了深刻的影响。[③] 在20世纪60年代末到70年代，为了避免失业率过高而影响占领区的稳定，占领当局曾对区内工业发展提供金融支持，向部分工厂提供小额贷款以帮助其扩大生产和更新设备，但是到了80年代，这种金融支持就逐渐消失了，很多企业因为资金不足而面临发展困难。[④] 另一方面，

① F. Robert Hunter, *The Palestinian Uprising: A War by Other Means*, Berkeley and Los Angeles: Univesity of California Press, 1991, p.41.

② Cherly A .Rubenberg, “Twenty Years of Israel Economic Policies in the West Bank and Gaza:Prologue to the Intifada”, *Journal of Arab Affairs*,Vol.8,No.1, 1989, p.35.

③ Neve Gordon, *Israel's Occupation*, University of California Press, Berkeley and Los Angeles, California, 2008, p.74.

④ Ibid, p.73.

以色列要求占领区的所有工业活动必须在有许可执照下进行，通过颁发生产许可的方式来限制一些对以色列本土经济形成竞争的巴勒斯坦企业。为避免同以本土产品竞争，以色列严格限制占领区工厂生产同类产品，除此之外，巴勒斯坦企业必须通过以色列进出口公司向海外出口商品。上述措施使巴勒斯坦人丧失了海外市场，以色列成为其主要贸易对象，加之以色列对本国产品进入巴勒斯坦人市场实行优惠政策，巴以贸易出现巨额逆差，仅西岸就年均高达2.54亿美元，而以色列年均赢余4亿美元。[①]

以色列对占领区的企业征收高额税款，仅占领区内的巴勒斯坦手工制造业就要比以色列的手工制造业多缴纳35%到40%的各种名目的税款。[②] 这些缴纳的税款并没有被以色列重新投资到占领区，而是直接被转移到以色列占领当局的官员手中。对于占领区的巴勒斯坦人而言，除了需要缴纳个人所得税外，还要交纳多种间接和直接税，包括进口税、当地产品消费税、商品存放税、许可证印花税、能源税等，后者包括商业税、城乡管理税等。而在以色列境内的巴勒斯坦劳工还需要二次缴纳所得税并扣除各种费用。据本维尼斯蒂估计，1970—1986年，仅以色列扣除的各种费用就超过8亿美元。[③]

以色列还控制了占领区内的重要资源。以水资源为例，以色列是水资源极度匮乏的国家，气候以干燥炎热为主，而地下水又

---

① Cherly A .Rubenberg,"Twenty Years of Israel Economic Policies in theWest Bank and Gaza:Prologue to the Intifada", *Journal of Arab Affairs*,Vol.8,No.1,1989, p.35.

② Neve Gordon, *Israel's Occupation*, University of California Press, Berkeley and Los Angeles, California, 2008, p.73.

③ Cherly A .Rubenberg, "Twenty Years of Israel Economic Policies in theWest Bank and Gaza:Prologue to the Intifada", *Journal of Arab Affairs*,Vol.8,No.1,1989, p.35.

因盐度过高导致开发成本高昂。尽管以色列采取了各项技术措施极大地提高了水资源利用率，但仍难以满足移民激增、经济发展以及生活水平提高而带来的对水资源的巨大需求。因此，在占领加沙地带和约旦河西岸后，以色列政府才不惜代价强制推行极其严格的不均衡控水政策。① 1967年8月15日，以色列占领当局颁发了第92号军事命令，规定本机构有权限定巴勒斯坦人的用水量，有权在特定情况下断绝巴勒斯坦人的水供应，有权惩罚违反该命令的巴勒斯坦人。② 在这种背景下，占领区的巴勒斯坦人开发利用水资源受到了严格的限制。一方面，军事占领当局对水资源进行绝对控制，任何个人和实体想要安装取水设备都要获得许可。巴勒斯坦人水源开采要经过以色列军事占领当局的审批，开挖新水井和旧井修缮都要经过许可。而事实上，这种审批程序非常艰难漫长。据统计，1967—1978年间，以色列占领当局未允许阿拉伯人开挖过一口生活用井。另一方面，巴勒斯坦居民生活用水也受到价格因素的限制。以色列占领当局对当地的巴勒斯坦居民征收高额的水价，犹太居民的生活用水价格为每立方米0.33美元左右，并且居民可以享受到政府发放的水费补贴，而巴勒斯坦人生活用水的价格却达到每立方米1美元。③ 这就导致了占领区的犹太居民生活用水量远远高于巴勒斯坦人，巴勒斯坦人人均消费水量在100至185立方米之间，而犹太居民的年消耗水量却高达1400立方米以上。

上述一系列控制举措，直接导致了以色列占领下的约旦河西

① 张倩红：《以色列史》，北京：人民出版社（2014），第306页。

② 张倩红：《以色列的水资源问题》，载《西亚非洲》，1988年第5期，第44—45页。

③ 同上。

岸和加沙地带经济发展迟缓。据统计，1980至1985年间，两地国民生产总值年均增长率仅为0.4%，每年的货币贬值率为2%，而人口年均增长达2.5%。[①] 在1969至1985年间，农业在占领区的国内生产总值中所占的比例，约旦河西岸由36.4%降至30.2%，加沙地带由28.3%降至17.8%。而工业发展则几乎处于停滞状态，且工业比例失调，工业部门单一。到1985年，约旦河西岸有工业企业2500家，其中2/3从事的是轻工业生产，只有10家左右的企业雇用员工人数超过50名，5家左右的企业雇用员工数超过100名；加沙有工业企业1620家，企业员工雇用量为10人或10人以上的企业仅占5%左右，无一家雇用量超过100人。[②] 缺乏就业机会使占领区内的巴勒斯坦人要去以色列境内务工，1968至1984年间，加沙国民收入中在外打工收入所占比例由2%上升到44%，西岸由3.4%上升至40%，[③] 占领区巴勒斯坦人到以色列务工使收入增加，但对以色列的经济依赖程度也因此变得更深。

（三）社会领域的控制

"六·五战争"后，以色列在占领区精心设计了一套许可准入制度，这套制度构成复杂，包括汽车登记、驾照发放、企业注册、进出口商品、住宅建造、出境活动（求学、就医和移民等）、个人身份信息登记、农作物种植许可等。有些申请许可的周期十分漫长，申请程序包括填写表格、支付费用甚至要经过GSS（辛贝特）

① Cherly A .Rubenberg, "Twenty Years of Israel Economic Policies in theWest Bank and Gaza:Prologue to the Intifada", *Journal of Arab Affairs*, Vol.8, No.1, 1989, p.31.

② Ibid., p.30.

③ Ibid., p.31.

频繁的面试审查。1967年6月18日，以色列占领当局出台命令，规定涉及房产和土地的交易在没有当局许可的情况下皆是违法行为。同日，出台另一命令，规定所有的巴勒斯坦人持有的外国货币必须兑换成以色列货币或者取得持有许可，违反命令者将被处以五年的监禁或者缴纳1500约旦第纳尔的罚金。所有从事进出口贸易的商人也必须获得许可，金融机构在没有许可证明的情况下不得办理存贷款业务。而对当地巴勒斯坦居民而言，必须在取得许可的前提下才能到公共部门工作，非官方确认的居民在任何部门工作都要获得许可。[①]

以色列还在占领区制订了集体惩罚制度。

首先，为了震慑巴勒斯坦人的反抗活动，逮捕、搜查和监禁是以色列占领当局经常使用的手段。根据以色列占领当局颁布的78和80号文件，以色列士兵有权搜查占领区巴勒斯坦人的建筑并有权逮捕可疑人员，而无需搜查证和批捕证。这样的事件经常在被占领土发生，约旦河西岸的巴勒斯坦人不管在任何时间和地点都可能受到以色列士兵的质询。这些士兵可随意进出他们的房屋、进行搜查、或者将其逮捕。据一位曾为巴勒斯坦人辩护的以色列律师估计，约有25%的巴勒斯坦人间接或直接受过军事法庭的“教育”。[②]

其次，在占领了约旦河西岸和加沙地带后，强拆房屋成为了以色列占领当局对付巴勒斯坦人的常用手段，以色列官方对此的

① Neve Gordon, *Israel's Occupation*, University of California Press, Berkeley and Los Angeles, California, 2008, p.41.

② F. Robert Hunter, *The Palestinian Uprising: A War by Other Means*, Berkeley and Los Angeles: Univesity of California Press, 1991, p26.

解释是，这项措施可以强化以色列占领当局所出台的建筑规则和条例。[①] 除此之外，该措施还可以减少以色列安全部队针对巴勒斯坦平民反抗行为的军事行动，震慑巴勒斯坦人的恐怖活动，减少恐怖袭击。[②] 强拆房屋通常由以色列安全部队作战工程兵团负责执行，常用的工具是作业非常出色的卡特彼勒D9（Caterpillar D9）重型推土机，辅之以经过以色列安全部队改良过的大型挖掘机（针对多层住宅）和轮式装载机（针对拆迁难度低的小户型住宅）。[③] 但是以强拆房屋作为一种惩罚巴勒斯坦人的手段，其产生的效果一直受到外界质疑，相关调查发现，没有证据能够直接证明强拆巴勒斯坦人的房屋可以产生震慑其恐怖活动的效果，并且强拆所产生的破坏性也在一定程度上超过了其可能产生的效果。[④] 除此之外，一些人权组织包括人权观察、反强拆以色列人委员会等，强烈反对以色列强拆巴勒斯坦人房屋的行为。人权观察组织认定以色列这种行为违法了国际法关于集体惩罚、破坏私人财产和对公民使用暴力的相关条款。[⑤]

再次，以色列的军队占领约旦河西岸后，由于该地区有超过500个村落，许多村落和聚居区相隔甚远或被山丘阻隔，在不大

---

① See: http://www.amnesty.org/en/library/asset/MDE15/048/2005/en/c36a3c73-d4a3-11dd-8a23-d58a49c0d652/mde150482005en.html.

② Efraim Benmelech, Claude Berrebi, and Esteban F. Klor, "Counter-Suicide-Terrorism: Evidence from House Demolitions," *The Journal of Politics*, Vol. 77, No.1 January 2015, pp.27-43.

③ Israel and the Occupied Territories Under the rubble: House demolition and destruction of land and property by Amnesty International, 18 May 2004.from: https://en.wikipedia.org/wiki/Amnesty_International.2017.6.10.

④ See：https://newrepublic.com/article/120506/study-israels-home-demolitions-policy-works-it-moral.2016.11.26.

⑤ See：https://www.hrw.org/legacy/press/2002/10/gaza1024.htm.2017.2.19.

规模增加武装人员和战斗装备的前提下，以色列占领当局很难对这些巴勒斯坦人进行有效控制。因此，频繁的宵禁政策开始被使用。以色列希望借助这一策略把巴勒斯坦人聚居的村庄、城镇、难民营甚至是城市之间相互隔离开来，以逐个片区击破，慢慢消磨掉巴勒斯坦人反抗占领的决心。[①] 在严格宵禁期间，人们不得以任何理由离开自己的居所，不得靠近窗户或者阳台，违反宵禁命令的人被以色列巡逻士兵发现后会受到惩罚甚至被射杀。以色列士兵经常利用宵禁来进入巴勒斯坦居所中搜查武器、制造燃烧弹的材料或者参加过反以活动的年轻人。有许多相关资料记录，处在宵禁中的巴勒斯坦人生命财产安全都会受到极大威胁，被以色列士兵殴打、射杀、围捕或者从居所中被逮捕审讯是常有之事。[②] 除了宵禁之外，另一项隔离巴勒斯坦人的措施就是使用军队包围其聚居的村庄或者城镇。尽管这些被包围的巴勒斯坦人可以离开自己的居所，但是以色列军队禁止外来人员、食物和其他生活物品进入到这些“被封闭的区域”，在被军队包围期间，封闭区内的供水、用电和通信都被切断。

最后，占领当局经常将一些占领区内的“危险人物”驱逐到国外去，其目的是防止这些危险人物组织反以活动。通常情况下，被驱逐的人多是在本地有影响力的人物。以色列境内的巴勒斯坦人和相关民权组织声称，从1967年巴勒斯坦被占领至1987年第一次“因提法达”爆发期间，被以色列安全部队强行驱逐的巴勒斯坦人有2000名之多，这些人包括市长、教师和阿拉伯语报纸的记

---

① Don Peretz, *Intifada: The Palestinian Uprising*, West-view Press, 1990, p.67.

② Ibid., p.67.

者或编辑。[①] 尽管有人以驱逐政策违反1949年的《日内瓦公约》为由向以色列最高法院上诉，但是最高法院最终裁定加沙地带和约旦河西岸作为被占领地带并不适用于《日内瓦公约》，并且支持以色列占领军当局在“保障公众安全、实施区域防御、维持公共秩序和镇压暴动等必要条件下出台驱逐命令”。[②]

四、以色列的权力意志

前文已经提到，以色列对加沙地带和约旦河西岸等巴勒斯坦人聚居的地区进行了军事占领，并在占领区推行强硬政策，因此以色列对于哈马斯所施加的强制性权力约束一直是存在的，以色列要求哈马斯服从其权力意志的基本条件没有改变，但以色列的权力意志略有变化。

（一）以色列权力意志的内容

在1993年《奥斯陆协议》签署之前，以色列把对哈马斯的打击作为国家反恐策略的一部分，其目的是迫使哈马斯放弃暴力活动，并承认或者默认以色列对于加沙地带和约旦河西岸的占领。在1993年《奥斯陆协议》等系列和平文件签署后，以色列原则上同意巴勒斯坦人在其占领的土地上分阶段进行自治。尽管参与和平谈判和协议签署的巴方代表是巴解组织，哈马斯一直被排除在外，但是整个和平进程中，巴解组织被设定的角色是所有巴勒斯

① Don Peretz, *Intifada: The Palestinian Uprising*, West-view Press, 1990, p.58.

② Ibid., p.59.

坦人的合法代表，这一原则不管是以色列还是国际社会都予以认可，因此，巴以之间所达成的和平协议中的条款对所有的巴勒斯坦人包括哈马斯成员都是有效力且适用的。在《关于临时自治安排的原则声明》等系列和平文件中，巴以双方承诺“承认彼此的合法和政治权利，力求在和平共处、相互尊严和安全的情况下，并通过商定的政治进程实现公平、持久和全面的和平解决，实现历史性的和解”。《以色列—巴勒斯坦关于约旦河西岸和加沙地带的临时协定》序言部分同时要求，“按照本协定相互承诺立即采取有效行动反对恐怖主义或威胁，反对暴力或煽动暴力的行为，无论是巴勒斯坦人还是以色列人”。第15条要求双方应采取一切必要措施，以防止针对对方的恐怖主义、犯罪和敌对行动，并对犯罪者采取法律措施。对于已达成的和平协议的部分，“重申通过和平进程及其开创的新纪元以及双方建立的新型关系均不可逆转并确认双方保持、继续和继续推动和平进程的的决心……重申本协议及其所载临时自治安排是整个和平进程不可分割的一部分”。综合以上和平协议中的表述，我们可以总结出以色列对于哈马斯的权力意志为：承认以色列国家的安全和合法性，放弃恐怖暴力活动，并接受巴以双方达成的和平协议。

（二）以色列权力意志的贯彻

为了应对哈马斯的威胁，直接贯彻自己的权力意志，以色列此后采取了一系列措施，包括驱逐逮捕哈马斯成员和对组织领导人实施定点清除等，这些措施均以军事力量为后盾。

需要指出的是，1988年8月之前，以色列当局并没有对哈马斯的活动进行过多的限制，相反是采取了一种默许态度。例如没有逮捕、流放其组织核心成员，没有破坏哈马斯的宣传机构，没有破坏其军事与情报小组。对于国外流向哈马斯的资金也未采取封锁行动。[①] 此外，以色列当局还允许来自安曼的穆斯林兄弟会高级使者参加哈马斯的会议。对于这种默许政策，本章综合各方研究，认为主要出于以下方面的原因。第一，哈马斯成立之初并没有明确的目标和完善的组织机构，未直接对以色列进行武装活动。曾任以色列约旦河西岸民政当局主席的埃弗雷姆斯奈赫说："那时，哈马斯并非一个值得特别关注的危险组织。它仅仅是一股正在兴起的力量，并没有发展成一个独立的军事组织。"[②] 第二，以色列想借哈马斯来牵制巴解组织。以色列学者梅厄·哈提纳认为，以色列在西岸和加沙的占领当局对宗教活动展现了相对宽容的态度，其目的是为了部分抵消巴解组织的影响，想借此组织来牵制巴解。[③] 第三，第一次"因提法达"爆发之初，以色列忙于应对激愤的巴勒斯坦人，并没有专门制定针对哈马斯的策略。

但是，1988年8月之后，哈马斯越来越多地卷入反以活动之中，以色列对哈马斯的态度开始发生变化。1989年2月至3月，哈马斯发动了两起针对以色列士兵的绑架活动。5月18日，以色列当局逮捕了哈马斯领导人亚辛和1500名哈马斯成员。9月28日，以色列政府正式宣布哈马斯为"恐怖组织"。之后，以色列当局对哈马斯实施过多次突袭行动，包括阿齐兹、兰提斯、雅祖里在内的

① 陈天社：《论以色列对哈马斯的政策及其影响》，载《西亚非洲》，2014年第2期，第79页。

② Zaki Chehab, *Inside Hamas: The Untold Story of Militants, Martyrs and Spies*, London and New York: I. B. Tauris & Co Ltd, 2007, p.221.

③ Matthew Levitt, *Hamas: Politics, Charity, and Terrorism in the Service of Jihad*, New Haven and London: Yale University Press, 2006, p.24.

多名哈马斯高级人物被拘留，两个哈马斯军事小组被摧毁。1991年初，在一次较大规模的行动中，以色列逮捕了30多名哈马斯成员，把这个组织的4名领导人驱逐到黎巴嫩南部。1992年12月，以政府再次采取严厉措施，把40多名哈马斯成员和支持者驱逐到南黎巴嫩，逮捕了150多人。时任以色列总理的拉宾宣称，决不允许恐怖主义分子危害我们人民的生命安全，也决不允许他们危害中东和平进程，以色列将与恐怖主义者进行不妥协的斗争，决不怜悯他们。1994年2月，哈马斯开始使用自杀式袭击的方式攻击以色列部队和平民，对巴以和平进程产生了负面影响，以色列要求巴解组织扫清巴勒斯坦内部的极端组织的威胁以换取和平进程的推进。在此之后，以色列联同巴解组织加大了对哈马斯的打击力度。1994年10月，“卡桑旅”支队暗杀一名以色列士兵后，在以方要求下巴警方在加沙逮捕了400名哈马斯分子。1995年4月，哈马斯与伊斯兰圣战者组织袭击加沙地区两犹太人定居点后，巴警方又逮捕了200名伊斯兰分子并首次将他们移交给国家安全法庭审判。1996年1月，“盖萨姆”支队的头号炸弹制造专家叶海亚—阿亚什在加沙被摩萨德暗杀，2月至3月一系列炸弹爆炸事件后，1200名伊斯兰极端分子嫌疑犯被捕，30处哈马斯机构被查封。1996年3月，阿拉法特在以色列压力下宣布哈马斯为“非法组织”，并逮捕了多名哈马斯成员。同年，以色列炸死了哈马斯头号炸弹专家穆罕默德·塔哈尔。1998年“卡桑旅”支队高级领导人穆希丁–沙里夫、伊玛德及阿德里尔、阿瓦达拉兄弟先后被以色列情报人员暗杀，该支队高级领导人仅剩一人。同年10月，以色列政府向巴解组织提交了要求巴方逮捕的33名哈马斯中坚分子的黑名单，并以推动巴以和平进程作为逮捕行动的条件。随后，巴警察先后逮捕了哈马斯成员、巴勒斯坦伊斯兰学者协会主席、阿克萨清真寺大阿訇哈米德、伊斯兰圣战组织负责人阿姆札，搜查了哈马斯的一个地方办事机构，搜缴其非法拥有的武器，300名哈马斯分子和加沙分部领导人马哈茂德–扎哈尔、艾哈迈德–巴哈尔等被捕，哈马斯精神领袖亚辛被软禁在加沙的寓所里，切断了他与外界的一切联系，陪同亚辛的其他4位哈马斯领导人也被传唤，这一系列动作使哈马斯遭到重创。2003年12月1日，以色列军队对约旦河西岸的拉马拉展开了新一轮的大规模攻势，并逮捕了30名据称是"哈马斯成员"的激进分子。

2000年9月阿克萨起义爆发后，哈马斯发起了针对以色列自杀性袭击的一个高潮。为消除哈马斯的威胁，以色列开始瞄准哈马斯领导层，实施"定点清除策略"（Targeted Killing）。所谓定点清除，就是在以色列政府的明确同意下，用最有限的军事行动，杀死特定的具有极大危害性的目标的行为。加拿大约克大学学者马克·穆罕纳德·阿亚什（Mark Muḥammad Ayyash）称此"震惊与敬畏"战略，即目标绝不会清楚哪个在什么时候将被清除。[①] 2002年7月23日，以色列出动F16战机发射重型导弹炸死了哈马斯军事组织——喀萨姆支队的司令萨拉赫·阿勒–萨哈达（Salah al-Shehada）。2002年9月10日，以色列又出动F–16战斗机轰炸了扎哈尔的住宅，他的儿子和保镖当场被炸死，妻子和女儿受伤，扎哈尔本人腿部受伤，幸免于难。同月，"哈马斯"下属一个武装组织指挥官穆罕默德·戴夫受到以色列战斗机的轰炸。2003年3月

① Mark Muhannad Ayyash, "Hamas and the Israeli State: A 'Violent Dialogue'", *European Journal of International Relations*, Vo.16, No.1,2010, p.112.

8日，以色列军使用“阿帕奇”攻击直升机打死“哈马斯”武装派别领导人易卜拉欣·穆卡达及两名官员。5月29日，以色列特工在加沙地带南部汉尤尼斯省刺杀了哈马斯下属军事派别“卡桑旅”的一名头目。6月，以色列空袭哈马斯领导人兰提斯的住所，但对方受伤后逃脱。8月21日，以色列定点清除了哈马斯领导人伊斯梅尔·阿布·沙纳卜。同月，以军空袭了哈马斯军事组织领导人迪福的办公地点，对方受伤后逃脱。2004年3月22日，哈马斯精神领袖谢赫·艾哈迈德·亚辛被以色列通过精确打击而身亡。4月18日，亚辛的继任者兰提斯在接任领导人不到一个月后被以色列暗杀身亡。5月30日凌晨，以色列国防军的一架武装直升机向加沙城发射了两枚导弹，造成哈马斯高级成员瓦埃勒·纳萨尔及其助手当场死亡，另有一名路人死亡，七人受伤。哈马斯高级领导人接连被定点清除后，该组织受到极大打击，曾在很长一段时间内不再公布其核心领导人。[①]

五、以色列强制性权力产生观念和规范转变的条件

如前文所述，强制性权力产生观念和规范转化并非是必然的，需要满足一定的条件才能实现。本章之所以确认以色列所施加的是强制性权力而非奖惩性权力和制度性权力，依据在于，一方面，以色列对哈马斯的影响并非是单纯物质手段的使用；另一方面，以色列在占领巴勒斯坦领土期间颁布的所有命令都是以军事力量

① 陈天社:《论以色列对哈马斯的政策及其影响》，载《西亚非洲》，2014年第2期，第80页。

为依托的行政指令，并非是巴勒斯坦人同意制定的。那么，以色列施加的强制性权力是否满足转化的基本条件呢？我们对此进行逐一分析。

（一）权力关系结构的牢不可破

以色列的这种强制性权力影响具有整体性，是施加在占领区内的所有巴勒斯坦人身上的，因此哈马斯自然也被视为权力作用对象。为了证明以色列对于巴勒斯坦人强制性权力关系的牢不可破，本章选取了巴勒斯坦人反抗最激烈的活动作为研究对象，分别是在1987年12月和2000年9月发动的两次大起义，这两次起义的目的就是为了打破以色列长期以来施加在巴勒斯坦人身上的强制性权力关系，结束以色列对巴勒斯坦领土的占领。但结果却事与愿违。

第一次"因提法达"没有打破以色列对哈马斯的强制性权力关系结构。

1987年12月第一次"因提法达"爆发，巴勒斯坦人以落后的"冷兵器"向以色列示威，青少年在街头投掷石块、自制燃烧瓶与现代武装的军警对抗，还采用游行、罢工、抵制以色列货物、拒绝纳税等方式，不与占领当局合作。[①] 由于当时巴解组织总部已迁到了突尼斯，哈马斯在此次起义中发挥了领导和组织作用。在起义爆发后，以色列并没有满足巴勒斯坦人任何诉求，时任以色列国防部长拉宾以"铁拳政策"应对起义，在占领区部署了起义之前五倍数量的安全部队以加强对占领区的控制。除了加大对示

① See：http://www.people.com.cn/GB/channel2/18/20001209/343573.html.2017.3.17.

威抗议人群武力镇压外，以色列又出台了系列强制性政策对付反抗的巴勒斯坦人。例如，推行监禁政策。在1987年12月到1990年12月间，大约4500名巴勒斯坦人被逮捕、拘留和判刑，这些人被捕的原因不仅仅是因为参与游行示威，还有是因为加入某些政治组织（比如哈马斯等）或者与政治组织有关联。[①] 在1987年到1994年间，辛贝特（GSS）审问了超过2.3万名巴勒斯坦人，而这些受审的巴勒斯坦人绝大多数遭到严刑逼供。[②] 拉宾在任总理时也承认在1995中期之前曾对在押的8000名巴勒斯坦人实施过酷刑。[③] 在监禁和酷刑并没能限制起义的情况下，以色列启动了“驱逐制度”，在1992年12月，驱逐了415名参与哈马斯的巴勒斯坦人。在第一次“因提法达”期间，占领区的居民行动自由同样受到了极大限制，60%的人们活动区域仅局限于自己的家中。自1988年5月到1994年5月，军事占领当局还在加沙地带推行了宵禁政策，在日落前该地区所有户外活动都要停止，在第二天早晨日出后人们才能够获得外出活动的机会。[④]

除此之外，以色列还对巴勒斯坦人实行新的身份登记制度和入境许可制度。1988年之后占领当局在加沙地带部分巴勒斯坦人当中推广使用新的身份证，这种绿色的身份证——不同于普通人使用的红色或者橙色的身份证，是颁发给那些没有排除安全嫌疑的人（比如：过去被逮捕过的人、某些政党中的积极分子、在GSS

---

① Neve Gordon, *Israel's Occupation*, University of California Press, Berkeley and Los Angeles, California, 2008, p.95.

② Noga Kadman, *1987–1997: A Decade of Human Rights Violations Jerusalem. B'Tselem*,1998, pp.3-6.

③ Ibid.，p.13

④ Ibid.，p.19

档案中有案底的人等），任何拥有绿色身份证的人都不得离开加沙地带。次年，一种新的电磁身份证又被从占领区到以色列务工的人员广泛使用。这种身份证需要每年都更新，卡内包含个人资料编码信息，同时也能用来纳税和支付水电费。所有的巴勒斯坦劳工在早晨进入以色列境内时都要在电子装置上刷卡，若身份信息出现异常将会被禁止入境。[①] 另外，以色列还对需要入境的巴勒斯坦人进行审查，那些个人背景有问题的巴勒斯坦人（例如：加入了某个政治组织、参加过抗议活动、与那些抵抗以色列占领的人有亲属关系等）将无法在以境内获得工作机会。到了"因提法达"后期，许多巴勒斯坦人因此选择放弃参加反以活动，以免自己有"污点记录"而影响个人和家庭的生计。[②]

尽管在这次起义之后，巴以双方开启了马德里和平进程，并在1993年之后达成了《奥斯陆协议》等系列和平协议，这些文件原则上承认在部分被占领的区域分阶段实现巴勒斯坦人自治，但是，该协议并未要求以色列军队完全从被占领的土地上撤出，在《关于临时自治安排的原则声明》中，第八条规定："为了保卫西岸和加沙地带的巴勒斯坦人的公共秩序和安全，以色列将继续负责抵御外来威胁，以及负责以色列人的全面安全，保障内部安全和公共秩序。"《关于临时自治安排的原则声明的商定纪要》所附文件二中，巴以双方达成的谅解是："以色列撤退后，以色列仍负责巴勒斯坦自治区域内外安全以及犹太人移民区的公共秩序。以色列部队和平民可以继续自由使用加沙地带和杰里科地区内的道

① Neve Gordon, *Israel's Occupation*, University of California Press, Berkeley and Los Angeles, California, 2008, p.98.

② Ibid., p.100.

路。”后来双方又在《以色列—巴勒斯坦关于西岸和加沙地带的临时协定》第十二条中重申了以色列军队在占领区的作用：“为保障西岸和加沙地带的巴勒斯坦人的公共秩序和内部安全，将组建一支巴勒斯坦人的警察部队。以色列将继续负责防御外来威胁，防范来自海上和空中的外部威胁，保卫犹太人定居点的全面安全和公共秩序，并将拥有为履行这一责任而采取必要行动的一切权力。”

对于巴勒斯坦人建立的代表机构所拥有的职权设置，《关于以色列部队撤出加沙地带和杰里科地区》的第三条规定：“在这两个地区（加沙和杰里科）的巴勒斯坦当局的机构，其行使权力与责任的领域不应包括外部安全、以色列人移民区、对外关系以及其他双方已约定的事项。”《关于临时自治安排的原则声明的商定纪要》第六条第（2）款，对权力移交的具体领域也做了相关规定：“移交给巴勒斯坦人的领域包括：教育和文化、卫生、社会福利、直接税、旅游和双方商定的权力。”也就是说，在上述地区实现自治之后，根据选举所成立的权力机构所享有的职权并非是完整的，是要经过双方协商后确定的，职权范围要经过以色列确认。而对于没有移交的职权，以色列占领当局仍然继续享有。《以色列—巴勒斯坦关于西岸和加沙地带的临时协定》在第17条中规定，“以色列通过其军政府，对不属于理事会（笔者注：经巴以双方商定后建立的在权力移交过渡期行使职权的机构）领土管辖权范围内的地区、未移交给理事会和以色列人的权力和职责拥有管辖权。”“以色列占领军政府应该按照国际法继续行使必要的立法、司法和行政权力。本条规定不应损害对以色列人适用的立法。”综上条文，以色列移交给巴勒斯坦的是公共领域的责任，而不是管理这些公共事务充分的自主权。

正是因为在第一次“因提法达”之后，以色列意识到了长期对巴勒斯坦的占领使自己背负了政治、经济和道德上的代价，所以以色列开始做出调整，与巴勒斯坦人进行接触、和谈并签署协议，之后巴勒斯坦人得以在许诺的土地上建立自己的代表机构——巴勒斯坦民族权力机构，获得部分自主管理的权力，而作为交换的是，以色列仍然要控制大部分本属于巴勒斯坦人的领土，并且要求巴勒斯坦民族权力机构承诺巴勒斯坦人不对以色列造成威胁。以色列的高明之处就在于把维护占领区秩序和稳定的负担卸给了巴勒斯坦人，这无异于通过合同的形式进行“占领外包”。① 所以，《奥斯陆协议》所开启的和平进程并不是要把以色列对约旦河西岸和加沙地带的统治权下放，也不是把权力都移交给巴勒斯坦民族权力机构并实行两国方案，而是通过这个精心设计的机构来延伸以色列对占领区巴勒斯坦人的控制。以色列允许巴勒斯坦人建立权力机构进行自治，也并非是意味着把占领土地的主权归还给巴勒斯坦人，而是以此机构作为工具来管理巴勒斯坦人，该机构的建立本身就意味着对以色列强制性权力的承认。

由此可见，第一次“因提法达”并没有结束以色列的占领，巴勒斯坦人不但没有获得自由，还受到了沉重的打击，据统计，截至1992年底，有超过1042名巴勒斯坦人被以色列安全部队杀害。② 而在起义结束之后，代表巴勒斯坦人的巴解组织与以色列

① Neve Gordon, *Israel's Occupation*, University of California Press, Berkeley and Los Angeles, California, 2008, p.169.

② Noga Kadman, 1987–1997: A Decade of Human Rights Violations Jerusalem. *B'Tselem*,1998, pp.3-6.

签订了《奥斯陆协议》，但是，该协议框架下的所有安排均存在一个重大问题，即对巴勒斯坦人民和巴勒斯坦领土进行了区别对待，以色列把对巴勒斯坦人管理的责任转交给巴勒斯坦民族权力机构，而把对1967年战争以来占领的大多数巴勒斯坦领土的控制权牢牢掌握在自己手里。同时，以色列还垄断了在占领区合法使用暴力的权利。有学者指出，《奥斯陆协议》并不是结束以色列的统治，而是通过协议框架调整以色列控制巴勒斯坦的方式，以保持对巴勒斯坦长久的占领。① 以色列前总理拉宾在解释《奥斯陆协议》对以色列的益处时曾说："巴勒斯坦新成立的机构将会帮助（以色列）控制巴勒斯坦人，这样消除了最高法院、国际人权组织和左翼人士为我们制造的麻烦。"以色列在这之后仍然牢牢控制着占领区，对巴勒斯坦人一直以来的强权统治依旧存在，这种强制性权力关系结构并没有被巴勒斯坦人的第一次大起义所打破。不仅如此，哈马斯还被定性为恐怖组织，遭到以色列和巴解组织的双重打击。

第二次"因提法达"阿克萨大起义也没有打破以色列的权力关系结构。

第一次"因提法达"后，巴以和平进程没有实现巴勒斯坦人结束占领和要求独立的愿望，所以在2000年9月又爆发了"阿克萨大起义"。与1988年的大起义相比，巴勒斯坦人在这次起义中反抗程度更为强烈，使用的自杀式袭击方式更为激进。哈马斯在本次起义中表现出了巨大的杀伤力，自2000年9月巴以冲突爆发以来，哈马斯共实施了425起袭击，共造成37名以色列人死亡，

① Neve Gordon, *Israel's Occupation*, University of California Press, Berkeley and Los Angeles, California, 2008, p.170.

2000多人受伤。[①] 因此，以色列采取了更为果断的措施应对暴乱，军事打击、活动限制、法外行动等多管齐下，不断强化对巴勒斯坦人的强制性权力控制。尽管在本次起义结束后，以色列实施了单边撤离行动，从占领38年的加沙地带撤军，但是本次撤军和犹太定居者的撤离并不意味着以色列放弃了对该地区的管控，以色列军队继续控制着通往加沙的海、陆、空所有通道，在这之后长期的封锁使加沙成为一所“巨大的监狱”。[②]

以色列把这次起义定性为“恐怖运动”，调动军队对骚动人群进行镇压，以色列安全部队的“开火规定”在本次镇压暴动中也发生了改变。在此之前，以色列安全部队的“开火规定”要遵守刑法的相关要求，即“士兵只有生命受到严重威胁的紧急情况下或者在逮捕犯罪嫌疑人的情况下才能开枪”。尽管在第一次“因提法达”中，以色列士兵在自身生命没有受到威胁而违规开火的情况也时有发生，但是这种情况发生的范围被极大地限制，而且出于此原因被杀的巴勒斯坦人数也相对有限。[③] 然而，据以色列人权机构贝塞林（B’ Tselem）发布的文件表明，在本次冲突中，以色列当局的新“开火规定”允许以色列安全部队甚至是以色列平民（主要是犹太定居点的以色列人）在自身生命安全并非处于紧急威胁的情况下对巴勒斯坦人开枪。这一新规导致大量巴勒斯坦人丧命，并在一定程度上激化了双方矛盾。本次起义爆发后，掌

① 中国新闻周刊:《为什么要杀死亚辛》。网址：http://news.sina.com.cn/w/2004-03-25/16263063861.shtml。登录时间：2017年1月7日。

② Avi Shlaim:《以色列和哈马斯的战争——辞令和现实》，载《中国穆斯林》,2010年第2期，第42页。

③ Neve Gordon, *Israel's Occupation*, University of California Press, Berkeley and Los Angeles, California, 2008, p.201.

握制空权成为了以色列控制巴勒斯坦的新方式，一位以色列的时事评论者将这种方式称为“空中占领”。除了使用阿帕奇战斗直升机、F16战机等传统空中占领工具外，以色列军队还部署了无人热气球、硬式飞艇、舰载空中早期警报飞机以及军事卫星来监视巴勒斯坦人并收集情报。比如在加沙地带，以色列通过飞机向巴勒斯坦人的村庄和难民营散发传单，告知他们占领区的哪些区域被禁止入内，之后使用战斗机或者无人机对试图进入这些区域的人进行打击。这种空中直接打击的方式也使哈马斯损失掺重，该组织多名领导人就是被以色列使用空中打击的方式进行定点清除的。

2002年3月29日，以色列发动了“防卫盾牌”大规模军事行动，以回应巴勒斯坦人在本次起义中频繁的自杀式恐怖袭击，2万名以色列士兵参与到军事行动当中，这是自1982年黎巴嫩战争后，以色列发动的最大规模的军事行动，仅在3月和4月就有接近500名巴勒斯坦人被杀害，造成巴勒斯坦聚居区内超过140幢建筑完全被毁坏，大量人员无家可归。[①] 本次行动对打击巴勒斯坦人的方式作出调整，主要体现在三个方面：第一，以色列在此之前只动用地面武装人员对参与暴动的巴勒斯坦人进行镇压，而在此次行动中空军和坦克部队发挥了核心作用。第二，以色列武力的施加对象不再只是巴勒斯坦人，还有巴勒斯坦人建立的相关管理机构。例如，以色列对巴勒斯坦教育部的袭击摧毁了该机构所有的网络系统和资料档案。巴勒斯坦的内政部、立法委员会、中央统计局和市民图书馆都遭到了不同程度的袭击。第三，以色列大量摧毁

① Peter Montell, Miranda Sissons and Johanna Bjorken, “Jenin: IDF Military Operations”, New York: Human Rights Watch, 2002, p.4.

巴勒斯坦的基础设施。巴勒斯坦人自治区域内的电力网络、供水设施、建筑物受到严重毁坏，这也使《奥斯陆协议》后巴勒斯坦当局取得的有限政绩被抹去。据世界银行估计，以色列此次军事行动对巴勒斯坦基础设施破坏造成的经济损失达到3.61亿美元。[①]“防卫盾牌行动”是以色列继续对巴勒斯坦人实施控制和打击以强化其强制性权力关系结构的典型做法，本次行动开始使用高强度和远程打击形式，使前期移交给巴勒斯坦人的一些组织机构受到破坏。在这段时间里，巴勒斯坦民族权力机构的管理事实上处于瘫痪状态。

为进一步限制巴勒斯坦人的反抗活动，以色列把占领区内的许多城镇和村庄确定为活动受限区域，这些区域的巴勒斯坦居民被限制在住所内24小时不得外出。例如，自2002年6月17日到10月31日，接近9万名分布于74个约旦河西岸社区的巴勒斯坦人受到宵禁等限制，37个聚居区内的54.7万名巴勒斯坦人活动范围仅限于自己的住所内。[②] 为了防止巴勒斯坦人进入到特定的村庄和城镇，以色列用石块、垃圾堆积的沟壕制造了大量的路障。除此之外，以色列还设置了分布密集的固定式和非固定式军事检查站，其中约旦河西岸有140余个，加沙地带有25—30个。在2002年的下半年，以色列要求在占领区的远距离活动需要获得许可，因此大部分巴勒斯坦人被局限在了范围有限的区域内，通常是他们自己的住所或者村庄内。根据巴勒斯坦医疗救助联盟委员会统计，在第二次大起义的前三年，85%的约旦河西岸居民因为各种限制

---

① Neve Gordon, *Israel's Occupation*, University of California Press, Berkeley and Los Angeles, California, 2008, p.204.

② Ibid., p.209.

没有离开过他们居住的村庄。另外，为了防止巴勒斯坦极端分子在以色列本土制造袭击，以色列还关闭了占领区到以色列本土的一些边界口岸，例如，以色列曾关闭了加沙到本土的口岸149天，经以色列去其他国家的通道也受到限制。尽管以上诸多对巴勒斯坦人的限制措施，在第二次起义爆发前就已经被以色列占领当局使用，但是在这次起义爆发后，这些措施的使用强度变得更高。

2002年4月14日，以色列内阁通过在占领区建立永久隔离设施的决议，这些隔离设施由高墙在特定的区域，使用9米高的混凝土厚板做墙体、电丝网、深沟壕、巡逻公路等组成。尽管以色列宣称建立这些隔离措施的目的，是为了把那些实施自杀袭击的极端分子隔离到以色列本土和占领区犹太定居点之外。但隔离措施却被外界普遍认为是以色列控制巴勒斯坦人的新工具——吞并土地、压缩巴勒斯坦人的生存空间。在约旦河西岸，以色列将绝大多数隔离设施建立在犹太人定居点的东面，大量土地也以这种方式并入到以色列。对许多巴勒斯坦人来说，这些隔离设施建成后，他们之前获得的12%土地就会被划到隔离带与“绿线”之间而被以色列没收（“绿线”是1948年巴以停火线）。[①] 除此之外，巴勒斯坦人的日常生活也因此发生了巨大改变，这些隔离设施使他们与自己的土地、学校、医院分隔开来，生活变得越来越麻烦。所以说，这些设施不仅是把巴勒斯坦人与犹太人隔离开，也把巴勒斯坦人与巴勒斯坦人隔离开了。

为了有效地控制占领区，以色列曾颁布不少针对巴勒斯坦人

---

① Neve Gordon, *Israel's Occupation*, University of California Press, Berkeley and Los Angeles, California, 2008, p.213.

的法律，以规范对巴勒斯坦人的管理。但是以色列占领当局所实施的监禁、驱逐、强拆住所、严刑逼供、延长宵禁等集体惩罚措施，经常会与现有法律相违背。所以，在第二次起义爆发之后，以色列开始暂停一些法律的实施，并且一度成为常态，这背后的最主要原因是以色列开始绕开法律规定以实施对巴勒斯坦人的镇压活动。在起义爆发后的一年半的时间里，有3161名巴勒斯坦人被杀害，其中有636名未成年人，在2004年这一年时间里，有751名巴勒斯坦人被杀害，其中三分之二的人没有参加任何反抗活动。然而军事监察官仅仅对这期间104起非法开枪的案件做了调查，只有28名以色列士兵被起诉，18名被判有罪。①

到2005年9月，大起义已接近尾声，以色列也陆续完成了从加沙地带的撤军和犹太定居者的撤离，但是仍控制着加沙地带的港口、领空以及拉法口岸和埃雷兹检查站，加沙和约旦河西岸之间的直接联系仍然没有实现。同时，在国际法状态下以色列依然是加沙地带的实际占领者，因为以色列仍控制着加沙地带的边界、海岸线和领空，仍向加沙地带提供电力和水源，仍保留着使用军事力量的最终权力。更为重要的是，按照1993年《奥斯陆协议》的规定，加沙地带和约旦河西岸应该是一个整体，所以，任何一地被占领，这个整体就被视为被占领状态。因此，巴勒斯坦人的第二次起义也未能结束以色列的占领。

综上所述，从1988年至2006年，巴勒斯坦人的两次最为强烈的反抗活动都未能结束以色列的占领，这意味着以色列所施加的

① Neve Gordon, *Israel's Occupation*, University of California Press, Berkeley and Los Angeles, California, 2008, p.206.

强制性权力结构并未能被打破。所以，以色列施加在巴勒斯坦人（包括哈马斯）身上的强制性权力在本章选取的时间段内一直有效存在的。

（二）哈马斯服从的利益回报

本章将利益回报界定为一种强化行为。强化分为正强化与负强化，正强化是指通过增加对方的额外收益以强化其合作动机，负强化是指通过增大对方的利益损失以削弱其不合作动机。以色列在向哈马斯贯彻自己的权力意志时，运用强化的方式使被影响者内在的功利性动机增加，使其逐步改变自己的观念并与以色列形成认同。使用正强化的方式，以色列通过推进巴以和平进程、签署《奥斯陆协议》等和平文件的形式来推动巴勒斯坦部分地区的自治和经济社会发展，以促使哈马斯承认以色列的合法性，放弃对以色列的恐怖袭击；通过负强化的方式，以色列通过加大对哈马斯的打击力度使哈马斯的暴力减弱，而在哈马斯对以色列的恐怖袭击减少后，以色列会相应地减少对哈马斯的打击。

首先，以色列建立起反抗与打击之间的密切联系。从1988至2006年间，以色列对哈马斯的打击程度与哈马斯的反抗程度之间保持了正相关关系。哈马斯在第一次“因提法达”中开始发起针对以色列的恐怖袭击，据国际恐怖主义数据库（GTD）统计，[①] 共有9起袭击事件，造成7人死亡，6人受伤。以色列随后开始对哈马斯进行打击，并于1989年将其定性为恐怖组织，逮捕了哈马斯

① 参见全球恐怖主义数据库（Global Terrorism Database）。网址：http://www.start.umd.edu/gtd/。登录时间：2017年1月29日。

领导人亚辛并驱逐了部分与哈马斯有关联的巴勒斯坦人。而到了1993年，哈马斯减少了对以色列的袭击，其领导人亚辛还宣称要与以色列签署长达10年的“停火协议”，虽然以色列没有理会这一建议，但在当年停止了对哈马斯的武装打击。在2001年至2004年大起义中三年的时间里，哈马斯制造了48起恐怖袭击，造成309人死亡，而在这段时间里，以色列则是加大了哈马斯的打击，据2004年8月24日《国土报》基于以色列情报机构沙巴克的统计数字发布的消息，总共有466名哈马斯成员被处决，另外哈马斯多名重要领导人也被以色列定点清除。而在2005年3月，哈马斯以停止恐怖活动为条件从巴勒斯坦民族权力机构主席阿巴斯手中换取了巴立法委员的入场券，3月17日，哈马斯正式宣布参与选举。根据GTD统计，哈马斯当年仅发动了一场针对以色列的恐怖袭击，造成1死7伤。同年8月，作为报偿，以色列也开启了从加沙地带的撤离计划。

撤离加沙地带是以色列单边行动计划的重要一环，实施该计划的目的是多方面的，人们普遍认为以色列是出于自身利益的考量，为了摆脱掉加沙这个“负担”，集中力量加强对约旦河西岸地区的控制。对以色列而言，保护加沙犹太定居者代价巨大、耗费惊人。大约8000名犹太定居者占据了加沙地区40%的土地，约130万的巴勒斯坦人则生活在其余60%的土地上。为保护这8000名犹太人，以色列政府每年需要派驻3000名士兵、耗费上千万美元。在加沙地带，哈马斯不断制造爆炸、袭击等事件，造成以色列人的大量伤亡。[①] 2005年9月12日，以色列完成了从加沙地带

① 黄鹏:《浅析沙龙的单边撤离计划》，载《阿拉伯世界》，2005年第4期，第14页。

的军队和定居者撤离。以色列撤离后将加沙地带移交给巴勒斯坦民族权力机构管理，但是该机构主席阿巴斯执政不到一年，政权基础相对薄弱，巴民族权力机构缺乏依法治理加沙和发展经济的经验。相比较之下，哈马斯在加沙地带经营多年，建立起了广泛的组织网络，同时，哈马斯在该地区有许多福利机构和公益组织，对改善当地民众生活发挥了重要作用，这也使得哈马斯在本地区人心中的形象更好，因而获得了更多的支持。尽管在撤出之前，以色列对于撤出之后的加沙形势做了预判，但是撤出之后哈马斯仍然获益巨大，后者趁机填补了前者留下来的权力真空。之后，哈马斯更是以此作为宣传资本，宣称犹太人的撤出是哈马斯长期斗争的胜利成果。在2006年的议会选举中，哈马斯也因此“功绩”获得了选民的不少选票，战胜法塔赫变成执政党。所以，哈马斯是从以色列的加沙撤离行动的直接受益者之一。

其次，和平进程为哈马斯的服从带来“红利”。尽管巴以和平进程的巴方参与者是哈马斯的竞争对手法塔赫，但在之后的整个进程中获得利益回报的不只是法塔赫一方。和平进程的推进给巴勒斯坦的经济发展带了红利，这在一定程度上也改善了哈马斯的生存环境，增加了其资金来源。1993年9月，以色列和巴勒斯坦在华盛顿签署了《巴勒斯坦临时自治安排原则宣言》，巴勒斯坦在税收、社会福利、工业、农业、贸易和劳工等经济领域获得了部分自主权；1994年巴以双方在巴黎签署了《巴以经济议定书》，就双方进行自由贸易和建立关税同盟达成共识，并赋予巴方征收自治区商品税和进口关税的权力；1995年9月巴以双方签署第二阶段自治协议，双方同意成立常设委员会，在工业、农业、能源、交通、旅游、环保和科技等方面开展合作。上述协议的签署促进了双方的经贸往来，使巴勒斯坦经济状况明显改善。1994年至1995年，巴勒斯坦经济增长率一度达到10.4%。

在基础设施方面，加沙机场于1996年建成，1997年正式通航，1998年10月，巴以签署备忘录，就开放位于加沙的卡尼工业园区、加沙机场运营、加沙港口的建设与管理以及开通连接加沙与约旦河西岸安全通道等问题达成一致。其后，在以色列的允许下，世界银行、国际金融合作组织、美国政府和欧洲发展银行加大了对加沙地带发展的财政支持，耗资8400万美元的加沙卡尼工业园于1998年12月投入运营。该工业园区可以为巴勒斯坦人提供5万个就业机会，其生产的产品可以免税出口欧美国家。这对增加巴勒斯坦人的收入，提高其生活水平具有很大的促进作用。1999年9月，巴以《沙姆沙伊赫备忘录》签署后，加沙与西岸城市希伯伦之间的安全通道于同年10月正式开通，为加强两地之间的经贸联系和人员往来提供了便利。巴以在电信领域的合作也取得进展。2000年1月31日，巴勒斯坦移动电话公司与以色列奥瑞治电话公司正式联网，可相互使用对方的信号发射网络，使巴勒斯坦移动电话公司的通讯服务突破了巴自治区的狭小范围，覆盖了整个占领区。

哈马斯的资金征募渠道主要有国内和国外的个人捐款、穆斯林缴纳的天课、洗钱和伊斯兰国家的捐款。事实上，以上资金来源渠道或多或少都与以色列对巴勒斯坦经济状况有关，巴勒斯坦经济条件的改善客观上促进了哈马斯获得更多的资金来源。例如，和平进程开启后，以色列放松对巴勒斯坦经济发展的管制，哈马斯可以创办一些盈利机构获得营收；巴勒斯坦工商业的发展带动了巴勒斯坦人的就业，增加了人们的收入水平，巴勒斯坦人因此对哈马斯的个人捐款和天课缴纳相应就被提高；以色列对巴勒斯坦劳工开放入境口岸，使大量劳工进入以色列境内谋生，不仅使巴勒斯坦人能获得更高工资待遇，而且大量哈马斯成员得以进入以色列发展情报网络；以色列允许巴勒斯坦对外贸易使大量国外援助资金趁机流入哈马斯组织内部。所以，对比2000年10月前后的巴勒斯坦经济发展状况，我们可以从中发现和平进程对于巴勒斯坦的经济发展的重要程度，同样，也可从侧面佐证哈马斯从中的受益程度。

在第二次大起义爆发后，哈马斯采用极端的自杀袭击方式攻击以色列平民，以色列又对巴自治区实行经济封锁，这给自治区内的经济造成了灾难性的后果。据相关机构于2001年3月发布的巴勒斯坦经济形势的评估报告，巴自治区的私人和公共财产损失约为5.02亿美元，其中工业设备损失8200万美元，农业土地（耕地）损失1.708亿美元，交通290万美元，住房及公共建筑1.45亿美元，社会机构设备损失1760万美元，基础设施损失6800万美元。该报告估计，从正在进行和计划实施的国外投资项目中损失的投资额和税款达4.41亿美元，冲突使巴勒斯坦蒙受经济损失高达50多亿美元。[①] 以色列收紧入境的巴勒斯坦劳工许可，造成13万在以色列境内工作的巴勒斯坦人失业，2001年2月17日，巴勒斯坦统计部门发布了2000年最后一季度的就业情况报告，显示巴失业率上升到28.3%（前三季度为10%），其中约旦河西岸为26.3%，而加沙地带高达33.5%。巴勒斯坦人在以色列境内打工人数从第三季度的22.1%降至9.1%，到2001年6月，巴勒斯坦失

① 殷罡：《阿以冲突：问题与出路》，国际文化出版公司，2002年版，第443页。

业率已超过60%。[①]（封锁同样加剧了巴勒斯坦人的贫困程度，据世界银行估测，至2000年9月起义以来，巴勒斯坦人的贫困人数增加了50%，约32%的巴勒斯坦人每天收入为2.10美元，低于贫困线。[②]

综上所述，当哈马斯顺从以色列的权力意志或减少袭击活动的频次和力度时，以色列就会相应的减少对其打击力度、改善其生存条件予以其正面利益回报，甚至在2005年后撤离加沙时为哈马斯留下了一个“势力范围”。这说明，哈马斯对以色列的服从的确得到了一定的利益回报，强制性权力推动规范转化的第二个条件基本满足。

（三）对不同观念的隔离

哈马斯从1994年开始使用自杀式袭击方式对抗以色列，一度造成了大量以色列居民和士兵伤亡。而哈马斯的自杀式袭击之所以能够获得巴勒斯坦人的支持，一方面是因为其领土被占领、其人民被统治，巴勒斯坦人对以色列具有仇视心理，他们希望通过武装斗争赶走“侵略者”；另一方面，哈马斯利用“英勇殉难”（heroic martyrdom）和“圣战”（Jihad）等宗教极端思想来“美化”自杀式袭击，[③] 以获得人们对该抵抗方式的认同和支持。

以色列为了抵制极端思想的扩散，采取了一些措施，尽量使哈马斯支持者和占领区内的巴勒斯坦人与这些思想相隔离。例如，

---

① Country Report: Israel-The Occupied Territories, *The Economist Intelligence Unit*, London, April 2001, p.54.

② Ibid., p.51.

③ Rashimi Singh: *Hamas and Suicide Terrorism*, Routledge, Oxon, 2011, p.97.

以色列在约旦河西岸和加沙地带建立大量定居点，这些进入占领区定居的以色列人绝大部分是虔诚的犹太教徒，他们怀有建设“大以色列”的梦想，在政治上偏向于右翼保守势力，这些犹太定居者所带来的是一种与阿拉伯原住民不一样的信仰和价值观，这背后的逻辑似乎是以自己认可的价值观对抗另一种不认可的极端思想。除此之外，推广更世俗化的生活方式和改善占领区巴勒斯坦人的生活条件，也一定程度上减少极端思想滋生壮大的土壤。在相当一段时间里，约旦河西岸的巴勒斯坦人被允许到犹太定居点务工，双方频繁的交往也使西岸的巴勒斯坦人被同化程度更高。有研究表明，约旦河西岸的巴勒斯坦人比加沙地带的巴勒斯坦人对以色列态度更为温和。

除此之外，以色列还对占领区内的文化和教育事业进行审查管制。以色列在1967年7月就出台了“50号军事命令”，该命令规定了报刊出版的相关原则：在没有军管当局许可的情况下禁止发放或者出版报刊，这份命令对“报刊”的界定为十分宽泛，涉及新闻、情报、突发事件和对公共政策解读的宣传册。获得当局批准出版的报刊必须要接受严格的内容审查，并且这种出版许可还要三个月重审一次。[①] 一些对加沙地带和约旦河西岸所发生的群体性事件进行报道的文章经常会被删改，如果新闻报道中有对宵禁、镇压、群众抗议活动及以色列对巴勒斯坦土地和水资源掠夺的描述通常会被直接删除或者压缩到极小的篇幅。这些做法的最终目的是为了防止这些“负面”的信息加深巴勒斯坦人对以色列的仇

① Neve Gordon, *Israel's Occupation*, University of California Press, Berkeley and Los Angeles, California, 2008, p.246.

恨，从而激起巴民众的反抗行为。另外，在没有获得以色列军事占领当局许可的条件下，印刷、出版或者传播具有政治含义的宣传册、文章、图画、海报、旗帜和有政治暗示的艺术作品都是被禁止的。在军事命令中，对于“政治含义”的界定涉及诸多方面，例如，谈论占领区巴勒斯坦人民的遭遇，表达对自己民族的爱和忠诚，使用巴勒斯坦属性的旗帜（红绿黑白相间的一种旗帜），在报刊中使用像“祖国”“返回”“PLO”等词汇或者以色列士兵攻击巴勒斯坦平民、被铁丝网环绕的学校等图片，这些具有政治含义的出版物皆是违法的。

教育是最能够激发民族情感和传播极端思想的手段，哈马斯在占领区内建立了许多学校，而这些学校也成为了其传播某些极端思想的工具。例如，在哈马斯开办的幼儿园里，墙壁上面写着的是：“今天的幼儿园里的孩子是明天的神圣的烈士”；在西岸的艾尔纳扬大学以及加沙地带的伊斯兰大学，课堂里面的墙壁上写的标语是“以色列有核弹，我们有肉弹”；在加沙城内一家由哈马斯经营的伊斯兰小学里，许多小学生被灌输了“决心不惜一切代价杀敌”的观念。曾经在以色列辛贝特种部队服役的以色列反恐专家罗尼·沙基德说：“杀手战士可不是在22岁的时候去培养的，而是在幼儿园就开始了，所以等他到22岁的时候，就开始寻找牺牲自己生命的机会。”[①] 因此，以色列对于占领区巴勒斯坦人的教育事业采取管制措施。以色列建立了专门的机构来管理占领区内的教育系统，其中就有由军人组成的教育事务办公室，直接负责

① 寒山：“哈马斯”自杀爆炸大揭秘，人民网，2011.6.27. 网址：http://www.people.com.cn/GB/guoji/22/83/20010627/498744.html。登录时间：2017年6月7日。

对公立教育系统的管理和教学监督，总揽教育系统内事物的决策权，包括公立学校的建设（扩建）、教师聘任、教学内容和私立教育机构的许可执照颁发、财政审查和课程设置，即便是联合国救济和工作机构所创办的为难民服务的学校在教学内容上也要受到管制。[①] 占领当局对于学校教材的审查十分严格，所有涉及到反以色列内容的材料都要删除。在教学活动中，教师只能使用当局批准的教材授课而不得使用其他教辅材料。占领当局禁止加沙地带的巴勒斯坦教师参加政治活动、加入政党或者表达对巴勒斯坦的某一政治派别的支持、参加抗议活动，在未经批准的情况下不能向媒体投稿。曾经有多名巴勒斯坦裔教师因与某些政治组织有关联或者不服从以色列占领当局的管理而被开除，最多的时候，以色列曾一年内开除了100多名教师。巴勒斯坦学校的教师培训也要必须服从以色列的安排，多数情况下，占领当局要求老师和校长要在耶路撒冷的希伯来大学接受培训，而不得在当地的大学或者国外的学校参加培训，这项措施旨在把鼓励学生参加反以斗争、具有政治异见的人士从教师队伍中剔除。

这些严厉的管制措施在很大程度上限制了哈马斯接触与以色列的权力意志不同的观点，对哈马斯进行了观念隔离。但是，通常情况下，对于思想的控制往往是最难实现的。因为哈马斯无论是在巴勒斯坦境内还是海外都具有比较完善的宣传机构和组织体系，加上巴勒斯坦人对于哈马斯的支持，所以以色列很难对哈马斯完全隔离不同于以色列权力意志的思想。所以本章认为，以色

---

① Neve Gordon, *Israel's Occupation*, University of California Press, Berkeley and Los Angeles, California, 2008, p.253.

列所施加的强制性权力关系结构，对于哈马斯产生规范转化的第三个条件只是部分的满足，并没有完全满足。

综合以上分析，以色列所施加的针对于哈马斯的强制性权力关系结构，在一定程度上满足了三个条件，但是满足的程度目前还无法进行量化。比如，第三个条件中对于异见思想的控制还很难完全实现。这说明，以色列的权力意志是否能够完全转化成哈马斯的观念及其所要遵守的规范，还是未知数。

六、哈马斯的立场转变与观念重构

根据前面的分析，本章认为在1988年至2006年这段时间里，以色列对于哈马斯的权力意志是：承认以色列国家的合法性和安全诉求，放弃恐怖暴力活动，接受巴以双方达成的和平协议。那么，在以色列强制性权力产生观念和规范转变的三个条件在一定程度上满足的情况下，以色列所施加的权力意志是否转化成了哈马斯的行为观念和规范了呢？

（一）哈马斯政治立场弱化的历程

本节选取了2005年3月巴勒斯坦内部各政治派别达成的“开罗协议”和哈马斯颁布的三大政治文件作为分析对象，这三大文件分别是2005年秋季颁布的“变化与改革”的竞选纲领（“*Change and Reform*”）、2006年1月出台的组建联合政府的计划草案和2006年3月27日发布的内阁施政纲领，这些文件集中体现了哈马斯政治立场的变化。

首先是哈马斯对“开罗协议”的妥协。2005年3月17日，在美国和埃及的支持下，法塔赫、哈马斯等12个巴勒斯坦政治派别在埃及开罗签署协议，就“暂停对以色列的军事行动”达成一致，法塔赫在开始时使用了“Hudna”一词来界定与以色列的停火状态，但是哈马斯等武装派别坚决反对，最后经双方妥协，使用“Tahadiya”界定巴以双方熄火状态。“Hudna”表示在特定的时间里停止一切战斗，而“Tahadiya”表示减少或降低双方冲突的强度。[①] 作为对哈马斯态度软化的回报，阿巴斯答应在2005年7月17日进行巴立法会议选举前修改选举法，采用一种由选区投票选出半数席位和由比例代表制产生半数席位的混合选举方式，并将这种比例代表制运用于市政委员会选举，以此从体制上消除哈马斯对参加选举的顾虑。2005年3月底，哈马斯正式宣布将参加7月份举行的立法委员会选举。众所周知，巴勒斯坦立法委员会实际上是《奥斯陆协议》框架下的产物，哈马斯在成立之初拒绝和平途径解决巴以问题，拒绝与以色列达成和解，在《奥斯陆协议》一系列政治文件出台后，哈马斯也坚决不予承认。但是，经过一段时间后，哈马斯改变立场，决定参选巴勒斯坦立法委员会，说明哈马斯实际上已经承认了《奥斯陆协议》的政治安排，开始尝试以政体途径解决与以色列的矛盾。这意味着哈马斯此前的强硬政治立场开始发生了松动。

其次是哈马斯出台竞选纲领。在2005年秋天公布的“变化与改革”竞选纲领中，哈马斯一改长期以来对巴勒斯坦政治厌恶和排斥的态度，在纲领开篇中阐释了自己做出政治上改变的合理

---

① IICC, *The Egyptian initiative for a lull in the fighting*, May 6, 2008.See: http://www.terrorism-info.org.il/data/pdf/PDF_08_124_2.pdf.2017.3.21.

性。在本纲领中，哈马斯没有直接提及《奥斯陆协议》，但是巴勒斯坦立法委员会是《奥斯陆协议》的产物，哈马斯同意参加立法委员会本身就是对《奥斯陆协议》安排的妥协和承认。在竞选纲领中，哈马斯极力淡化自己的宗教色彩，用大量篇幅突出政府改革、国家建设和社会发展等问题。选举纲领的17条项目几乎包括了哈马斯所关注的巴勒斯坦生活的方方面面，内政、外交、行政改革与惩治腐败、立法政策与司法改革、公共自由与公民权利、教育政策、社会政策、媒体和文化政策、健康与环境政策、财政经济和金融政策，等等，都在哈马斯的议事日程当中。需要指出的是，竞选纲领全文对于“抵抗以色列”的内容鲜有出现，仅在阐释其原则的篇幅中提到“采用一切可能措施以结束以色列的占领”。因此，本章认为，竞选纲领实际上暗示了哈马斯对《奥斯陆协议》相关政治安排的承认，而纲领中哈马斯把自己关注重点放在巴勒斯坦的社会改革和重建上，而不是借以色列的占领问题去鼓动巴勒斯坦人进行抗争，这也证明了哈马斯对暴力斗争有了新的认识，希望借助有效的途径解决巴以问题。这在事实上更加接近以色列对哈马斯“接受巴以间达成的和平协议，放弃武力对抗以色列”的权力意志要求。

再次是联合政府草案的公示。2006年1月加沙地区立法委员会选举结束后，哈马斯获得多数选票，随后颁布了建立联合政府的计划草案。该草案不仅体现了哈马斯要求团结、极力争取不同政见组织的支持、与法塔赫共组联合政府的愿望和努力，更为重要的是该草案的相关内容已经显示出哈马斯政治立场的进一步改变。该草案主要由前言和39项具体条款构成。前言主要表达了组建联合政府的总体目标，保障巴勒斯坦人的利益，维护巴勒斯坦人的民族权利和民族尊严。在具体条款中，哈马斯陈述了对巴以问题的态度。草案第一条阐述了要求以色列结束占领、撤离犹太定居点的愿望，并表示要建立一个独立、拥有完全主权的巴勒斯坦国，反对以不公正的方式解决巴以问题；在草案第二条中，重申支持难民返回家园的权利；在草案第四条中声明保留以各种形式对抗以色列的权利。哈马斯的上述主张基本上代表了巴勒斯坦内部各派解决巴勒斯坦问题的共同立场。针对巴以双方达成的和平协议，哈马斯在该草案的第九条中表明："以高度负责任的态度处理此前与以色列签署的协议，但是要以不损害巴勒斯坦人的利益为前提"。在草案条款三中，哈马斯提出"要与国际社会合作，致力于结束以色列的占领，恢复该地区的和平、自由和稳定；同时，要依靠国际法庭解决以色列建立'隔离墙'的问题"，这显示出其对政治途径和法律途径的认可，又进一步淡化了自己"暴力组织"的色彩。总的看来，该草案所有的条款基本上是基于"两个国家"的构想提出的，鲜有涉及哈马斯宪章中有关"解放整个巴勒斯坦土地"和"消灭以色列"的内容和相关表述。此时，初登巴勒斯坦政坛的哈马斯已经显示出要在约旦河西岸和加沙地带建立未来的巴勒斯坦国的奋斗目标，这就含蓄承认了以色列这个国家的存在。

最后是施政纲领问世。2006年3月27日，巴勒斯坦自治政府总理哈尼亚正式发表组阁演说（施政纲领），这是哈马斯立场调整的另一个重要标志。首先，对于巴以之间达成的和平条约和巴以问题的相关国际安排，哈尼亚沿用了与联合政府草案相类似的表述，即"新政府既会以高度负责的态度处理这些已达成的条约和共识，也要尊重巴勒斯坦人的利益诉求"。同时哈尼亚表示："为了保障巴勒斯坦民众利益和日常机构正常运行，政府相关部门会与以色列占领机构进行必要接触，以处理在商业、贸易、医疗和健康等领域的事务。”尽管哈尼亚在演说中并没有正式承认巴以间达成的和平条约，但其施政纲领展现的与以色列占领当局进行政治接触的态度，透露出对“两个国家”方案的认可。其次，哈尼亚强调：“为实现巴勒斯坦地理上的统一，我们需要在政治、经济、社会和文化上把两部分领土（加沙地带和约旦河西岸）给连接起来。同时，要把在巴勒斯坦土地上的同胞与离散在海外的同胞团结在一起，这两部分人互相为不可分割的整体。”这一表述十分重要，因为哈尼亚把加沙地带和约旦河西岸看作是组成国家领土的两个部分，而没有提及“其他领土”，实际上是认可了以色列这个国家的存在，而巴勒斯坦人的领土范围仅限于此。除此之外，哈尼亚还提到：“新政府将以2003年颁布的基本法作为执政基础，遵守基本法规定的权利，尊重阿巴斯总统的法律地位。”因为2003年颁布的基本法是植根于《奥斯陆协议》的法律文件，所以，这也进一步承认了巴以达成的和平文件。本章在对2005年的竞选纲领和2006年的联合政府草案的分析中，提到了哈马斯已经暗示不再寻求消灭以色列，而在哈尼亚的本次施政纲领的演说中，哈马斯对于以色列的承认已经更加明显，而对于“武装斗争”等类似词汇的使用也表现得更加谨慎。

（二）哈马斯政治立场转变的内在机制

总结前文分析，哈马斯政治立场的变化历程大体上是：2005年3月，同巴勒斯坦其他武装派别达成“开罗协议”，同意对以色列实施“熄火”；2005年3月底决定参加巴勒斯坦大选，承认

《奥斯陆协议》等系列和平文件对巴勒斯坦自治权力的政治安排；2005年秋季出台竞选纲领，极力淡化组织的暴力色彩；2006年竞选成功后，相继出台联合政府草案和政府施政纲领，接受“两国论”，不再主张消灭以色列。

从这一系列变化中，我们可以看到哈马斯政治立场发生了明显弱化，但是，以色列的权力意志并没有完全被哈马斯接受，这也表明以色列所施加的强制性权力并未能完全转化为哈马斯的观念和规范。那么，哈马斯政治立场的转变仅仅是偶然形成的吗？答案是否定的。本章认为，哈马斯的政治立场的弱化恰恰是其向以色列权力意志的靠近，换句话说，以色列的权力意志正在逐渐地转化成哈马斯的观念和限制性规范，[①] 但是这种转化过程尚未彻底完成。那么，这种结果形成的内在机制是如何实现的呢？在前文中，我们已经提到强制性权力产生规范转化需要具备三个基本条件，正是由于这些条件的基本满足，才促成了哈马斯政治立场弱化成为可能。

第一个条件，以色列对于哈马斯所施加的权力关系必须是牢不可破的，这是强制性权力发挥作用的前提和基础，满足这一条件，强制性权力关系结构的限制性特征就可以保证对哈马斯的反抗行为进行有效的阻止，让其意识到反抗是无法实现目标的。在对以色列所施加的强制性权力分析中，我们选取了巴勒斯坦人（包括哈马斯）所参与的两次大起义作为研究对象，而通过这两次大起义，哈马斯都未能结束以色列对于巴勒斯坦领土的占领或控制，

① 现阶段而言，以色列的权力意志并未完全转化成哈马斯的限制性规范，哈马斯政治立场的转变也并非完全与以色列权力意志相契合。

因此，以色列所施加的强制性权力关系没有被打破。第二个条件，被影响者只要服从，就可以得到一定的利益回报，为被影响者的服从提供了内在的功利性动机。哈马斯作为一个政治行为体，具有政治目标，具有基本的行为理性，所以一定会权衡手段的合理性。哈马斯多年的暴力反抗行为没有实现其政治目标，反而换来了以色列的无情打击，损失惨重，这种行为的投入与产出显然是严重失衡的。哈马斯要想保证自己的生存和发展，就必须要改变原来的斗争模式，选择成本更低的斗争策略。所以，在服从（即使是部分服从）以色列权力意志有可能得到利益回报、有助于实现其政治目标的情况下，哈马斯就会倾向于服从以色列的权力意志。不仅如此，利益回报条件的满足还会从某种程度上削弱和瓦解被影响者内心试图反思和反抗的动力。① 例如，在以色列境内的巴勒斯坦人往往比被占领土上的巴勒斯坦人更加服从以色列的管理，尽管是同一个民族但是前者反抗的动力显然就不够充足，这是因为以境内的巴勒斯坦人生活水平要比被占领土上的巴勒斯坦人要高，这显然是不同利益回报带来的结果。因此，构成哈马斯政治立场弱化的内在动力是在既定条件和背景下的功利计算，是功利逻辑发挥了作用；而外在动力则无疑是以色列权力结构的强力约束和推动。至于第三个条件，尽量使被影响者与不同于影响者观点的其他观点相隔离。满足这一条件，则会使被影响者缺乏来自权力关系之外的足够的旨在反抗影响者的思想启蒙和激励。换句话说，影响者一方面要把符合自己权力意志的思想灌输给被影响者，另一方面又要防止不符合自己权力意志的“异端邪说”

① 高尚涛:《国际关系的权力与规范》，世界知识出版社，2008 年版，第 90 页。

对被影响者的蛊惑。需要特别指出的是，以色列对哈马斯思想的隔离并不彻底，原因既有哈马斯作为一个伊斯兰原教旨主义组织内部既有的意识形态的牢固性和完整性，也有以色列未能完全阻断其他伊斯兰国家或者海外穆斯林对哈马斯的各种形式的支持。

在这三个条件满足的情况下，以色列的强制性权力关系的结构约束，就会成为哈马斯的一个既定的认知背景，这种即定的认知背景反映到哈马斯的思维中，就会产生“摆脱不可能，服从权力意志最合算”的逻辑反应。[①] 在这种情况下，哈马斯就会在观念上产生基于功利考虑的与以色列认同，改变自己的政治主张向以色列的权力意志要求靠近。

经过本章的分析，我们可以很清晰地看到，哈马斯政治主张是以色列强制性权力持续约束下逐渐弱化的，在这一过程中，以色列的权力意志事实上已经部分转变为哈马斯所认可的共识（尽管一开始是有条件共识，即共同知识意义上的共识）。在长期不对称的权力结构约束下，以色列要求所有巴勒斯坦人获得生存最大的前提是承认自己作为一个独立国家的存在（以安全换和平），为了让哈马斯认可这一点，以色列从1988年之后就以武力打击的形式逼迫其就范，但是第一次“因提法达”的爆发以及国际社会的压力使以色列逐步调整自己的策略，同意开启和平进程，甚至与巴勒斯坦人达成有限自治的协议（以土地换和平）。因此，在这种情况下，“承认以色列”就变成了一个巴勒斯坦人可以接受的有条件共识。哈马斯也并没有立刻表示反对，前文中有提到，在1993年时，哈马斯领袖亚辛曾提出要与以色列达成一个长达10年之久

① 高尚涛:《国际关系的权力与规范》，世界知识出版社，2008年版，第90页。

的和平协议。这一构想虽然最终流产，但是从侧面反映出哈马斯对于以色列的存在并非是不可容忍的，或者说，承认以色列来换取和平可以作为哈马斯的一个备选项。在之后的时间里，以色列用强制性的占领统治不断强化着犹太国家政权存在这一事实，尽管哈马斯在舆论宣传中不愿意承认以色列政权的合法性，但是不得不接受以色列存在且难以毁灭这个事实，这也逐渐成为哈马斯一个既定的认知背景。时至2005年，哈马斯决定参与巴勒斯坦立法委员会的选举，并出台了竞选纲领文件，因为巴勒斯坦立法委员会是《奥斯陆协议》下的产物，所以说哈马斯已经从思想上部分认可并接受了《奥斯陆协议》对巴勒斯坦自治政权的安排，那么，承认《奥斯陆协议》的政治安排就成为了哈马斯所认可的“无条件的共识”（集体知识意义上的共识）。而在另一方面，执政后的哈马斯并没有宣布放弃武力，而是极力淡化自身的暴力色彩，并且为“完全放弃暴力反抗”和“承认以色列合法性”设置先决条件，比如：要求以色列完全撤出所占领的土地等，这也说明“放弃武力反抗”和“承认以色列的合法性”只能是哈马斯能接受的有条件共识，尚未完全内化。无论如何，这都说明，哈马斯的政治立场弱化是其与以色列形成某种共识以后向以色列权力意志的靠拢。

七、结语

1987年底，哈马斯在第一次“因提法达”中秘密成立，作为一个奉行伊斯兰原教旨主义的组织，哈马斯具有强烈的保守色彩，宣称要消灭以色列，在巴勒斯坦这片土地上建立起独立的伊斯兰国家。而自成立之日起哈马斯面临的外部环境就是以色列的军事占领和统治，以色列从政治、经济和社会生活的各个方面对巴勒斯坦人施加着种种限制。

本章认为，以色列对巴勒斯坦人施加的限制事实上是一种不对称的强制性权力关系结构。权力建构主义认为，任何权力关系结构都存在影响者和被影响者，而在强制性权力结构中，由于该结构单向服从的特性，影响者的权力意志会在权力关系的持续约束和推动下，转化为被影响者的行为观念和限制性规范。在以色列与哈马斯的权力结构中，以色列作为施加强制性权力约束的一方，即影响者，哈马斯是受权力约束的一方，即被影响者。以色列“承认以色列国家的安全和合法性、放弃恐怖暴力活动、接受巴以双方达成的和平协议”的权力意志，在权力关系结构的推动下，转化为了哈马斯的观念和规范。

本章对上述转化机制进行了逐一分析。首先以色列和哈马斯之间的强制性权力关系必须是牢不可破的，这是强制性权力产生规范转化的最基本条件。本章选取了巴勒斯坦人反抗最为激烈的两次大起义作为分析对象，经研究后发现，巴勒斯坦人通过两次“因提法达”均未能结束以色列的占领，以色列所施加的强制性权力不仅没有被打破，而且大大强化，所以这一条件是满足的。其次，被影响者的服从行为要能够得到一定的利益回报，这为其观念转化和行为选择提供了内在动力。本章经过研究后认为，以色列对于哈马斯的回报体现在“强化行为”上，即运用强化的方式使哈马斯内在的功利性动力增加，使其逐步改变自己的观念和认同。通过负强化的方式，在哈马斯减少对以色列的恐怖袭击时，以色列会相应减少对哈马斯的打击，促使哈马斯非暴力行为的延续；运用正强化的方式，以色列通过推进巴以和平进程、签署《奥斯陆协议》来实现巴勒斯坦部分地区的自治和经济社会发展，以促使哈马斯承认以色列的合法性，放弃对以色列的恐怖袭击。所以，第二个条件也基本符合。最后一个条件是，影响者要尽量使被影响者与其他观点隔离，以保证被影响者不会获得充分的思想启蒙而产生反抗行为。以色列在对占领区巴勒斯坦人的教育、文化事业都有相关限制，对出版物也进行了严格审查，但是这些行动并不能完全阻止外部反抗思想的输入和根除哈马斯自身的意识形态。因此，尽管以色列已经做出了阻止“异端邪说”的行动，但是行动的效果很难进行评估。但是，从影响者的角度来讲，这一条件也基本满足。

在强制性权力产生规范转化的三个条件都能够基本满足的前提下，哈马斯的政治立场发生了变化，由成立初时不承认以色列国家的生存与合法性，坚持使用武力对抗（甚至消灭）以色列，反对通过和平途径解决巴以问题，到2005年后开始承认《奥斯陆协议》相关安排，淡化组织暴力色彩，默认以色列的存在。

针对哈马斯政治立场弱化的事实，本章基于权力建构主义的理论，认为这种变化并非是偶然的，而是在以色列长期的强制性权力约束下，哈马斯向以色列权力意志的靠近，以色列的权力意志部分成为哈马斯认可的与以色列的共识，这一共识最终导致哈马斯的政治立场出现弱化。

哈马斯政治立场发生弱化的机制可以这样阐述：首先，以色列建立的对哈马斯的强制性权力关系牢不可破，对哈马斯来说，自己多年的反抗并未能打破这种权力关系结构。这样一来，哈马斯就会逐渐认识到反抗不可能实现自身的目的；其次，被影响者只要服从，就要得到一定的利益回报，为被影响者的服从提供了内在的功利性动力。在强制性权力结构持续约束下，哈马斯作为一个理性的行为体，其行动逻辑必然是以利益最大化为导向，而多年来对以色列的反抗却背负了惨重的代价：核心领导人被暗杀、组织骨干成员的锐减和资金的冻结等，这种斗争方式多付出的成本显然是高昂的。对于哈马斯来说，在以色列多重手段约束和武力打击下，其第一要务是生存下去，而生存的最大威胁便是以色列，在反抗无果的前提下，选择妥协至少能够获得生存和喘息的机会，生存环境也能因此获得改善，这无疑是哈马斯的最佳选择，而这种妥协则意味着哈马斯接受以色列的权力意志，与以色列实现认同（尽管有些方面是部分的）。所以，哈马斯在既定条件和背景下的功利计算，使其认识到接受以色列的权力意志是合理的，这就形成了与以色列的有条件共识，这一共识成为哈马斯立场弱化的思想根源。至于第三个条件，尽量与其他思想观点相隔离。以色列采取了一些列措施，目的是为了保证哈马斯尽可能少的获得关于的思想启蒙和激励，但是真正实现这一目的难度很大，所以这一条件只是部分地发挥了作用。尽管如此，在以色列所施加的强制性权力能够满足两个条件的基础上，在这一强制性权力结构持续作用下，以色列的权力意志还是逐渐成为（尽管有反复）哈马斯反复认知和必须接受的内容，成为哈马斯所有条件接受的共识，甚至有些部分还转化成了哈马斯无条件接受的共识（如选举政治）。这些共识，成为推动哈马斯反以立场弱化的内在因素。

第5章

以色列强制性权力与以色列阿拉伯人立场弱化关系

一、以色列与以色列阿拉伯人关系引论

第一次世界大战后，根据战后各国签订的《巴黎和约》，国际联盟成立。巴勒斯坦地区（包含外约旦）作为战败国奥斯曼土耳其的一部分，在战后协约国圣雷默会议上被交予英国政府进行委任统治；叙利亚则由法国政府进行委任统治。在第一次世界大战期间，英国政府为寻求犹太人的支持，在《贝尔福宣言》中向犹太人承诺战后支持犹太人在巴勒斯坦地区建立民族家园，这促使犹太人战后大量移民巴勒斯坦地区，犹太人和该地区原住民阿拉伯人之间的矛盾开始凸显。

1948年5月14日，根据联合国181（二）号分治决议，以色列宣布建国。阿拉伯国家则集体反对该分治方案，埃及、叙利亚、约

旦和伊拉克等多个阿拉伯国家一道对以色列宣战，企图将其扼杀在摇篮之中，第一次中东战争爆发。战后，各方达成协议，联合国181（二）号分治决议中划分给阿拉伯国的领土分别被以色列、约旦和埃及三个国家占据，计划中的巴勒斯坦阿拉伯国家并未建立。①

联合国的分治决议和战争造成了巴勒斯坦境内的阿拉伯人集体逃亡。战前生活在以色列控制领土上的阿拉伯人超过了75万，而在战争结束后，仍然生活在以色列境内的阿拉伯人估计只有15.6万人。② 这些阿拉伯人在战后获得了以色列国籍，成为了以色列公民。③ 2015年底，他们在全部以色列人口中的比重超过了20%，是以色列境内最重要的少数民族。④ 这些成为以色列公民的阿拉伯人获得了各国学者的广泛关注和研究。

在阅读相关资料和专业著作中，我们发现，以色列阿拉伯人政治立场在不断变化。在第一次中东战争期间，这些阿拉伯人和周围阿拉伯国家站在一起，对于以色列国家有着强烈的仇恨。他们不接受联合国的分治协议，不承认以色列建国的合法性。一方面，他们对于以色列国家占领阿拉伯人的领土和居住点十分不满；同时在泛阿拉伯主义思潮的影响下，他们和周围阿拉伯国家一样倾向于用武力方式来解决阿以冲突。然而在1966年后，越来越多的以色列阿拉伯人接受了自己以色列公民的身份；伴随着以色列

① 根据以色列和约旦、埃及、叙利亚和黎巴嫩的停火协议，约旦占据了包括耶路撒冷老城在内的约旦河西岸大部分地区，埃及则占领了加沙地带，以色列占领了其余的地方。具体领土划分参考［英］诺亚·卢卡斯:《以色列现代史》，商务印书馆，1997年版，第264—266页。

② ［英］诺亚·卢卡斯:《以色列现代史》，商务印书馆，1997年版，第270页。

③ “六·五战争”后，以色列从约旦手中夺取了耶路撒冷老城，部分东耶路撒冷的阿拉伯人也成为以色列公民。

④ 张倩红:《以色列发展报告（2015）》，社会科学文献出版社，2015年版，第145页。

经济的快速增长，这些阿拉伯人的受教育水平和生活质量不断提高，他们开始热心于参与以色列的政治生活。部分阿拉伯人加入了以色列的左翼政党，在其中发挥着重要的作用；随着阿拉伯国家在战场上的不断失败，一些以色列阿拉伯人开始怀疑暴力斗争对于解决阿以冲突的作用。20世纪70年代之后，大部分阿拉伯人接受以色列公民的身份；以色列阿拉伯人不仅加入到以色列的各个政党中，还组建专门的阿拉伯政党参与国会选举；在以色列建国后，阿拉伯人始终占据着一定比例的以色列国会议员席位，甚至有阿拉伯人出任以色列政府部长级别的官员。[①]

那么从第一次中东战争至今，纵向比较可以发现，以色列阿拉伯人的强硬政治立场在不断弱化，他们从不承认以色列国家建国的合法性到如今积极参与以色列政治生活，接受并认同以色列公民身份，在以色列政治和法律框架内努力寻求和犹太人平等的社会经济地位和政治权利。而以色列则从未动摇过自己犹太国家属性这个基本特征，甚至不断通过立法强化自身的犹太属性。2014年，以色列议会不顾多方反对，通过了《犹太国家法案》[②]，该法案特别强调了以色列犹太人的民族权利，刻意忽视了以色列境内的少数民族阿拉伯人的存在。六十多年来，作为非犹太人的阿拉伯人始终是以色列的二等公民，未能享有和犹太人平等的各项社会政治经济权利。本章研究发现，在以色列阿拉伯人和以色

① Wikipedia, *List of Arab members of the Knesset*.From: https://en.wikipedia.org/wiki/List_of_Arab_members_of_the_Knesset.2017.2.18.

② 张倩红:《以色列发展报告（2015）》，社会科学文献出版社，2015年版，第93页。

列国家的互动过程中，以色列国家[①] 的强硬立场和以色列阿拉伯人的立场退步是同时发生的，二者之间是否存在着一定的关系？

针对这一问题，我们查阅了相关文献。发现国内外学术界对以色列阿拉伯人的研究，在涉及政治、民族政策、文化教育和以色列阿拉伯人和以色列国家关系等方方面面都有丰硕的研究成果。

张倩红教授主编出版的《以色列发展报告（2015）》中，对以色列阿拉伯人的人口信息、经济状况和政治地位做了基本介绍。[②] 针对于以色列阿拉伯人的政治状况的研究较为丰富，西北大学李志芬博士的《以色列阿拉伯人政治地位之探析》均较为全面地论述了以色列阿拉伯人的形成及社会状况，分析了以色列政府对阿拉伯人的歧视和不平等政策，认为阿拉伯人追求平等的公民权利和地位的斗争将对以色列犹太民族主导的民主制度发起挑战。[③] 复旦大学历史系杨军博士的《以色列阿拉伯人的社会地位》认为以色列国家的犹太民族特征和阿犹民族对立是以色列阿拉伯人在以色列处于不平等地位的根源，而以色列阿拉伯人的政治奋斗目标是促使以色列政府消除民族差别，达到真正的民主和平等。[④]

以色列的民族政策也是对以色列阿拉伯人现状研究的重点。北京大学的王宇教授在这方面研究颇为丰富，他的《析以色列对境内阿拉伯少数民族的政策》认为，以色列的少数民族政策制定的根据是以色列国家的民主性和犹太性，尽管以色列法律赋予了

---

① 这里的以色列国家指的是犹太民族占主导地位的，作为一个犹太人为主的国家，以色列具有强烈的民族和宗教属性，虽然文中讨论以色列阿拉伯人同样是以色列公民，但他们在以色列长期处于边缘地带，对以色列的政治活动影响十分有限。

② 参见张倩红：《以色列发展报告（2015）》，社会科学文献出版社，2015年版。

③ 李志芬：《以色列阿拉伯人政治地位之探析》，载《延安大学学报》，2011年第四期。

④ 杨军：《以色列阿拉伯人的社会地位》，载《西亚非洲》，2001年第3期。

阿拉伯人和犹太人平等的公民身份和权利，但同时，以色列坚持赋予犹太人以特殊的民族权利，视阿拉伯人为犹太民族的威胁。[①]他认为以色列政府长期执行对阿拉伯人的民族分化政策，通过区别对待德鲁兹人将其从阿拉伯人群体中分化出来，确定为新的民族，以此来削弱阿拉伯人的力量。[②] 刘军的《以色列民族政策浅析》则从以色列国家凝聚力角度出发，认为以色列的民族政策是表面上的阿犹两族平等和事实上对阿拉伯人的压迫、歧视、隔离和分化，这造成了以色列阿拉伯人和犹太人的互相敌视、怀疑和猜忌，削弱了以色列的国家凝聚力。[③]

以色列阿拉伯人的教育问题近年来也成为研究重点。哈吉·马吉德著的《教育、授权和控制——以色列阿拉伯人案例分析》[④] 详细分析了巴勒斯坦地区的阿拉伯人从奥斯曼帝国到英国托管统治再到以色列统治的各个阶段的教育状况，尤其是以色列建国后的情况。受益于以色列的《义务教育法》《国家教育法》和《中学免费教育法》，阿拉伯人文盲率大幅减少，人均受教育年限增加，女性开始接受教育，高等教育从无到有发展起来，但教育状况的改善并不能保证巴勒斯坦阿拉伯群体提高政治地位并获取政治权利。与之相反，教育更多的是充当主导民族控制少数民族的手段，这是因为主导民族控制着教育资源，能够安排教育课程和选择任课教师，可以通过对教育的系统设计和安排，使阿拉伯人

---

① 王宇：《析以色列对境内阿拉伯少数民族的政策》，载《国际论坛》2014年第6期。

② 王宇：《德鲁兹社团和以色列国家的关系》，载《阿拉伯世界研究》2014年第1期。

③ 刘军：《以色列民族政策浅析》，载《世界民族》2007年第1期。

④ Al-Haj Majid, *Education, Empowerment, and Control. The Case of the Arabs in Israel,* New York, State University of New York Press, 1995.

潜移默化中接受以色列官方意识形态，而阿拉伯人只能被动地接受这些安排。孙红娟的硕士论文《以色列阿拉伯人教育失衡问题研究》较为系统地分析了以色列阿拉伯人的教育失衡问题，分阶段对以色列建国后以色列阿拉伯人和犹太人的教育状况进行论述并相互对比，得出以色列阿拉伯人在基础教育阶段便与犹太人有很大差距，高等教育阶段二者更是天壤之别。而造成以色列阿拉伯人教育失衡有着多方面的原因，包括阿拉伯聚居区和犹太人聚居区经济发展的不平衡、财政上教育资金的分配不均和以色列长期的民族歧视政策，等等。[①]

对以色列阿拉伯人和犹太国家的关系研究主要是通过考察以色列境内阿拉伯人和犹太人的关系来进行的，这种考察多通过较大规模的社会调查来获取一手资料。在1976年土地日示威活动前，普通以色列阿拉伯人的政治行为和政治态度并没有被学者重点关注和研究。[②] 在这之后，阿拉伯人开始通过集会游行、集体罢工等多种方式来表达自身的政治诉求，尤其是在1982年黎巴嫩战争期间和1987年的巴勒斯坦大起义中。一些学者开始走向街头，通过调查问卷的方式了解以色列阿拉伯人的政治态度，这些学者中，以海法大学以色列民主研究所的教授萨米·斯穆哈（Sammy Smooha）发布的以色列阿拉伯人和犹太人关系数据为最系统全面，萨米·斯穆哈教授从20世纪80年代开始进行相关调查并定期发布

---

① 孙红娟:《以色列阿拉伯人教育失衡问题研究》(硕士论文)，饶本忠指导，河南师范大学世界史专业，2013年5月提交。

② 1976年前，以色列阿拉伯人在以色列处于极其边缘的地位，对以色列国家的政策压迫扮演着逆来顺受的角色，土地日示威活动中阿拉伯人第一次联合起来反对政府随意征用其土地，第一次公开表明了阿拉伯人的政治诉求。

调查数据。[①] 其调查涉及阿拉伯人参与选举的投票率，是否承认以色列建国合法性，以色列阿拉伯人的自我身份定位，阿拉伯人和犹太人的亲疏度调查等。[②]

除此之外，还有一些研究机构和学者专注于以色列阿拉伯人和犹太人在以色列的平等度调查。2011年以色列阿拉伯人法律中心发布的不平等报告，涉及了以色列阿拉伯人在10个方面遭受的不平等对待，包括法律框架、公民权利、收入、资源分配和社会福利、就业、土地、教育、语言、医疗和政治参与等。[③]

关于以色列阿拉伯人认同问题的研究，也有不少文献。有些研究通过历史分析的方法还原以色列阿拉伯人在以色列社会的真实处境，并分析形成这种处境的原因。对此，无论是中西方学者，还是以色列学者和阿拉伯学者，均不可避免地带有较强的主观意识，相关的历史著述存在着比较明显的倾向。

现代犹太学者多遵循着从原始状态到现代巴勒斯坦的现代化线性叙事，主张巴勒斯坦的西化或曰现代化起源于19世纪，是在欧洲各国的影响下开始的，而直到第二次世界大战前，这个区域的现代化过程基本处于停滞期。第一次中东战争之后，犹太人

---

① Sammy Smooha, *Arabs and Jews in Israel*, Volume 1 Conflicting and Shared Attitudes in a Divided Society, 1989, Westview, BOULDER SAN FRANCISCO, &LONDON; Sammy Smooha, *Index of Arab-Jewish Relations in Israel 2003-2009*, Haifa, The Jewish-Arab Center at the University of Haifa, 2010; Sammy Smooha, *Still Playing by the Rules*: *Index of Arab-Jewish Relations in Israel 2012*, Haifa, The Israel Democracy Institute (R. A.) and University of Haifa, 2013.

② 亲疏度调查是通过以下问题的设计得出的，包括是否愿意和犹太人（阿拉伯人）做朋友；是否愿意和犹太人（阿拉伯人）做邻居；是否满意自身的以色列公民身份；是否信任法院；是否担心犹太人（阿拉伯人）大量移民以色列等。

③ Katie Hesketh, *The Inequality Report: The Palestinian Arab Minority in Israel,* Yaffa, Adalah-The Legal Center for Arab Minority Rights in Israel, 2011.

成为巴勒斯坦地区的主体民族，正式开启了这一地区的现代化进程。[①] 所以巴勒斯坦地区的现代化发展是犹太人完成的，如果不是早期犹太人迁往这片区域，如果不是犹太人在这个地区建立国家，巴勒斯坦地区仍然会长久地处于“原始状态”。那么犹太人便是这片土地的建设者和拥有者，而以色列阿拉伯人是搭了犹太人的便车。秉承这种史观的犹太学者，多从历史对比的角度来阐述以色列阿拉伯人的生活状态，关注当今以色列阿拉伯人的政治经济状况，强调在以色列建国之后，以色列阿拉伯人的生活状态相对于过去获得了巨大的改善，这些改善体现在以色列阿拉伯人在教育、医疗卫生和社会保障等方方面面的进步。尽管多数犹太学者并没有否认以色列阿拉伯人在以色列的种种不平等待遇，但他们也强调，以色列是中东地区唯一的发达民主国家，生活在以色列的阿拉伯人的生活水平，享有的社会政治权利都远远优于周边中东国家的阿拉伯人。

多数阿拉伯学者和左翼犹太学者的研究则与之相差甚远。这些学者多认为犹太人只是现代巴勒斯坦历史的外来参与者，而阿拉伯人才是巴勒斯坦现代化的主体民族。在犹太人到这片土地之前，阿拉伯人已经开始了在巴勒斯坦的现代化进程，而犹太人的迁入强行打断了阿拉伯人启动的现代化进程，以色列阿拉伯人的

① 早期犹太史学家和西方史学家编写的以色列历史著作多从犹太复国主义思潮开始叙述，详细记录了从犹太复国主义思想起源到以色列建立的历史过程。其主要研究对象是犹太人，对于以色列阿拉伯人的记录往往是一笔带过，并不做过多。诺亚·卢卡斯的《以色列现代史》和阿伦·布雷格曼所著《以色列史》甚至是张倩红教授新著《以色列史》均是如此，在一些重要历史事件上，其基本认为1947—1948年英国试图阻止以色列建国；巴勒斯坦人是在阿拉伯国家的号召下自愿离开家乡；阿拉伯人的不妥协和军事行动严重阻碍了和平的实现。

存在也是以色列的侵略和霸权行为造成的。[①] 无论是以色列境内的阿拉伯学者还是境外的阿拉伯学者，更加偏向于将以色列阿拉伯人在以色列社会中的状况同犹太人进行对比，认为是以色列长期以来的不公平政策造成了以色列阿拉伯人如今的弱势地位，以色列阿拉伯人应该获得和犹太人完全平等的地位。这些学者更多关注以色列长期以来的政治经济和社会政策，认为这些政策是造成以色列阿拉伯人弱势地位和糟糕经济状况的根源。

关于以色列阿拉伯人的民族认同研究是重点研究方向之一。这方面的研究相对历史研究较少，并且更多的是在民族学范畴内进行的。一般认为，在复杂的环境中生存下来的以色列阿拉伯人面临着民族和国家认同困惑，他们的民族认同在层次性上非常复杂，经历过泛阿拉伯民族认同，又转化为以色列国家认同，认同范围不断发生变化，并逐渐将自身和境外阿拉伯人区分开来。王宇教授的《析以色列对境内阿拉伯少数民族的政策》也认为，长期以来，以色列政府对国内阿拉伯人实行了模糊的民族政策和在平等主义外衣下实行民族歧视政策，这些措施对以色列阿拉伯人的认同造成了较大的影响。[②]

路朋杰《以色列阿拉伯人的民族认同》分析了以色列阿拉伯人的民族认同的层次性和政治诉求的不断强化以及以色列阿拉伯

---

① 以色列“新历史学派”的左翼历史学家艾兰·佩普所著《现代巴勒斯坦史》是这一派别的代表作品。其认为在犹太人大量到达巴勒斯坦地区前，在法国和英国的影响下，埃及人和奥斯曼土耳其人都尝试通过改革推动巴勒斯坦地区的现代化进程，而犹太人最终在巴勒斯坦地区实现现代化也只是这一过程的延续。在重要历史事件上，其认为英国人并没有阻止犹太国家的建立；巴勒斯坦人在第一次中东战争期间大量逃离是因为以色列军队的驱逐行动；阿以和平困境应由以色列负主要责任等。

② 王宇：《析以色列对境内阿拉伯少数民族的政策》，载《国际论坛》2014年第6期。

人在犹太性和阿拉伯性之间的权衡。[①] 1988年的巴勒斯坦大起义运动对以色列阿拉伯人的民族认同产生了重要的影响，以色列阿拉伯人的阿拉伯民族意识和民族认同得到大幅度的增强。而在民族认同的主题下，以色列阿拉伯人的民族认同在不同时期都表现出不同的状态，自身遭遇也不尽相同。1948—1966年间，以色列阿拉伯人被以色列进行军事管制，完全隔绝于整个阿拉伯世界，他们对于自身的阿拉伯身份逐渐产生怀疑；在第三次中东战争之后，以色列阿拉伯人身份认同逆转最为强烈，这时候以色列阿拉伯人获得了解禁，生活条件也获得改善，开始逐渐接受了对以色列的国家认同；1988 年巴解组织宣布建国，这促使以色列阿拉伯人在以色列国家认同和阿拉伯民族认同之间做出权衡。这个时候，被排除在巴勒斯坦建国议程之外的以色列阿拉伯人萌发出了次民族主义认同，逐渐确定了以色列阿拉伯人的身份认同。

在研究以色列阿拉伯人的文献中，理性主义的因果分析已经被广泛应用，但只有少量学者尝试使用了文化、规范和认同等建构主义因素来分析。本章尝试用权力建构主义视角下的强制性权力关系的规范转化机制分析以色列和以色列阿拉伯人的关系。权力建构主义理论认为，任何权力关系[②] 中都存在着影响者和被影响者，影响者向被影响者施加权力约束，被影响者受到影响者的权力约束。在确定这种权力关系结构不被打破的情况下，权力约束

① 路朋杰：《以色列阿拉伯人的民族认同》（硕士论文），张倩红指导，河南大学世界史专业，2010年6月提交。

② 本章中权力概念参考《国际关系的权力与规范》一书对权力的界定——权力是一种社会关系。即：权力是影响者使被影响者对其意志单项服从的社会关系。权力概念中包含了两个核心要素：影响者使被影响者对其单向服从的关系结构；影响者对被影响者发出的权力意志。参考高尚涛：《国际关系的权力与规范》，世界知识出版社，2008年版，第48—50页。

便可以持续推动影响者的权力意志向被影响者的观念和规范逐渐转化，假以时日，这些观念和规范会内化为被影响者的构成性规范而重构其认同。所以，本章假设，在以色列和以色列阿拉伯人的关系中，以色列国家对以色列阿拉伯人的强制性权力关系塑造了以色列阿拉伯人的新的规范和认同，这些新的规范和认同导致以色列阿拉伯人的反以立场有了较大后退。

二、以色列阿拉伯人概述

（一）以色列阿拉伯人的历史和现状

以色列阿拉伯人最初是指1948—1949年第一次中东战争后留在以色列境内的阿拉伯居民。战争结束时，原先居住在巴勒斯坦境内的75万阿拉伯人锐减至15.6万，占以色列境内总人口的12.5%。他们大都聚居在以色列境内的大三角地区（加利利的西部和中部）、小三角地区（沿约旦河西岸的一条狭长地带，根据停战协定由约旦划给以色列）和内格夫沙漠北部。其中加利利的拿撒勒是唯一一个阿拉伯人占多数的城市；另外在耶路撒冷、海法、雅法、腊姆拉、阿克、卢德等城市还有部分阿拉伯人与犹太人混居。这些阿拉伯人中，约11万人是穆斯林，约3万人是基督徒，约1.5万人是德鲁兹人。[①] 战争使巴勒斯坦地区的阿拉伯精英阶层、宗教领袖和有产者逃离了这个区域，而留下来的阿拉伯人多处于社会底层，他们以从事农牧业生产为主，生活穷困，文化教育水平相对落后。

---

① ［英］诺亚·卢卡斯:《以色列现代史》，商务印书馆，1997年版，第270页。

根据以色列国的《独立宣言》和之后颁布的《国籍法》，这些阿拉伯人成为了以色列公民。1948年颁布的以色列独立宣言称："以色列国将把先知憧憬的自由、正义和平等原则作为立国之基，将保证全体公民，不分宗教、信仰、种族和性别，享有最充分的社会和政治平等权……"①

据最新的数据，2014年年底，以色列阿拉伯人的人口数量为1717417人，占以色列全部人口的21.7%。由于以色列建国的60多年里，同时期阿拉伯人的生育率远远高于犹太人的生育率，尽管不断有世界各地的离散犹太人根据回归法案成为以色列公民，以色列境内阿拉伯人的数量和占以色列总人口的比例都在不断上升。目前，在以色列阿拉伯人几个主要群体中，穆斯林阿拉伯人大约142万；基督徒阿拉伯人约有16万；德鲁兹人有13万人；他们主要生活在拿撒勒、海法和耶路撒冷等地。②

（二）以色列阿拉伯人对以色列国家的最初立场

第一次中东战争前，听闻战争的风声，中上层的阿拉伯人便迅速撤离了该地区；阿拉伯人城市和村庄被以色列军队占领或者被完全摧毁，刚刚兴起的工业化进程也被完全打断。留在以色列的多是教育文化水平较低的农牧民，他们力量十分弱小，无论是经济上还是政治上，他们都处于这个新建立国家的边缘地带；他们并不团结，脆弱并且没有组织，缺乏全国范围内的政治领袖。

这时候的阿拉伯人受到整个阿拉伯世界的泛阿拉伯主义潮流

① 尹崇敬主编：《中东问题100年》，新华出版社，1998年版，第136页。

② 张倩红：《以色列发展报告（2015）》，社会科学文献出版社，2015年版，第145页。

影响，坚持和以色列对抗。阿拉伯民族主义起源于第一次世界大战期间，当时阿拉伯人为谋求自身的独立，在英国的帮助下，对抗宗主国奥斯曼土耳其。由于阿拉伯人有着共同的语言、宗教和文化，早期的阿拉伯民族主义者要求实现阿拉伯民族的独立和统一，建立一个包括所有阿拉伯人的统一的国家或联邦。这成为了二战之后阿拉伯民族主义运动的奋斗目标，也是泛阿拉伯主义的思想基础和宗旨。

两次世界大战期间，是阿拉伯民族解放运动日益高涨的阶段，英法两国在中东的“托管”和殖民统治让阿拉伯人民越发感到加强团结的重要性，需要促进了阿拉伯民族主义的进一步发展。1945年3月2日阿拉伯七国政府代表在开罗举行会议，签署了《阿拉伯国家联盟公约》，阿拉伯国家联盟正式成立。二战后，阿盟在阿拉伯国家的社会、经济和安全议题上发挥着重要的作用。而阿拉伯民族主义运动则在埃及总统纳赛尔的领导下发展为泛阿拉伯主义运动。联合国1947年的分治决议，引起了阿拉伯世界的强烈反对。为了维护巴勒斯坦地区阿拉伯人的利益，以色列建国之后，阿拉伯国家联盟便整合了多个阿拉伯国家的军事力量向以色列宣战，希望将其一举消灭。战争失败后，阿盟统一协调阿拉伯国家对以色列的政策，长时间内保持着对以色列的敌对和不承认态度，这实际上将原本只局限于巴勒斯坦地区的巴以冲突，扩大为整个阿拉伯世界和以色列的对抗。

一般认为，第一次中东战争后，以色列阿拉伯人对于以色列的政治态度和阿拉伯国家联盟保持一致，处于对犹太国家的极端仇恨中。实际上，在1947年11月29日联合国181号分治协议通过后，巴勒斯坦地区的阿拉伯人和犹太人便进入准战争状态。阿以正式开战前，双方便制造了多起暴力袭击事件，发生了犹太军事组织“伊尔贡”屠杀阿拉伯村庄和阿拉伯人杀害整个犹太医疗队的暴行。[①] 虽然最终以色列在战争中获胜，但是境内少数阿拉伯人仍然在与以色列当局进行游击战。建国后，这些阿拉伯武装力量很快被以色列军队消灭，阿拉伯人无力再和以色列当局对抗，但并不代表此时阿拉伯人承认以色列建国合法性，他们仍然处于对以色列国家的极端仇恨中。作为战败一方的阿拉伯人受到以色列的军事监管和严格控制，但他们同参加这场战争的阿拉伯国家站在同一立场上：不承认以色列政权的合法性；他们对于以色列肆无忌惮地夺取其土地和城镇十分愤怒；即使被迫名义上成为以色列公民，也不认可这个身份，只有少数在战前就和犹太人保持良好关系的德鲁兹群体热心于参与以色列政治。

（三）以色列国家和以色列阿拉伯人关系概述

一般认为以色列建国至今，以色列国家和以色列阿拉伯人的关系经历了以下三个阶段。

第一个阶段，1948年至1966年，阿拉伯人处于以色列的军事管制阶段。阿以战争中阿拉伯联军的失败对于以色列阿拉伯人是重大的打击，大量阿拉伯人逃亡，而留在以色列境内的阿拉伯人则要面临犹太人建立的新的国家和政权。[②] 尽管这些阿拉伯人被授予了

① 犹太军事组织“伊尔贡”在1945年4月10日袭击了靠近耶路撒冷的代尔·亚辛村，屠杀了约250名当地居民；作为报复，两天之后，阿拉伯人便袭击了向城市运送医疗供应的车队，杀害77名医生护士和学生。这样的恐怖袭击事件在正式开战前层出不穷，造成了双方大量的人员损失。

② 战后依然留在以色列境内的巴勒斯坦群体力量弱小分散，毫无组织，并缺乏全国范围内的政治领袖，完全无力对抗以色列的军事占领行为。

以色列公民权，事实上他们只是以色列的二等公民。这些阿拉伯人被集中强制迁入固定区域，生活在与犹太人社会隔绝的“隔都”里。犹太人认为他们是危险的，不可信任的，是潜在的“第五纵队”，因此处处对其进行严格监管。[①] 以色列于1948年10月21日成立了军事政府，负责管理阿拉伯人集中定居的地方。军事政府实际上控制了阿拉伯人生活的方方面面。未经允许，阿拉伯人甚至不能离开村子前往其他地方；军事政府可以以安全的名义监禁任何阿拉伯人；以色列的情报机构也随时监视着阿拉伯人的一切活动。

与此同时，经济生活上阿拉伯人处于对以色列经济社会的完全依赖阶段。以色列政府认为，一旦这些阿拉伯人获得了一定的经济实力，他们就有可能以此为基础实现自身的政治目标。以色列政府为了保证犹太人相对于阿拉伯人的优势地位，对阿拉伯人的经济活动也进行了严格限制。例如，阿拉伯人新开工厂，或者是重新运营1948年战争期间关闭的阿拉伯工厂都要经过以色列政府的严格审查；农业生产长期以来是阿拉伯人维生和获得经济来源的主要生产活动，以色列政府便以国家建设和军事训练等各类名义大量征用阿拉伯人的耕地，使数万阿拉伯人失去主要经济来源，被迫进入犹太人开办的工厂工作，经济上成为了犹太人的附庸。

在这段时间内，整体来说以色列阿拉伯人处于被以色列完全控制的阶段。他们既没有人身行动自由，也没有言论自由，他们尝试建立全国性政治组织的行动也被以色列政府严格禁止；同时，他们的经济状况十分恶劣，逐渐成为犹太人的附庸。但在以色列

① As’ad Ghanem, *the Palestinian-Arab: Minority in Israel, 1948-2000,* New York，State University of New York Press, 2001，pp.17-21.

国家的控制下，他们的基本生存和生活要求得到满足；他们也受益于以色列的社会保障和义务教育体系。

第二个阶段，1966年至1988年，以色列阿拉伯人开始在以色列社会中寻求自身的各项公民权利，并对犹太人享有优于阿拉伯人的政治经济地位产生质疑。1966年后，以色列政府结束了对阿拉伯人的军事管制，以色列阿拉伯人进入新的历史时期。

相关史实和多数研究表明，在这个时期，以色列境内的阿拉伯人已经形成了比较广泛的共识：希望在以色列的政治框架内追求和犹太人平等的个人权利和集体权利。这段时期，阿拉伯人开始有意识地组建地方和全国性的阿拉伯政党，参与到以色列的政治生活中。1977年，在工党执政29年后，以色列右翼政党利库德集团首次赢得议会选举。利库德集团的上台结束了长期的工党执政，以色列政坛进入了两党相争时期。在这之前，工党政府直接控制了阿拉伯人的政治活动，这在一定程度上决定了阿拉伯人没办法脱离工党制定的政治框架，而不同政党的相互竞争使阿拉伯人的选票逐渐被各党派重视，更加有利于阿拉伯人发出自身的政治声音。

与此同时，以色列阿拉伯人逐渐形成了区别于阿拉伯民族主义的次民族主义认同。阿拉伯民族主义运动在20世纪50年代和60年代对于巴以冲突有着巨大的影响力，然而70年代后，随着埃及以色列的和解，泛阿拉伯主义思想在巴勒斯坦地区逐渐式微。[①]而此时，由于以色列阿拉伯人独特的历史经历和现状，他们的次民族认同逐渐形成。越来越多的以色列阿拉伯人接受自己是阿拉伯

① 纳赛尔时期，埃及长期是泛阿拉伯主义的旗手，其甚至进行过联合诸阿拉伯国家建立统一的阿拉伯国家的尝试，然而埃以和解之后，埃及在阿拉伯世界的威信扫地，其主张也遭到多数阿拉伯国家的摒弃。

人和以色列公民的双重身份，这也使得他们区别于被以色列占领的加沙地带和约旦河西岸的巴勒斯坦同胞。

尽管以色列阿拉伯人的行动自由和言论自由不像在军事管制时期那样被以色列政府严格控制，他们仍然是以色列政府重点防范的对象，在方方面面受到歧视对待。无论是教育还是就业，他们都和犹太社团有着巨大的差距，社会资源分配和社会保障方面也远远不如犹太社团。在这一段时间内，以色列阿拉伯人保持着极高的生育率，使其人口数量从1966年的31.5万人增长到1988年的81.7万人①，但同期有大量离散犹太人迁入以色列，这使得阿拉伯人在以色列人口中的比例只是略微增加，未发生很大变化。在1966年至1987年间，以色列政府开始将境内阿拉伯人作为国内的少数族裔群体来对待，在教育和医疗卫生上给予了阿拉伯人基本保障，也有少数阿拉伯人进入以色列政府机构担任低级别官员，但其根本上是被忽略和遗忘的一群人，生活在犹太人的阴影之下，以色列的犹太国家属性没有发生丝毫变化。

1988年至今，是以色列国家和境内阿拉伯人关系的第三个阶段。1987年被以色列占领地区的巴勒斯坦地区发生“因提法达”②后，以色列境内的阿拉伯人表现得非常克制，没有和西岸和加沙地带的同胞一样在反对以色列问题上表现出盲目的政治狂热，而只是在以色列的法律框架内进行了游行和罢工，给予在西岸和加沙地带的巴勒斯坦人以支持。但这次大起义成为以色列国家和境内阿拉伯人关系的转折点，大起义使以色列阿拉伯人开始思考自

---

① Alexander Bligh, *The Israeli Arabs: An Arab Minority in the Jewish State,* London, FRANK CASS PUBLISHERS, 2003, p.52.

② 即巴勒斯坦大起义。

身的政治命运，不仅是作为巴勒斯坦人整体民族的命运，更重要的是作为生活在以色列境内的阿拉伯人自身独特的政治命运。在这之后，部分阿拉伯议员和学者提出了各种政治方案来解决巴以冲突，希望突出发挥以色列阿拉伯人的作用，同时争取以色列阿拉伯人在以色列国内享有与犹太人平等的政治地位成为以色列阿拉伯人的主流思想。

然而当越来越多的以色列阿拉伯人希望获得和犹太人平等的政治权利，以色列领导人的行动和相关法律的制定却再次强调了以色列的犹太属性。在2000年9月28日以色列反对党党魁阿里埃勒·沙龙带领一个利库德集团代表团，在数百以色列防暴警察的保护下访问了耶路撒冷老城的圣殿山。圣殿山被犹太教认为是最神圣的地方，但同时也是伊斯兰教第三圣地。沙龙此举意在表明以色列绝不会放弃耶路撒冷，同时以色列文物部门宣布，在耶路撒冷老城圣殿山脚下的考古公园内开展所谓抢救性考古挖掘工作。此举大大刺激了阿拉伯人的神经，引起了境内外巴勒斯坦人的反对，因此爆发了旷日持久的阿克萨大起义。但不久之后，2001年2月沙龙在提前举行的总理选举中获得巨大胜利，出任以色列总理。

在2014年，以色列总理内塔尼亚胡将《犹太国家法案》提交内阁讨论，这个法案明确提出“以色列是犹太民族国家……只有犹太人享有民族权力”，[①] 该法律其实并无新意，其基本内容早已在以色列实行，例如将犹太民族的标志“大卫王星”确定为以色列国旗，将犹太民族的另一标志“烛台”作为以色列国徽，将歌咏犹太民族的歌曲“希望”作为以色列国歌，允许使用犹太传统历法，规

---

① 张倩红：《以色列发展报告（2015）》，社会科学文献出版社，2015年版，第156页。

定犹太人具有移民以色列的权利等。这一法律在以色列社会中引起很大争议，尤其是引起了阿拉伯人的强烈反对，但是法案仍然被内阁通过。这再次表明了阿拉伯人在以色列社会中的边缘地位。

根据上文三个阶段以色列和境内阿拉伯人的关系概述，我们可以看到，实际上到1987年左右，多数以色列阿拉伯人已经接受了自身的以色列公民身份。而从以色列建国至今，以色列政府对于境内阿拉伯人的基本态度却没有发生大的变化，即近60年来以色列国家对境内阿拉伯人的基本政治立场保持着一致。以色列要求这些境内的阿拉伯人承认以色列建国的合法性，接受以色列是一个犹太民族主导的国家，而阿拉伯人在这个国家处于从属和边缘地位；承认以色列是一个民主和法制国家，阿拉伯人的政治活动要在以色列的法律制度下合法进行。

这意味着，在以色列国家对以色列阿拉伯人的权力意志没有根本变化的情况下，以色列阿拉伯人的立场却逐渐向以色列国家靠拢。那么，如何对这一现象作出解释呢？本章利用权力建构主义的理论提出假设，以解释上述现象：以色列建立了针对以色列阿拉伯人的强制性权力关系结构，这一权力关系结构在特定条件下，推动以色列的权力意志不断向以色列阿拉伯人的观念转化，最终实现了以色列阿拉伯人与以色列国家的观念认同，以色列阿拉伯人的反以立场随之弱化。

笔者将通过重点分析1948—1966年和1966—1988年间以色列阿拉伯人和以色列国家的关系来对假设进行验证。[①]

---

① 1988年后以色列阿拉伯人的处境和1966—1988年相比并无实质性变化，因此不做重点分析。

三、1948—1966年间以色列和以色列阿拉伯人的关系分析

这一章将依赖权力建构主义视角下的强制性权力关系的观念和规范转化机制，分析1948—1966年间以色列和境内阿拉伯人的权力关系结构和权力意志的规范转化情况。

第一次中东战争造成了大量阿拉伯人逃离故乡，然而战后仍然有15.6万的阿拉伯人留在了以色列境内。尽管根据以色列的独立宣言，这些以色列境内的阿拉伯人享有同犹太人一样的社会政治权利，阿拉伯语也和希伯来语一道被定为以色列官方语言，但以色列的犹太国家属性决定这些阿拉伯人只是以色列的二等公民。

由于此时以色列阿拉伯人处于以色列的军事管制之下，这在事实上形成了以色列国家对其境内阿拉伯人的强制性权力关系[①]。以色列国家是拥有强大的军事实力的一方，可以对其境内阿拉伯人进行全面的控制；而阿拉伯人则没有能力对以色列国家产生足够的影响。在这样的权力关系中，影响者为以色列国家，被影响者是以色列阿拉伯人；以色列阿拉伯人服从以色列国家的权力意志。

自建国始，以色列便拥有对以色列阿拉伯人的绝对的控制权和支配权，即只要以色列阿拉伯人仍然是以色列境内的少数民族，是以色列公民，以色列的“强制性权力”便具有极大值。以色列阿拉伯人处于以色列国家严密的控制下，必须服从以色列国家的权力意志。

根据上一章的分析，从以色列建国到1966年期间，以色列对

① 高尚涛：《国际关系的权力与规范》，世界知识出版社，2008年版，第54页。

于以色列阿拉伯人的权力意志没有发生变化，即以色列国家对于境内阿拉伯人的立场前后具有一致性。

（一）核心变量及其满足条件分析

这部分要回答两个问题：一是分析论证强制性权力是以色列阿拉伯人认同发生转变的核心变量；二是分析这种强制性权力关系是否满足其发挥作用的三个条件。

以色列对于以色列阿拉伯人的政策实施，主要依靠的是以国家暴力机器为后盾的强制性权力关系的约束。第一次中东战争结束后，以色列就迅速对战争中夺取的阿拉伯人的土地和居住点进行犹太化改造，甚至以武力直接夺取阿拉伯人剩余的土地，强制阿拉伯人迁移到固定的居住地点，并对其进行长期的军事管制；以色列刻意塑造阿拉伯人中的特殊群体为新的民族，对不同阿拉伯人群体区别对待，从而不断分化阿拉伯人；以色列在经济和政治生活上也对阿拉伯人进行各种不公平对待，等等。在1948—1966年，以色列对于以色列阿拉伯人的多数政策都是强制执行的，很大程度上要依赖于国家暴力机器的力量，基本没有表现出明显的榜样引导和制度规范成分，可基本排除示范性权力和制度性权力的作用。而奖惩性权力需要进一步分析。奖惩性权力，指的是影响者自身占据有优势的资源，其向被影响者进行前景展示：只要服从影响者的意志，就可以获得其所需要的某种资源或者收益，否则，就得不到这种利益回报，影响者通过利益计算后而选择服从影响者意志的社会关系。在以色列和以色列阿拉伯人的关系中，如果不服从以色列的权力意志，以色列阿拉伯人就会受到巨大的惩罚——丧失自身的生命，而服从以色列的权力意志，并不一定会有收益，但却是自身生存的必要条件。在这个权力关系中，利益回报是其次的，而不服从的惩罚是无限大的，所以其无法作为核心变量来发挥作用。实际上，以色列在实施对以色列阿拉伯人的政策时，依赖于国家暴力机器，这种情况下，发挥主要作用的是强制性权力，奖励和惩罚只是强制性权力推动观念和规范转化的辅助条件。这样在排除了其他类型的权力变量可能的影响后，就确定了研究中的核心变量是以色列的强制性权力。

那么在以色列国家与以色列阿拉伯人关系分析中，以色列对于以色列阿拉伯人的强制性权力关系是否满足设定的三个条件？只有证明这三个条件的存在或者部分存在，才能确定作为核心变量的以色列的强制性权力和以色列阿拉伯人的政治立场后退之间的关系。

这一部分将对核心变量强制性权力关系的存在是否满足设定的三个条件进行一一分析。

第一，以色列国家对于以色列阿拉伯人的强制性权力关系结构是否存在且牢不可破？

军事冲突造成的既成事实使得以色列阿拉伯人置身于以色列政府的统治下。在第一次中东战争中，阿拉伯国家惨败于以色列，巴勒斯坦境内的阿拉伯人不仅没能按照联合国181（二）号决议建立起一个阿拉伯国家，反而丧失了更多的领土，造成了大量阿拉伯人的逃离。同时联合国分治协议中的划归以色列地区的阿拉伯人口由战争前的75万较少至约15.6万，占以色列人口比例也由49%降低到12.5%。[①] 虽然根据以色列的独立宣言，这些以色列境内的阿拉伯人享有同犹太人一样的社会政治权利，但实际上，在1948年至

① 此处数据以诺亚·卢卡斯所著《以色列现代史》为准。

1966年，基于对境内阿拉伯人的强烈不信任感和以色列面临周边阿拉伯国家的战争威胁，工党政府将阿拉伯人置于属于国防部的军事管理机构之下。对阿拉伯人的军事管理机构建立于战争期间，然而战争结束之后，这一机构又维持了对阿拉伯人18年的军事管制。

这些阿拉伯人“处于文化与经济的孤岛之上”，军政府对他们的各种行为都进行了种种限制。阿拉伯人的集会被严令禁止，搬迁则需要获得政府的许可证；军政府并强制一些阿拉伯人搬离居住已久的区域，以方便对其管辖；军政府甚至对所有的阿拉伯村庄进行宵禁。一旦违反军政府的命令，阿拉伯人要付出惨重的代价。例如，1956年10月28日晚，在阿拉伯人居住的一个夸塞姆村（Kfar Qassem），由于村民没有留意到宵禁的规定，在从农场返回村庄时遭到了以色列军警的射杀，导致了47人的死亡惨案。[①] 对其负有责任的犹太军官则在军事法庭上被无罪赦免。

这些史实较为清晰地说明在1948—1966年，以色列阿拉伯人处于和以色列国家的强制性权力关系中，由于军事管制，手无寸铁的阿拉伯人事实上没有能力突破这种权力关系。

第二，这段时间之内，以色列国家是否给予了阿拉伯人一定的利益回报。

以色列阿拉伯人的基本生存和生活要求被以色列政府满足，并逐渐在教育、医疗卫生、就业、生活水平、经济收入等各方面取得相对于过去的进步。甚至从各项指标上看，包括寿命，教育，人类发展指标等，以色列阿拉伯人已经优于周围阿拉伯国家的同胞。

以色列的独立宣言除了强调犹太民族建立国家是天赋的和历

① 阿伦·布雷格曼著:《以色列史》杨军译，中国出版集团，2009年版，第73页。

史的权利及联合国决议赋予的建国合法性之外，还明确规定了以色列国将以自由、正义、和平作为自己的基础，不会因信仰、种族和性别而对公民加以区分，在全体公民中实现彻底的社会和政治权利的平等。正如以色列首任总理本–古里安所言：以色列将通过对待国内阿拉伯人向世界证明以色列的民主。1952年4月以色列颁布《国籍法》，阿拉伯人作为少数民族的法律地位被确定下来。这就表明尽管以色列是一个犹太人为主的国家，然而作为少数民族的阿拉伯人一样享有政治权利。

1949年1月，第一次中东战争期间，以色列进行了第一次国会选举，尽管此时阿以双方还处于交战状态，以色列阿拉伯人同样拥有选举权和被选举权，在以色列第一届国会中，产生了三名阿拉伯议员。而在之后的议会选举中，阿拉伯议员人数不断增加。更多的阿拉伯人进入以色列的最高权力机构，在一定程度上表明，作为以色列公民，以色列阿拉伯人享受到了基本政治权利。

表5–1　1949—1965年以色列议会（Knesset）中阿拉伯议员数量[①]

届别	年份	阿拉伯议员数量
第一届	1949—1951	3
第二届	1951—1955	8
第三届	1955—1959	9
第四届	1959—1961	7
第五届	1961—1965	8

① See Wikipedia: list of Arab members of the Knesset. From: https://en.wikipedia.org/wiki/List_of_Arab_members_of_the_Knesset. 2017.6.20.

1949年9月，以色列颁布实施了《义务教育法》，规定义务教育免费。尽管义务教育法的出发点是为了缩小东方犹太人和阿什肯纳兹犹太人之间的教育水平差异，但是也客观地改善了境内阿拉伯人的教育状况[①]。《义务教育法》规定：所有5岁至13岁的儿童必须就学；没有接受过小学教育的14岁至17岁的少年也必须入学。[②] 战后留在以色列境内的阿拉伯人多是教育水平较低的底层阿拉伯人,《义务教育法》的出台，大大提高了以色列阿拉伯人的教育水平。

英国托管统治时期，在巴勒斯坦地区初步建立了现代教育体系，然而只有极少数的阿拉伯人接受了基础教育。第一次中东战争之后，留在以色列境内的阿拉伯人多生活贫穷，文化教育水平偏低，文盲率超过70%。

在1948到1949年阿拉伯地区只有45所小学和1所中学，然而到1960年已达到167所小学和141个幼儿园，10年内数量就翻了两番。经历第一次中东战争后，阿拉伯人的中学教育体系已经完全崩溃。在1950年后，以色列在阿拉伯地区重新开始建立中学教育系统。1966年军事管制结束之后，在1968年仅公立高中学生数目就达到8050人。[③] 以色列阿拉伯人的文盲率也快速下降。在1961年，有49.5%的人完全没有接受过教育，而到1970年，便只

---

① 以色列刚建国时，政府并不能直接负责教育，各个犹太定居点都按照自身的教育传统设计课程，安排教学。政府通过1949年的《义务教育法》和1953年的《国家教育法》开设公立学校，安排课程逐渐将教育权收归政府。

② ［英］诺亚·卢卡斯:《以色列现代史》，商务印书馆，1997年版，第346页。

③ Al-Haj Majid, *Education, Empowerment, and Control. The Case of the Arabs in Israel,* New York, State University of New York Press, 1995, p.104.

有36.1%的人没有接受过任何教育。[①] 与此同时，高等教育也获得了初步发展，尽管此时接受高等教育的阿拉伯人的比例只有2%左右[②]，然而相对于之前阿拉伯人的教育情况，这是从无到有的突破。

第三，在以色列国家和以色列阿拉伯人的强制性权力关系中，不能接受到外界信息是影响者权力意志向相应规范转化的第三个重要条件。

本章认为，以色列阿拉伯人和外界信息是相对隔绝的。

首先，1948—1966年的军事管制的实际效果便是使以色列阿拉伯人所处在一个相对封闭的环境中，很难和不同于以色列当局的观点接触。地理上，尽管以色列阿拉伯人身处以色列国境内，以色列与数个阿拉伯国家接壤，这样似乎很难阻挡境内的阿拉伯人和周边国家的阿拉伯人进行交流和沟通，然而他们被“军政府”限制了人身自由和迁移自由，不仅不能自由进入西岸和加沙地带或到周边阿拉伯国家探亲，甚至在以色列境内的活动区域也是固定的。这造成了事实上1948年至1966年间，以色列阿拉伯人是不易和周边阿拉伯国家进行交流和沟通的；同样他们自身也难以进行有效的政治结社和政治交流。多数情况下他们只能偶尔通过无线收音机接收到周围阿拉伯国家的消息。

除此之外，留在以色列境内的阿拉伯人和周围阿拉伯国家之间的政治不信任也阻挡了双方的交流和沟通。一方面，这是由于以色列阿拉伯人身份的矛盾造成的，他们是阿拉伯人，但是却是以色列公民。1948—1966年间，阿拉伯世界和以色列处于长时间

① Alexander Bligh, *The Israeli Arabs: An Arab Minority in the Jewish State,* London, FRANK CASS PUBLISHERS, 2003, p.58.

② Ibid.

的对立状态，甚至爆发了两次大规模战争，但是以色列阿拉伯人完全是被排除在战争外，他们因为自身的阿拉伯民族属性无法获得以色列政府的信任，同样因为以色列公民的身份无法获得阿拉伯国家的信任。一方面，他们会被境外阿拉伯人视为以色列的间谍；另一方面，以色列阿拉伯人同样在政治上对周边的阿拉伯同胞没有很强的信任感。在第一次中东战争后，联合国决议划分给巴勒斯坦建国的领土并不仅仅是被以色列占领，而是被埃及、约旦和以色列三个国家瓜分。大量阿拉伯人被迫逃离世世代代居住的地方，留在以色列境内的阿拉伯人本身即有被抛弃之感。在1956年的苏伊士运河战争中，阿拉伯世界领袖埃及在军事上也无法战胜以色列。以色列阿拉伯人对阿拉伯国家军事行动上的无能逐渐产生了政治上的不信任。

经过上述论证，1948年至1966年间在以色列国家和以色列阿拉伯人的强制性权力关系中，基本具备重构被影响者以色列阿拉伯人观念的三个条件。

（二）以色列权力意志的贯彻

根据上一部分对以色列国家对于以色列阿拉伯人政治立场的论述，表明了在强制性权力关系中影响者以色列的权力意志。以色列要求这些境内的阿拉伯人承认以色列建国的合法性，接受以色列是一个犹太民族主导的国家，而阿拉伯人在这个国家处于从属和边缘地位；承认以色列是一个民主和法制国家，阿拉伯人的政治活动要在以色列的法律制度下合法进行。这些要求是否在一定程度上转化为以色列阿拉伯人的集体观念和规范呢？

以色列的权力意志和以色列阿拉伯人的观念和规范的转变，

是没有办法进行直接对比的，因此需要对其进行可操作化处理。以色列的权力意志可操作化为以色列对于以色列阿拉伯人具体的要求和行为。确定了规范检验的标准后，可将可操作化的检验标准与以色列阿拉伯人的实际行动和立场进行比较，从而观察以色列阿拉伯人是否在实际行动中接受了这些规范，并以这些规范来指导自身的行动。如果比较的结果显示在以色列和境内阿拉伯人的关系中，以色列阿拉伯人接受或者部分接受了这样的规范作为自身行动的指导，则表明权力意志转化成了以色列阿拉伯人的观念和规范转化，转化关系成立；否则，则转化关系不成立。

根据论文的分析框架，影响者通过强制性权力关系重构被影响者的观念和认同的方式，依赖于权力意志在满足三个条件下向相应规范的自动转化。根据上一部分的分析论证，这三个条件基本得到满足。

现在将以色列的权力意志进行操作化处理为具体的以色列国家对以色列阿拉伯人的具体要求和行为准则。以色列的权力意志已经在上文中进行论述。包括两个方面，第一，以色列是一个犹太民族主导的国家，阿拉伯人在这个国家处于从属地位；第二，以色列是一个合法存在的民主和法制国家，阿拉伯人的活动要在以色列的法律制度下合法进行。承认“以色列国家的合法性”可进一步具体操作化为“以色列阿拉伯人承认自己的以色列公民地位”；由于相关数据的缺乏，承认国家合法性没有办法得到恰当验证，在这里将阿拉伯人对自身以色列公民身份的接受状况等同于对以色列国家合法性的承认，承认以色列合法性的同时也意味着接受以色列在第一次中东战争中占据的领土是以色列国的一部分。

接受“犹太人在以色列的主导地位”和“阿拉伯人处于边缘

地位”并不能直接进行检验，而对其进行具体化则需要对更加复杂的社会事实进行考察。笔者认为，两个民族在以色列社会中所处地位的差别是实际存在并且将会继续存在下去的。对于这一社会事实的接受，可具体化为以色列阿拉伯人对于以色列各项制度的接受度，对于以色列刻意制造的阿拉伯群体分化是否已经认同并接受，对经济和政治制度以及对教育制度和社会保障制度的接受，即使他们并未得到这些制度的平等对待。

“阿拉伯人的活动在以色列的法律制度下合法进行”可进一步具体操作化，除了以色列阿拉伯人需要遵循以色列的法律法规外，还意味着以色列阿拉伯人作为以色列公民，其可以通过合法斗争争取自身的权利，但非法和暴力手段是不被允许的。

综上所述，具体化操作后的规范检验标准，即以色列阿拉伯人需要服从的、以色列国家对于以色列阿拉伯人的权力意志转化而来的规范应该是：第一，阿拉伯人承认自身的以色列公民身份。第二，部分阿拉伯人接受自身独特的民族认同。第三，阿拉伯人接受以色列的各项社会制度安排，尽管在有些情况下他们受到不平等对待。第四，阿拉伯人参与政治生活要合法化，不应采取非法暴力手段。

笔者将根据以色列阿拉伯人在经过1948—1966年军事管制后的实际行动和立场表现出来的行为规范和上述标准进行对比和检验。

第一，以色列阿拉伯人对以色列公民身份认同分析。

认同以色列公民身份是一个较高层次的认同，一般可以从民调中寻找相关的数据进行分析。在结束18年军事管制后，以色列阿拉伯人获得一定的行动自由，这时候的民调显示大概有40%的以色列阿拉伯人已经接受了“以色列人”或“以色列阿拉伯人”的身份。[①]

同时，公民身份意味着可以参与一国的政治生活。以色列阿拉伯人接受以色列公民身份就意味着他们更加愿意参与以色列的政治生活。在1948—1966年，阿拉伯人基本处于被严格监管的自治状态，他们对于以色列政治的大部分参与活动是以色列每两年一届的议会选举。根据下表的数据可以对以色列阿拉伯人参与议会选举的投票状况有比较清晰的认识。

表5–2　1949—1965年阿拉伯人在以色列议会选举中的投票状况[②]

选举年份	有效票数目	投票率	以色列共产党	阿拉伯党派	工党	其他犹太党派	总计
1949	26332	79%	22%	28%	10%	40%	100%
1951	58984	86%	16%	55%	11%	18%	100%
1955	77979	90%	15%	48%	14%	23%	100%
1959	81764	85%	11%	42%	10%	37%	100%
1961	86843	83%	22%	40%	10%	28%	100%
1965	106364	82%	23%	38%	13%	26%	100%

数据来源：As’ad Ghanem, *the Palestinian-Arab: Minority in Israel, 1948-2000,* New York，State University of New York Press, 2001, p.201.

说明：1. 由于有资格投票的阿拉伯人数量在这段时间内大量增加，所以尽管阿拉伯人的投票率稳定但有效数目大幅度增加。2. 以色列共产党主要由东方犹太人和阿拉伯人组建，由于其政策主张偏向于底层群众，吸引了大量阿拉伯人加入。

① 路朋杰:《以色列阿拉伯人的民族认同》(硕士论文)，张倩红指导，河南大学世界史专业，2010年6月提交。

② As’ad Ghanem, *the Palestinian-Arab: Minority in Israel, 1948–2000,* New York，State University of New York Press, 2001, p.201.

根据表格信息，从1948年至1966年，以色列阿拉伯人参与以色列议会选举投票的人数在不断上升，第一届议会只有26332张有效选票，而到第六届议会选举时，已经有超过10万人参与投票。以色列阿拉伯人的投票数目的稳定增长，一方面在于以色列政府逐渐允许更多的阿拉伯人参与到议会选举的投票中，在1949年，只有3.5万人有资格参与；另一方面则是他们更加关注自身的政治表达，希望在以色列政治生活中发出自己的声音。

以色列阿拉伯人的投票分布比较复杂。以色列共产党和阿拉伯党派获取了较大比例的阿拉伯人选票，但同时执政党工党和犹太复国主义政党也吸引了相当一部分阿拉伯人选票。尽管以色列阿拉伯人参与选举的目的并不是绝对一致，大量阿拉伯人只是考虑通过选票换取犹太政党上台后的政策支持，并没有考虑改变以色列阿拉伯人的整体命运，但是民主选举作为民主政治的重要表现，是一国公民政治参与度的重要衡量标准。以色列阿拉伯人积极参与政治表达这一具体事实已经比较清楚地表明，大量以色列阿拉伯人接受了以色列的民主生活，这也表明以色列阿拉伯人逐渐认同自身的以色列公民身份。

第二，部分阿拉伯群体的民族认同分析。

这里指的是在以色列对于巴勒斯坦地区阿拉伯群体进行刻意分化之后，一些母语是阿拉伯语，长时间生活在此处的阿拉伯人是否接受了自己新的民族身份，而远离自己的阿拉伯身份。本章主要以德鲁兹人[①]和贝都因人为例来分析以色列的相关民族政策和

① Wikipedia, *Druze in Israel*.From:https://en.wikipedia.org/wiki/Druze_in_Israel.2017.4.12.

以色列阿拉伯人的民族认同。[①]

主流认为德鲁兹人是阿拉伯人的一支，其具有独特的历史传统和特性，目前在全世界有100多万德鲁兹人，主要生活在沙姆地区[②]的山区地带。截至2012年底共13.3万德鲁兹人生活在以色列境内，德鲁兹人口占以色列全国人口的1.7%，在以色列阿拉伯人口中占8.1%，尽管人数不多，但他们却具有较大的政治影响力，在以色列的政治体系中表现很突出。以第18届国会（2009—2013）为例，120位议员中有5位德鲁兹议员，在共计15名少数民族议员中占到1/3，远超其人口比例。而以色列境内的贝都因人是指主要分布在南部内格夫沙漠的游牧阿拉伯人，他们居无定所，以放牧为生，遵循着传统的阿拉伯生活方式。

德鲁兹人和贝都因人在以色列国家处于非常特殊的地位，尽管按照一般意义上的民族划分，他们是阿拉伯人的一部分，然而他们在以色列却有着和阿拉伯人完全不一样的政治身份，这起源于这两个族群早在第一次中东战争中便有一定数量的年轻人加入以色列军队。无论是德鲁兹人还是贝都因人最早选择参加以色列军队，都来自于对本部落利益的考虑，希望通过参加以色列军队来增强本部落实力。20世纪50年代初，当以色列面临着埃及、叙利亚和约旦的军事威胁时候，国防兵役出现短缺，这时候德鲁兹社团和贝都因人再次选择参与以色列义务兵役制，这给他们带给了现实的好处。首先，社团领导人巩固了自己的地位，对于派系斗争激烈的德鲁兹领袖而言，得到当局的支持就意味着在部落斗

① 被以色列政府确定为非阿拉伯族的群体还有巴勒斯坦基督徒，实际上他们中的绝大多数只是信仰基督教的阿拉伯人。

② 大叙利亚地区，包括目前以色列、约旦和黎巴嫩等国区域。

争中的胜利和相对的权力优势。[①] 接受义务兵役制对德鲁兹社团整体发展也有很大的促进，因为在以色列，服兵役、参与保卫国家是公民最重要的义务，而是否服过兵役也成为国家在分配公共资源时的重要衡量标准。

德鲁兹人和贝都因人通过服兵役获得了以色列的信任，他们在以色列国家中的社会地位要高于处于底层的阿拉伯人。受益于服兵役带来的政治影响，德鲁兹人相对于其余阿拉伯人更容易获得以色列政府公务员职位；另外德鲁兹人通过参与犹太复国主义党派，在以色列议会中占据着比其人口比例要大的席位。一位德鲁兹诗人这样表述："我们是唯一被纳入以色列的军事体系中的非犹太人的少数民族群体，我们在议会和政府中的同胞甚至比犹太人的比例还高。我们被认为是热爱以色列国家的群体。"[②]

而德鲁兹人不仅在军事上配合以色列，在政治上也多和犹太复国主义政党保持一致。大部分德鲁兹人并不参加阿拉伯人政党中，他们更多地进入犹太右翼政党和执政党工党，因此他们较阿拉伯人更加容易在以色列政治中发挥自己的影响力。这显示，在以色列长期的权力意志的影响下，德鲁兹人社团和贝都因人社团由于被以色列政府的区别对待，获得高于阿拉伯人的政治地位；同时以色列在文化和教育上对三个群体进行了刻意区分，使德鲁兹人和贝都因人逐渐确立了自身独特的民族认同，逐渐与其他阿拉伯群体区分开来。

第三，以色列阿拉伯人对以色列政府实施不平等政策的应对

---

① 王宇：《德鲁兹社团和以色列国家的关系》，载《阿拉伯世界研究》2014年第1期。

② Christensen, John, "Consul General is an Arab Who Represents Israel Well", *Atlanta Journal-Constitution*, 15 November 2008, Archived from the original on 29 June 2011, Retrieved 27 June 2010.

分析。

土地问题是以色列国内非常重要的政治议题。在土地政策上，阿拉伯人遭到以色列政府极不公正的对待。

英国托管时期对巴勒斯坦地区的土地有着十分严格的管理。1947年底，在所有27000平方公里的巴勒斯坦土地中，约有1.2万平方公里是适合人类开发的。其中实际开发面积已经有8000平方公里。在委任统治结束前，犹太人包括各犹太复国主义组织、公司和个人共购买了1630平方公里的土地，加上委任统治的特许划分，犹太人所拥有的土地面积只有巴勒斯坦总面积的7%，实际开发面积的20%。而同时期阿拉伯人则持有7200平方公里土地左右，占巴勒斯坦总面积的27%，实际开发面积的80%。[①] 而联合国的分治协议对巴勒斯坦地区的土地所有权并没有法律上的更改作用。然而由于战后大量阿拉伯人逃离巴勒斯坦地区，大量以色列境内的阿拉伯人的土地都被以色列政府无偿征用。

建国初期，为了开拓和建设更多的犹太居住区、扩张犹太人的生存空间，以色列制定了一系列剥夺和征用国内阿拉伯人土地的法规，如《开发闲置土地条令》《紧急土地获取法》《不在者地产法》和《国家财产法》。[②] 阿拉伯人所持有的土地已经不足以色列国土的7%，这个比例长期以来未曾发生变化，并且由于以色列政府国家引水工程等大型工程的推进和道路及公共设施的修建，大片阿拉伯人的土地不断被征用。

最初的时候，阿拉伯人对于自身土地不断被征用十分不满，

---

① 殷罡主编:《阿以冲突——问题与出路》，国际文化出版公司，2002年版，第249页。

② 李志芬:《以色列阿拉伯人民族意识的发展及其对以色列民主制度的挑战》，载《世界民族》，2009年第2期。

并且抗议政府土地政策的不公平，然而随着每次抗议的失败，这些抗议以色列政府随意征用土地的声音便逐渐越来越小。这说明，以色列国家对以色列阿拉伯人的管制已经逐渐转化为了他们的规范，以色列阿拉伯人逐渐接受了以色列的土地政策，开始习以为常。

在关乎自身利益的政治议题上，阿拉伯人同样接受以色列政府的安排。例如在1961年，以色列议会在进行是否要停止对以色列阿拉伯人的军事管制讨论时，执政党工党出于安全考虑和对以色列阿拉伯人的不信任，决定继续这一军事监管制度。在这种情况下，议会中的大部分的阿拉伯议员选择站在了执政党一边，投票支持继续对以色列阿拉伯人进行军事管制。[①] 这个案例表明，“阿拉伯人接受以色列的各项社会制度安排，尽管在有些情况下他们受到不平等对待”这样一个限制性规范已经逐渐被以色列阿拉伯人接受。

第四，以色列阿拉伯人参与以色列政治生活分析。

这段时间内，阿拉伯人合法参与以色列政治生活是通过长时间的军事管制予以保证的，同时通过对阿拉伯人长时间的民主和法制的教育逐渐内化为以色列阿拉伯人的规范。在军事管制时期，阿拉伯人丧失了行动自由，任何违背以色列政府命令的活动都可能遭到惩罚。这种强制性的高压统治之下，以色列阿拉伯人已经放弃了武力反抗以色列政府的想法。放弃使用暴力并不意味着以色列阿拉伯人已经对以色列国家达到满意的程度，而是以色列作

① As’ad Ghanem, *the Palestinian-Arab: Minority in Israel, 1948-2000,* New York，State University of New York Press, 2001，p.41.

为一个民主法治国家，阿拉伯人有其他途径表达对以色列政府的不满。合法的参与政治生活表达自身的政治诉求成为阿拉伯人新的规范；无论是参与全国还是地方政治选举，通过担任地方市政议员或者国会议员，向政府提出自身的建议是新的途径；另外合法的游行示威也成为了以色列阿拉伯人表达政治不满的途径。在以色列国家建立的强制性权力关系影响下，这些法制生活的规范已经逐渐被以色列阿拉伯人接受。

（三）以色列阿拉伯人立场变化分析

通过上一部分的验证，在以色列阿拉伯人和以色列国家的关系上，前者的行为在很大程度上遵守了上述的四条规范，这说明以色列政府的权力意志，已经比较完全地转化为了以色列阿拉伯人的观念和规范，以色列阿拉伯人与以色列实现了认同。也就是说，以色列国家对以色列阿拉伯人的强制性权力关系塑造了以色列阿拉伯人的新规范，并改变其观念，使其产生了新的认同。这些行为观念、认同和规范表现为：第一，以色列阿拉伯人承认自身的以色列公民身份。第二，部分以色列阿拉伯人接受自身独特的身份认同。第三，以色列阿拉伯人接受以色列的各项社会制度安排，尽管在有些情况下他们受到不平等对待。第四，以色列阿拉伯人参与政治生活要合法化，暴力斗争不被允许。

而之前的以色列阿拉伯人对于以色列政府的立场可基本概括为：第一，不承认以色列政权的合法性，不接受自身的以色列公民身份。第二，对于以色列肆无忌惮地夺取其土地十分愤怒；对于以色列对其强制迁移和对其进行军事管制不满。第三，主张武力解决巴以冲突。

通过以上对比，我们可以看出，以色列阿拉伯人从不承认以色列国家合法性、不接受自身以色列公民身份，到承认以色列国家的合法性和接受自己的以色列公民身份；从反对以色列的各项歧视政策到基本接受以色列的各项社会制度安排；从主张武力对抗以色列到在以色列的政治框架内寻求合法政治诉求。另外还有一点值得注意，以色列阿拉伯人最初并没有对群体内部有足够的认知，拥有不同信仰和有独特传统的阿拉伯人群体都被认为是阿拉伯人的一部分，而在以色列的权力意志下，部分特殊的阿拉伯人群体逐渐接受了独特的身份认定而与其他阿拉伯群体区分出来。

那么以色列的这种强制性权力意志是如何转化为以色列阿拉伯人的规范并在1948—1966年改变其观念和认同的呢?

在1948—1966年的军事管制时期，以色列国家对以色列阿拉伯人的强制性权力关系本身是一种限制作用关系。由于这种强制性权力关系本身体现的是作为影响者的以色列国家的权力意志，对被影响者以色列阿拉伯人施加有效的限制和约束，同时这种权力意志体现着以色列国家主导民族犹太人的价值和利益，代表着犹太人的思维模式和行为方式。在这种情况下，以色列国家的各项权力意志要求，包括要求以色列阿拉伯人承认以色列建国合法性；接受以色列公民的身份定位；采取合法非暴力的方式参与以色列政治生活，都被强加在以色列阿拉伯人身上。这样一来，实际上以色列阿拉伯人便处于由以色列国家营造的限制性网络中。

我们在前面论述了在1948—1966年，以色列对以色列阿拉伯人的强制性权力关系基本满足其发挥作用的三个条件。第一个条件，以色列国家对以色列阿拉伯人的权力关系牢不可破，这是强制性权力关系向规范转化的前提和基础。一方面，长期的军事管制期保证了以色列国家对以色列阿拉伯人的强制性权力关系的持续和稳定；另一方面，权力关系的牢固性在很大程度上阻止了阿拉伯人试图突破此权力关系约束的行为。第二个条件，以色列政府给予了服从其权力意志的以色列阿拉伯人一定的利益回报，这为以色列阿拉伯人服从以色列国家提供了内在的功利动机。当以上两个条件同时满足的时候，就对以色列阿拉伯人的行为形成了进一步的引导：服从以色列国家的权力意志是有利可图的，不服从该权力意志则会付出惨重的代价。第三个条件，以色列阿拉伯人和外部信息是相对隔绝的。这个条件保证了以色列阿拉伯人很难接受到以色列国家之外的信息，尤其缺乏周边阿拉伯国家对抗以色列的信息，以色列阿拉伯人观念中反以的念头便自然而然地减弱直至基本消失。

由于上述三个条件同时满足，以色列国家对以色列阿拉伯人强制性权力关系的限制和约束就会成为以色列阿拉伯人的既定认知背景。这种情况下，以色列国家的权力意志便逐渐成为以色列阿拉伯人反复认知并最终接受的观念内容，以色列国家权力意志体现出的价值选择和行为方式便会逐渐成为以色列阿拉伯人的思维方式和行为依据，协调并制约着以色列阿拉伯人的行为。此时，在以色列国家对于以色列阿拉伯人的强制性权力关系中，影响者以色列国家的权力意志已经转化为被影响者以色列阿拉伯人单向服从的行为观念和限制性规范。在强制性权力关系的持续并发挥作用的情况下，这种限制性规范便逐渐转化为被影响者以色列阿拉伯人的习惯，直至成为其深刻内化的行为观念，即限制性规范发生内化，以色列阿拉伯人对于这些规范的遵守便从“必须遵守”变为“遵守合适”。这个时候，限制性规范便转化为构成性规范，结果是，以色列阿拉伯人彻底与以色列国家实现认同。这一过程完全彻底实现的标志是，以色列阿拉伯人不再以功利计算为条件，而是“自然而然”地接受以色列建国的合法性、接受以色列公民的身份定位、接受非暴力参与以色列政治生活的方式。需要指出的是，以色列阿拉伯人与以色列国家的这种彻底认同，并非在全部以色列阿拉伯人身上完全彻底地实现了，由于其他各方面的因素影响，有些人的这种认同还停留在功利计算阶段，或者处于由功利计算的阶段向无条件阶段过渡的时期（具体机制与每个人的抗变程度有关，本书从略）。

四、1966—1988 年以色列和以色列阿拉伯人关系

（一）核心变量满足条件分析

1966年，在以色列同阿拉伯国家最近的一次战争——苏伊士运河战争结束10年之后，以色列国内政治局势趋向于稳定，以色列政府逐渐松动了对于以色列阿拉伯人的军事管制。在这之后，以色列阿拉伯人逐渐获得了在以色列国内迁徙定居的自由，以色列阿拉伯人也获得较之前更好的医疗教育和就业条件。同时，他们不再是生活在犹太人统治下的孤岛，而是开始逐渐融入以色列经济社会政治生活的方方面面。

在这个阶段，要分析以色列国家对于以色列阿拉伯人的强制性权力关系是否仍然存在并且发挥作用，仍然从强制性权力关系是否满足三个条件来进行分析。

首先，以色列国家对于以色列阿拉伯人的权力关系是否牢不可破？本章研究认为，在1966—1988年，以色列国家对于以色列

阿拉伯人的权力关系仍然存在而且较为牢固。对以色列阿拉伯人的管理上，1966年之后，以色列解除了对以色列阿拉伯人的军事管制，但他们仍处于重点监视之下，难以获得以色列政府的信任，尤其是在以色列和阿拉伯国家进行战争期间——第三次中东战争和第四次中东战争的特殊时期，以色列政府不仅不会招募阿拉伯人参战，而且会在战争期间加大对其监视力度；土地政策上，以色列政府经常以国家安全的名义强制征用阿拉伯人的财产和土地。

1967年战争结束后，以色列各届政府在以色列北部阿拉伯人聚居区加利利秘密发起一场征用土地的“加利利犹太化”运动。这项运动旨在通过增加加利利地区犹太人的数量来控制该区域的阿拉伯人并抑制阿拉伯人数量的增加。1975年以色列内政部加利利处处长伊斯雷尔·孔宁递交给总理拉宾的报告中，① 他甚至将以色列阿拉伯人称为“长在犹太人身上的恶性肿瘤”。② 随后，根据该报告，以色列执行了残酷的土地征用政策，通过建立新城镇、新基布兹和新社区中心等各种可能的手段，让犹太人在加利利地区定居；以色列甚至重启了英国委任统治时期的紧急条例，对征收阿拉伯人的土地不予补偿，被征收者也无权抗议。除此之外，该地区的以色列军队也经常以建设训练场地为由征用阿拉伯人的土地。

随意征用阿拉伯人的土地证明了以色列国家对以色列阿拉伯人的强制性权力关系依然十分牢固，而以色列阿拉伯人并没有能力突破这种强制性权力关系。

---

① 该报告于一年后泄露给媒体。

② ［以色列］艾兰·佩普著：《现代巴勒斯坦史》，王健等译，上海人民出版社，2010年版，第225页。

其次，这段时间之内，以色列政府是否给予了阿拉伯人一定的利益回报呢？这一条件可以从这段时间内以色列阿拉伯人的政治地位，教育和社会保障状况等方面进行考察。

关于以色列阿拉伯人在以色列国家的政治地位是否相对于过去有了一定程度的提高，仍可以从在以色列议会中的阿拉伯议员数量和以色列政府中阿拉伯人担任职务上进行考察。

表5–3　1969—1988年以色列议会（Knesset）中阿拉伯议员数量[①]

届别	年份	阿拉伯议员数量
第7届	1969—1974	7
第8届	1974—1977	7
第9届	1977—1981	10
第10届	1981—1984	5
第11届	1984—1988	7

从第7届到第11届议会中阿拉伯议员的数量基本较为稳定，事实上除了第一届议会中，阿拉伯议员数量较少，之后的历届议会选举中阿拉伯议员的数量在8名左右。尽管阿拉伯议员数量与阿拉伯人的比例仍然低于犹太议员与犹太人的比例，但考虑阿拉伯人参与议会选举的投票人数比例和以色列的选区设置，选举结果基本是公正的民主选举结果，这也反映了在议会选举上，以色列阿拉伯人享有和犹太人平等的民主选举权利。

除了议员数量的稳定，部分阿拉伯议员甚至在以色列政府中

① Wikipedia, *List of Arab members of the Knesset*.From:https://en.wikipedia.org/wiki/List_of_Arab_members_of_the_Knesset.2017.4.13.

担任高级官员。阿卜杜勒·阿齐兹·祖比[①]从1965年到1974年连续三届担任以色列国会议员，并于1971年5月24日开始担任卫生部副部长，这是以色列建国以来首位非犹太人担任政府高级官员。除此之外，德鲁兹人[②]贾巴尔·穆阿迪也在1971年担任交通部副部长，并于1975年被再次任命为农业部副部长。此后陆续有阿拉伯人进入以色列政府，担任着较高级别的政府官员。

在基层政治上，以色列阿拉伯人也获得了相对以往更优越的政治资源和权利。在英国托管统治期间，阿拉伯人聚居区形成了地方理事会，然而随着以色列的建立，这些基层政治机构基本被完全抹去。在1954年以后，以色列政府开始考虑重新建立阿拉伯人聚居区的地方理事会。在1966年之前，这些阿拉伯人的地方政府机构运行面临着诸多问题，由于当时阿拉伯人仍处在以色列的军事管理之下，当地居民本身不具备行动自由，所谓基层政治自治更是无法实现。

1966年之后，以色列政府在越来越多的阿拉伯人聚居区建立了地方理事会，最终覆盖所有阿拉伯人聚居区。至今在以色列已经有107个官方承认的阿拉伯人聚居区，这些区域多位于三角区和加利利地区，其中8个被确定为城市，其余均为不同级别的乡镇和村庄。实际上直到1975年，以色列阿拉伯人的地方政府才得以巩固确定，从那时开始，地方政府基本可以完全履行其职能，逐渐成为以色列阿拉伯人参与政治生活的主要方式。以色列阿拉伯人因此获得了一定程度的自治权，他们可以通过地方议会选举选出

---

① Wikipedia, *Abd el-Aziz el-Zoubi*.From: https://en.wikipedia.org/wiki/Abd_el-Aziz_el-Zoubi.2017.4.15.

② Wikipedia, *Jabr Muadi*.From: https://en.wikipedia.org/wiki/Jabr_Muadi.2017.4.16.

自己信任的地方领导人，决定当地的建设和发展。以色列阿拉伯人在这些地方议会的选举的投票率甚至要高于国会议员选举。

在1966年之后，以色列阿拉伯人不仅获取更加直接的政治权利，在教育和社会保障上也被更加公平的对待。

根据《义务教育法》和《国立教育法》，以色列政府在阿拉伯人聚居区也建立了较为完善的中小学教育体系，极大地改善了阿拉伯人的基础教育状况，在十几年时间内，阿拉伯人的文盲率下降显著。当长达18年的军事管制结束后，一方面，阿拉伯人的政治和经济状况得到改善，对教育发展有着迫切的需求；另一方面，以色列的经济快速发展也促使其进行教育改革。

以色列在1968年进行了一次较大程度的教育体制改革，改变传统的犹太教育学制结构，以求和国际教学制度接轨。由将之前的8:4制，即8年小学，4年中学的教育制度转变为6:3:3制，小学教育时间由8年缩减为6年但同时增加了3年中小学之间的过渡性初中教育，高中教育时间缩短为3年。[①] 这一变革缩短了小学教育时间，延长了中学教育时间，为更多的人接受高等教育打下基础。这项改革措施不仅在犹太学校进行实施，并且被引入阿拉伯学校。尤其是过渡性初中的引入，1968年后，以色列政府增设了大量的阿拉伯初中，使初中教育基本在阿拉伯人聚居区域普及，更多的阿拉伯人可以接受高中教育，甚至进入大学。

---

① 孙红娟:《以色列阿拉伯人教育失衡问题研究》(硕士论文)，饶本忠指导，河南师范大学世界史专业，2013年5月提交。

表5–4 以色列阿拉伯学校数量变化（1948—1991） 单位：所

学校类型/年份	1948/1949	1959/1960	1969/1970	1979/1980	1990/1991
初等教育（1+2）		139	219	312	338
1. 普通小学	45	138	207	294	313
2. 特殊学校		1	12	18	25
中等教育（3+4）	1	7	37	59	109
3. 初中	—	—	4	43	74
4. 高中	1	7	35	49	90
总计（1—4）	46	146	256	371	447

数据来源：Statistical Abstract of Israel, 1986, p.572; 1989, p.606; 1991, p.611. 引自 Al-Haj Majid, *Education, Empowerment, and Control. The Case of the Arabs in Israel*, New York, State University of New York Press, 1995, p.80。

从表5–4数据可以发现，自以色列实行义务教育后，阿拉伯小学数量大量增加，20世纪60年代初期，全以色列仅有7所阿拉伯中学。到了80年代以后，普通小学教育基本在以色列阿拉伯人中普及，阿拉伯小学数量趋于稳定。而到了90年代，中学数量已经超过109所，这些增设的中学让更多阿拉伯人接受中等教育。尽管这是一项全国性的教育改革，并不仅针对阿拉伯人，但相对于希伯来中学数量在1969/1970学年就达到稳定、没有持续增加、之后甚至有所缩减来说，以色列的教育改革对于提高阿拉伯人的教育水平和改善阿拉伯人的教育质量是非常明显的，以色列阿拉伯人获益显著。

另外，1968年教育改革将9—10年级定为义务教育，即高中一年级仍然实施免费教育。政策实行以后，由于高中一年级是免费的，上高中的学生增加了很多，但是由于高中阶段的另外两年不在义务教育范围内，所以很多学生无法接受完整的高中教育。以色列教育部认识到这个问题后，在1977年决定在全国范围内免除高二、高三阶段的学费，实行完全的中小学义务教育。尽管此举只是在于解决困难家庭和弱势群体上学的经济问题，为他们提供了更多的受教育机会，但由于以色列阿拉伯人的经济状况处于以色列社会的底端，他们成为了这项教育政策最获益的群体。

最后，在以色列国家和以色列阿拉伯人的强制性权力关系中，不能接受到外界信息是影响者权力意志向相应规范转化的第三个重要条件。那么在1966年结束对阿拉伯人的军事管制后，阿拉伯人是否仍然不易接收到外部世界的消息，显然这是不太可能的。在1948—1966年间，以色列阿拉伯人生活在犹太世界的孤岛上，他们连最基本的人身行动自由都被严格限制。军事管制结束后，阿拉伯人获得了基本的政治和社会权利，他们可以接受更长时间的教育，甚至越来越多的阿拉伯人进入到大学学习；他们可以参与地区和国家的政治生活，自由选举政治代表，在国会和地方议会中表达政治诉求；而部分富裕阿拉伯家庭也可以送孩子到欧美国家留学或是到周边阿拉伯国家学习。尽管在以色列和周围阿拉伯国家开战期间，以色列阿拉伯人还是会受到以色列政府的严格监视，但显然对于此时的以色列阿拉伯人来说，想要完全阻止其接收外部世界的信息是做不到的。

黎巴嫩战争发生在两伊战争期间，此时阿拉伯国家四分五裂，完全无法团结对抗以色列；以色列抓住这个时机，出于对自身绝对安全的考虑，派遣军队进入黎巴嫩南部，实施了对巴解组织的毁灭性打击。但这一行动显然无法获得阿拉伯人的漠视。贝鲁特大屠杀后，整个阿拉伯世界的舆论都在强烈谴责以色列，不仅约旦河西岸和加沙地带爆发了大规模的罢工和暴力冲突，以色列阿拉伯人也通过游行、罢工等各种方式表达自己的不满。显然这个时候以色列阿拉伯人受到了阿拉伯世界舆论的影响，和西岸和加沙地带的巴勒斯坦人站到了同一阵线。同样的事情发生在1987年巴勒斯坦大起义后，以色列阿拉伯人对其同胞的遭遇也多感同身受，并没有对以色列政府的行为保持沉默。

经过上述论证，1966年至1988年在以色列国家和以色列阿拉伯人的强制性权力关系中，基本具备重构被影响者以色列阿拉伯人观念和认同的前两个条件，而难以完全保证以色列阿拉伯人不接收到外部信息。

（二）以色列权力意志的渗透

根据在上一部分的分析，以色列要求这些境内的阿拉伯人承认以色列建国的合法性，接受以色列是一个犹太民族主导的国家，而阿拉伯人在这个国家处于从属和边缘地位；承认以色列是一个民主和法制国家，阿拉伯人的政治活动要在以色列的法律制度下合法进行。在1948—1966年的这个阶段，以色列的权力意志较为明显地转化为了部分以色列阿拉伯人的规范和认同。那么在1966—1988年间，以色列权力意志是否继续向以色列阿拉伯人渗透，让更多的阿拉伯人接受这些观念和规范呢？

依据在第一阶段关系的分析，以色列的权力意志需要确定可操作的规范作为检验标准。第一阶段中对于部分阿拉伯人接受自身独特的身份认同这条规范，仅仅涉及德鲁兹人和部分贝都因人，他们被以色列确定为非阿拉伯民族，由于以色列的民族政策的延续性，新的民族身份认同已经形成，因此在这一阶段无须重复检验。那么这一阶段以色列阿拉伯人需要服从的、以色列国家对于以色列阿拉伯人的权力意志转化而来的规范应是：第一，以色列阿拉伯人承认自身的以色列公民身份。第二，以色列阿拉伯人接受以色列的各项社会制度安排，尽管在有些情况下他们受到不平等对待。第三，以色列阿拉伯人参与政治生活要合法化，暴力斗争不被允许。

笔者将根据1966—1988年的具体数据和典型案例的分析将以色列阿拉伯人的行为与上述标准进行对比和检验。

第一，以色列阿拉伯人对以色列公民身份的认同分析。

在1966年后，尽管多数阿拉伯国家仍不承认以色列建国合法性，但相关调查显示以色列阿拉伯人已经逐渐接受以色列建国合法性。否认以色列建国合法性的以色列阿拉伯人的比例在逐年下降，从1976年的20.5%到1980年的10%；1985年这一比例上升为18%，1988年为13.5%。[①] 尽管以色列阿拉伯人受到1982年黎巴嫩战争和1987年巴勒斯坦大起义的影响，在1985和1988年这一比例有所上升。但整体上看，在1966年后，承认以色列国家合法性的以色列阿拉伯人比例在不断上升，到1976年之后，已经有超过80%的以色列阿拉伯人承认了以色列建国的合法性。

在1987年巴勒斯坦大起义后，各国学者对以色列阿拉伯人的个人和集体认同进行了各式调查。海法大学埃德·加纳（As’ad Ghanem）博士所做的调查显示，67.5%的以色列阿拉伯人认为“以色列人”（Israeli）的适用对象包括了以色列的犹太人和阿拉伯人，

① Sammy Smooha, *Arabs and Jews in Israel*, Volume 1, Conflicting and Shared Attitudes in a Divided Society, Westview Press, 1989, Preface, xvi.

只有28%的以色列阿拉伯人认为其仅代表以色列的犹太人。①

表5–5　以色列阿拉伯人的个人和集体身份认同调查

（单项选择/样本数量：768）

人种	个人身份	集体身份
1．巴勒斯坦人	4.9	4.9
2．阿拉伯人	11.5	9.9
3．以色列人	13.1	11.7
4．巴勒斯坦阿拉伯人	8.4	8.9
5．以色列巴勒斯坦阿拉伯人	28.1	23.8
6．以色列公民—巴勒斯坦阿拉伯人	34.0	40.8
总计	100.0	100.0

数据来源：Alexander Bligh：*The Israeli Arabs: An Arab Minority in the Jewish State*, London, FRANK CASS PUBLISHERS, 2003, p.270.

在个人身份认同上，75.2%的调查者选择了以色列人或以色列籍巴勒斯坦阿拉伯人或以色列公民，而集体身份上，这三个选项的比例为76.2%。尽管该调查问卷只是做一个单项选择题，但其选项的设定并不互相排斥，反映了以色列阿拉伯人身份认同的复杂性。单纯的阿拉伯人或者以色列人都无法真实代表他们的自我和群体身份认同，两个选项的比例均在10%左右，而选择“以色列公民—巴勒斯坦阿拉伯人”这一选项的比例无论是个人身份还是群体身份上都接近了40%，显然这一描述最具代表性。除此之外，对比选项5和选项6，尽管描述十分接近，但选项6更加强调以色

① 前美国布朗大学社会学教授，现为海法大学以色列民主研究所教授萨米·斯穆哈（Sammy Smooha）在1988年也做了相关的调查问卷，二者得到的数据结果比较接近。

列公民属性，将以色列公民放到巴勒斯坦阿拉伯人之前，而选项5更多的是从国籍和地理上强调以色列属性。这表明在20世纪80年代末，大量以色列阿拉伯人已经将以色列公民身份放到了自我身份认同的第一位。

其次，从以色列阿拉伯人的政治参与中可以考察以色列阿拉伯人的身份认同。积极参与以色列政治生活，表达政治诉求，无疑是对以色列国家合法性的承认和对自身以色列公民身份的认

表5–6　1969—1988年阿拉伯人在以色列议会选举中的投票状况①

选举年份	有效票数目	投票率	以色列共产党或哈达什党②	和平进步阵线	阿拉伯党派	工党	其他犹太政党	总计
1969	117190	80%	28%	—	40%	17%	15%	100%
1973	133058	73%	37%	—	27%	17%	19%	100%
1977	145925	74%	50%	—	16%	11%	23%	100%
1981	164862	68%	37%	—	12%	29%	22%	100%
1984	199968	72%	32%	18%	—	26%	24%	100%
1988	241601	74%	33%	14%	—	16%	25%	100%

数据来源：As’ad Ghanem, *the Palestinian-Arab: Minority in Israel, 1948-2000,* New York, State University of New York Press, 2001, Appendix, p.201。

① As’ad Ghanem, *the Palestinian-Arab: Minority in Israel,* 1948–2000, New York, State University of New York Press, 2001，p.201.

② 以色列共产党在1965年分裂为马基党（MAKI）和拉卡赫党(RAKACH)，前者以犹太人为主，但难以获得犹太人支持，逐渐式微；后者以阿拉伯人为主。拉卡赫党虽然同意以色列的生存权，但支持建立独立的巴勒斯坦国，对以色列和巴解组织实行双重承认，主张阿拉伯人和犹太人为以色列公民，阿犹工人有共同利益，应该团结起来，争取废除对阿拉伯人的民族歧视。这里的共产党指的是共产党—拉卡赫党。“哈达什”，是希伯来语中“为了和平和平等的民主阵线”的开头字母缩写，本身“哈达什”是“新”的意思。以色列共产党是哈达什党的中坚力量和决定因素。

同。1977年以色列第9届议会大选中，执政接近30年的以色列工党出乎意料地输掉了大选，只获得32个议席，远低于组阁所需的61个议席，而贝京领导的右翼政党利库德集团获得了43个议席，利库德集团联合其他小党后组建新的政府。从此，以色列进入了工党和利库德集团竞争执政的时期。这次政局变化对以色列阿拉伯人也有着重要影响。不同于工党的左翼色彩，利库德集团属于极端右翼政党，主张维持以色列对于耶路撒冷的控制，否认巴勒斯坦建国的权利，这些主张遭到了西岸和加沙地带巴勒斯坦人的反对；在国内，利库德集团也不热心于改善以色列阿拉伯人的生活状况。但是在利库德集团和工党的选票竞争中，双方均难以忽视阿拉伯人的选票，这为以色列阿拉伯人的政治参与创造了更好的条件。

在1969—1988年的国会选举中，阿拉伯人的投票率并没有一个稳定增长或下降的趋势，而处于一个较为稳定的状态。其对各个政党的支持也处于波动状态。1977年工党输掉第9次大选，阿拉伯人对工党的支持率处于历史最低点，这显然受到了1976年的土地日示威活动中6名阿拉伯人惨遭警察杀害的影响，这是工党执政下发生的惨案。而在1981年的大选中，面对利库德集团更加严苛的土地政策和限制难民移民政策，阿拉伯人转而支持工党；1984年的选举则难以脱离1982年的黎巴嫩战争。显然，在这段时期，阿拉伯人已经不是当初被动参与以色列大选了，他们开始利用自身的选票表达自身的政治诉求，并希望影响以色列大选结果。

除此之外，阿拉伯人开始组建自身的政党参与以色列大选。在1948—1966年的军事管制时期，尽管已经有一些阿拉伯政党产生，但这些党派多是工党政府帮助阿拉伯人建立的，实际上是工党的附属党派，服务于工党的大选，并非纯粹的阿拉伯人的政党；20世纪70年代后，阿拉伯人更多的用选票支持以色列共产党和追求和平与平等的民主战线[①]等，以期在以色列社会中获得平等的政治经济社会权利；而到1984 年才出现纯粹的阿拉伯政党“和平先进党”，并于同年第 11 届大选中获得了议席。[②]从被动的依附于工党和犹太政党，到积极投票支持以色列共产党，再到成立自身的政党参与大选，表达自身政治诉求，代表了以色列阿拉伯人政治参与的逐渐成熟。

通过以上分析，由以色列国家对以色列阿拉伯人的权力意志转化而来的观念和规范中，阿拉伯人承认自身的以色列公民身份可得到验证。

第二，以色列阿拉伯人对以色列不平等政策的应对分析。

阿拉伯人是否接受以色列的各项社会制度安排，尽管在有些情况下他们受到不平等对待。毫无疑问，和犹太人相比，以色列阿拉伯人在法律框架、居民权利、经济与就业、社会保障和教育、土地资产和教育等各方面遭遇了歧视和差别对待。但如果仅仅是将阿拉伯人和犹太人的境遇进行横向对比，而不进行阿拉伯人在以色列社会中的纵向对比状况，得到的结果无疑是片面的。事实上，尽管在以色列的社会保障和教育资金的分配上阿拉伯人和犹太人并没有被公平对待，但以色列阿拉伯人在教育、社会保障、公民权利与就业方面相比过去都获得了极大地改善。以色列建国

---

① DFPE，Democratic Front for Peace and Equality，该党政治宗旨为实现巴以和平和以色列境内各群体的权利平等。

② 王宇：《论以色列阿拉伯人的政治参与》，载《阿拉伯世界研究》，2010年第2期，第42—48页。

以来，阿拉伯人的生活水平和教育状况均在不断提高。

而土地问题一直以来是以色列阿拉伯人对犹太权力机构不满的焦点。在分析这一阶段的以色列国家对于阿拉伯人的强制性权力关系时已经提到，以色列历届政府试图在阿拉伯人口众多的加利利地区[①]进行“加利利犹太化”运动，通过征用加利利地区阿拉伯人的土地安置更多的犹太人，使犹太人在这个区域成为多数民族。在这项运动中，以色列政府不仅启用了英国委任托管统治时期的紧急条例来征收土地，并且以色列国防军也不断以军事训练的理由征用阿拉伯人的土地。在1976年3月30日，加利利地区爆发了大规模的抗议活动，抗议政府对阿拉伯人土地的新一轮征用，这次土地征用计划在加利利核心区的几个阿拉伯村庄征收2.1万杜纳姆[②]的阿拉伯土地。对于这次土地日示威活动，以色列安全部门先是威逼哄骗，再是诱之以利，然而始终没有办法平息阿拉伯人的抗议和不满。面对不妥协的阿拉伯人，以色列警察在抗议活动中随意开枪，造成了6名抗议者死亡，超过50人受伤，并逮捕了300名抗议者。事情发生后在全以色列引起了轰动，以色列政府只好停止此次土地征用。

在这次抗议活动中，阿拉伯人的行动并非是自发的，而是有组织地进行的。以色列共产党内的阿拉伯人成立的保护土地委员会和以色列高校中的阿拉伯学生委员会均参与其中并发挥了领导作用。这是以色列阿拉伯人的首次集体抗议活动，表明了阿拉伯

---

① 在联合国1947年划分协议中，加利利地区人口中95%以上是阿拉伯人，阿拉伯人拥有88%—91%的耕地，因此该区被划分给巴勒斯坦国。以色列在阿以战争后占领了这一土地肥沃、人口密集的地区。

② 1杜纳姆=1000平方米。

人对于以色列政府企图将阿拉伯人居住区域犹太化的不满，他们对以色列的土地政策不再沉默接受，而开始进行反抗。以色列的“加利利犹太化”运动并没有因此终止，但是，土地日示威活动让以色列政府开始考虑阿拉伯人的意见，过于蛮横的土地征用可能会激起阿拉伯人的团结反抗，这是以色列政府不希望看到的结果，所以，以色列政府开始使用更有效的方式继续推进征地活动。被征用的阿拉伯人土地迅速被新到来的犹太移民填补，到20世纪70年代末80年代初，阿拉伯人在加利利地区已经从多数民族成为了少数民族，犹太人在这个区域的人口比例超过了60%。[①]

第三，以色列阿拉伯人的政治活动分析。

阿拉伯人参与政治生活要合法化，暴力斗争不被允许是以色列的权力意志表现之一。在长达18年的军事管制时期，阿拉伯人并没有充分的行动自由，其行为是被以色列利用军事手段完全约束的，暴力斗争行为显然无法进行。那么在1966年后，当阿拉伯人获得了完全的人身自由，其政治诉求是否是以非暴力手段进行的呢?

在分析阿拉伯人是否接受以色列政府的土地征用政策时，阿拉伯人在1976年进行了声势浩大的土地日示威活动，这次活动被以色列警察粗暴对待，演变成了流血冲突事件。通过游行和示威表达自身的不满成为之后以色列阿拉伯人常用的政治斗争方式，这显然是非暴力的。

除了土地日示威活动，以色列阿拉伯人分别在1982年黎巴嫩

---

① Nadim N. Rouhana and Areej Sabbagh-Khoury, *The Arabs in Israel, Mada al-Carmel,* Arab Center for Applied Social Research, p.87.

战争和1987年巴勒斯坦大起义中通过不同方式表达了自身对于巴勒斯坦同胞的同情和支持。

1982年黎巴嫩战争后，贝京政府[①]对巴勒斯坦难民营的屠杀行动引起了以色列居民的强烈不满。这种不满不限于以色列阿拉伯人间，同样包括了大量的犹太人。黎巴嫩战争被认为是以色列历史上唯一失去民心的对外战争，官方开战的理由“实现加利利地区的和平”并没有让这场战争获得以色列人持久的支持。战争爆发9天后，“现在实现和平活动”组织便在报纸上刊登了反战告示，将此次战争定义为对外侵略战争。[②]之后，在首都特拉维夫爆发了大规模的反战示威活动，将矛头直指国防部长沙龙和总理贝京。以色列阿拉伯人不仅参与了反战示威活动，还积极配合西岸和加沙地带同胞大规模的罢工活动，表达了自己的政治立场和政治态度。最后以色列旷日持久的游行示威和罢工活动使得贝京和沙龙被迫辞职。

1987年的巴勒斯坦大起义的导火索是发生在加沙地带的一起车祸，以色列人的卡车撞到了阿拉伯人的汽车，造成了4名阿拉伯人死亡，5人受伤。随后加沙地带的阿拉伯人展开报复行动，以色列警察暴力镇压，冲突不断扩大，最后成为以色列军队使用催泪瓦斯和真枪实弹对付巴勒斯坦的起义者。当以色列军队使用武力镇压手无寸铁的巴勒斯坦平民时，以色列阿拉伯人没有保持沉默，在起义爆发一周之后，以色列阿拉伯人举行了声势浩大的集会和罢工活动抗议以色列军队的霸道行为，并向西岸和加沙地区的同

① 1977年，利库德集团首次在大选中战胜工党，贝京作为以色列政坛的鹰派代表人物，上任组阁，并于1981年取得连任。

② 张倩红:《以色列史》，人民出版社，2014年版，第364页。

胞送去物品和药物。当大起义蔓延到耶路撒冷地区时，愤怒的阿拉伯人上街燃烧轮胎和以色列国旗，并向以色列警察投掷石块。[①]然而耶路撒冷阿拉伯人的激进行为并没有在全以色列扩散，拿勒撒、加利利和内格夫的阿拉伯人对大起义始终保持着较为克制的行为。

那么为什么全以色列范围内唯有耶路撒冷阿拉伯人的反抗较为激进，甚至趋向暴力行为呢？事实上，耶路撒冷的阿拉伯居民身份十分特殊，他们中的多数人只是持有以色列政府颁发的耶路撒冷居民身份证，并不拥有以色列国籍。[②] 1967年6月，以色列控制耶路撒冷后，不仅原耶路撒冷4.4万巴勒斯坦居民成为耶路撒冷市民，以色列扩大耶路撒冷辖区之后28个村庄的2.2万名阿拉伯人同样被接纳为以色列耶路撒冷市民。耶路撒冷阿拉伯人普遍持编号特殊的以色列身份证，可自由出入以色列本土和西岸地区，保持着和西岸地区阿拉伯人密切的联系。[③]

综上，耶路撒冷阿拉伯人并没有经历以色列对境内阿拉伯人的18年的军事管制时期，他们和以色列其他地区的阿拉伯人有着不同的集体经历和历史记忆，对以色列权力意志的接受程度和内化程度也有较大不同。

经过以上分析，在1966—1988年间，在以色列阿拉伯人参与的三次大规模抗议行为中，1976年的土地日示威活动是以色列阿

---

① 张倩红：《以色列史》，人民出版社，2014年版，第364页。

② 在1993年奥斯陆协议签订之前，只有约2000名耶路撒冷阿拉伯人拥有以色列国籍，之后大量阿拉伯人申请获得以色列国籍，但以色列内政部批准的只有4000人。

③ 殷罡主编：《阿以冲突——问题与出路》，国际文化出版公司，2002年版，第290—292页。

拉伯人首次集体行动抗议政府征用其土地，这种非暴力手段示威行为成功地让以色列政府放弃此次土地征用；1982年的反战运动中，阿拉伯人并非主导者，更多的是积极参与其中，其行为均符合以色列法律法规，并无出格举动；在1987年巴勒斯坦大起义时期，以色列阿拉伯人整体表现较为克制，只有少部分和约旦河西岸地区联系紧密的耶路撒冷阿拉伯人试图使用暴力手段表达对以色列当局的不满和抗议。因此可以认为，这段时期阿拉伯人表达其政治诉求的主要方式是合法的，非暴力的。

在1966—1988年间以色列的权力意志和阿拉伯人的行为规范的对比中可发现，其中（1）阿拉伯人承认自身的以色列公民身份和（3）阿拉伯人参与政治生活要合法化，暴力斗争不被允许基本吻合，证明了以色列的权力意志已经渗透给以色列阿拉伯人；而（2）中阿拉伯人接受以色列的各项社会制度安排，尽管在有些情况下他们受到不平等对待和阿拉伯人的行为规范并不完全吻合，至少在1976年土地日示威活动中，阿拉伯人没有保持沉默，而是通过集体行动向政府施压，维护自身的权益。出现这样的结果，一方面是军事管制的结束，阿拉伯人在1966年恢复了人身自由，拥有了自由组织和结社的权利；另一方面则是此时以色列阿拉伯人并不是消息闭塞的，他们可以和西岸和加沙地带的同胞保持联系，更重要的是以色列是一个完全西化的国家，是一个和欧美保持密切联系的国家，20世纪六七十年代美国的黑人反歧视运动和全国范围的平权运动均采取非暴力对抗手段，以色列阿拉伯人受到这些斗争的影响是完全可能的。土地日示威活动中一个难以忽视的因素是以色列高校中的阿拉伯学生委员会在其中发挥的领导作用，这些正在接受高等教育的阿拉伯青年带领阿拉伯村民进行示威是可以解释的。这种非暴力斗争手段的目的显然不是和以色列当局对抗，其保护阿拉伯人土地产权的目的十分清晰，至少在这些阿拉伯青年大学生的潜意识里，以色列当局随意征用阿拉伯人的土地，是在同一个国家内部的一个强势民族主导的对弱势民族土地财产的掠夺，而同样作为以色列公民的他们有权对此表示反对和抗议。

（三）以色列阿拉伯人的立场变化分析

在1966—1988年间，以色列国家对以色列阿拉伯人的强制性权力关系仍然是一种限制作用关系。这种强制性权力关系本身体现的是作为影响者的以色列国家的权力意志，包括要求以色列阿拉伯人承认以色列建国合法性；接受以色列各项制度安排；采取合法非暴力的方式参与以色列政治生活。以色列阿拉伯人处于由以色列国家建立的强制性权力关系结构所营造的限制性网络中，被动接受以色列国家的权力意志的强行渗透。

根据强制性权力关系的规范转化机制，强制性权力关系产生认同转变的条件有三个：第一，此权力关系的是存在牢不可破的，被影响者不能轻松摆脱权力关系约束；第二，被影响者只要服从影响者的权力意志，就能得到一定的利益回报；第三，被影响者尽量与不同于影响者观点的其他观点相隔离。只有当三个条件完全满足的时候，权力意志可以向相应的规范自动转化，相关条件的缺失会导致权力意志向相应规范转化的不够有效和彻底。

据上文分析，在1966—1988年间，以色列国家对于以色列阿拉伯人的强制性权力关系基本满足前两个条件，一、以色列国家对以色列阿拉伯人的权力关系牢不可破，这是强制性权力关系向规范转化的前提和基础；二、以色列国家给予了服从其权力意志的以色列阿拉伯人一定的利益回报，这为以色列阿拉伯人服从以色列国家提供了内在的功利动机。此时，该强制性权力关系对以色列阿拉伯人的行为形成了基本的引导：服从以色列国家的权力意志会有收益，不服从需要付出代价。但是该强制性权力关系没有完全满足第三个条件，即以色列当局难以控制以色列阿拉伯人不受外部信息的影响，包括来自西岸和加沙地带的巴勒斯坦同胞政治活动的影响和世界范围内的争取平等权利的运动的影响。

尽管以色列国家对以色列阿拉伯人强制性权力关系的限制和约束会成为以色列阿拉伯人的既定认知背景，一般来讲，以色列阿拉伯人基于功利性计算和既定认知背景，会逐渐在思想上接受现状并放弃反抗企图，但由于以色列阿拉伯人始终可以受到西岸和加沙地带以及周边阿拉伯国家的影响，影响者以色列国家的权力意志很难完全转化为被影响者以色列阿拉伯人单向服从的行为观念和限制性规范。同样，在限制性规范转化为构成性规范的过程中，以色列国家的权力意志，尽管大部分转化为了以色列阿拉伯人的观念和规范，但并不能彻底转化。当以色列的土地政策严重损害以色列阿拉伯人的利益时，他们便进行了适当的反抗行为，这显然不符合以色列国家的权力意志。

总的来说，1966—1988年间，以色列国家对以色列阿拉伯人的强制性权力关系基本上塑造了以色列阿拉伯人的行为观念和规范，这些行为观念和规范表现为：第一，以色列阿拉伯人承认自身的以色列公民身份；第二，以色列阿拉伯人并不完全接受以色列的各项社会制度安排，当他们的自身利益受到严重威胁时他们会进行合法的集体反抗；第三，以色列阿拉伯人参与以色列政治生活基本符合公民政治活动规范，采取非暴力手段。

这些规范相对于1948—1966年强制性权力关系塑造下的以色列阿拉伯人的观念和行为规范有着以下几个不同之处：首先，更高比例的阿拉伯人认可了自身的以色列公民身份，表明以色列阿拉伯人认同以色列国家合法性，认可自身以色列公民身份这一新认同的继续深化；其次，获得人身行动自由的阿拉伯人不再被动接受以色列国家的不平等对待，而是采取合法维权方式，这和军事管制时期的阿拉伯人的行为有着很大的不同，表明了接受以色列国家不平等的制度安排这一权力意志向行为规范的转化没有继续进行，反而发生了逆向变化；最后，尽管这个时期阿拉伯人参与以色列政治生活中要采取合法手段，暴力行为不被允许这一行为规范并未发生变化，但和之前对比，实际上是被动约束为主的行为规范向主动约束自身的行为规范发生转变，这一行为规范实际上已在继续内化。

五、结语

本章通过对1948—1966年和1966—1988年两个阶段以色列阿拉伯人和以色列国家的关系分析，认为在1948年以色列建国后，成为以色列公民的阿拉伯人和以色列国家处于一种强制性权力关系结构中。在此权力关系中，以色列国家凭借其强大的武力惩罚成为权力关系中的影响者，而以色列阿拉伯人充当着被影响者的角色。在这种强制性权力关系的作用下，以色列国家的权力意志较为彻底地转化了以色列阿拉伯人的观念和规范。以色列阿拉伯居民从以色列建国初期基本不承认以色列建国合法性到20世纪80年代末期超过80%的居民承认以色列建国合法性；从以色列建国初期不承认自身以色列公民身份到逐渐认同此身份；并且其政治活动也越发符合以色列法律法规，非暴力手段逐渐成为其政治斗争的主要方式，而西岸和加沙地带的巴勒斯坦人仍然不断通过使用暴力手段威胁以色列平民安全来表达政治诉求。那么论文的假设便得到了验证，即以色列国家对以色列阿拉伯人的强制性权力关系塑造了以色列阿拉伯人的新的观念和规范，这些新的观念和规范相对于最初以色列阿拉伯人的立场有了较大的后退。

同时对比两个阶段的分析可知，在1948—1966年间，在该强制性权力关系基本上同时满足三个条件时，该强制性权力关系中影响者以色列国家的权力意志就能够较为迅速和完全地转化为被影响者以色列阿拉伯人的观念和规范。相应的观念和规范的形成经过分析都得到了验证，即以色列阿拉伯人承认自身的以色列公民身份；部分以色列阿拉伯人接受自身独特的身份认同；以色列阿拉伯人接受以色列的各项社会制度安排，尽管在有些情况下他们受到不平等对待；以色列阿拉伯人参与政治生活要合法化，暴力斗争不被允许。而在1966—1988年间，当该强制性权力关系只能满足前两个条件，无法保证以色列阿拉伯人受到外部不同信息的影响时，以色列国家的权力意志向相应规范的转化会有所欠缺，对以色列阿拉伯人的观念和规范的构建会较为缓慢甚至无法完成。1966—1988年间，以色列阿拉伯人承认了自身的以色列公民身份，参与以色列政治生活也基本符合公民政治活动规范，采取非暴力手段，但其并不完全接受以色列的各项社会制度安排，当他们的自身利益受到严重威胁时他们会进行相应的反抗行动。

本章研究认为，1988年以后以色列阿拉伯人形成的新的观念和规范同样延续了下来。时至今日，以色列阿拉伯人和以色列国家仍然处于这种强制性权力关系中，实际上在1966年以色列当局解除对阿拉伯人的军事管制期后，半个世纪以来，以色列阿拉伯人的处境并没有发生实质性的变化。只要以色列阿拉伯人仍然是以色列的少数民族，是以色列公民，以色列便拥有对以色列阿拉伯人的绝对的控制权和支配权，强制性权力关系便得以维持。究其原因，一是因为以色列国家不可剥离的犹太民族属性，尽管以色列被认为是中东地区唯一的西式民主国家，但根本上以色列是在犹太复国主义思想影响下建立的国家，其犹太性要优先于其民主性，以色列不可能将阿拉伯人和犹太人等同视之；二是出于对国家安全的考虑，第一次世界大战以来，阿以冲突已经持续百年，两个民族难以真正和解，巴勒斯坦国也还没有真正建立，以色列始终面临着较为严峻的安全形势，不可能放松对国内阿拉伯人的监视和控制。

1987年的巴勒斯坦大起义对以色列阿拉伯人的政治参与产生了重大的影响。毫无疑问，巴勒斯坦大起义拉近了以色列境内外的巴勒斯坦阿拉伯人的距离，但最终以色列阿拉伯人并没有与西岸和加沙地带的巴勒斯坦同胞一样走向武力反对以色列、建立巴勒斯坦国的道路。以色列阿拉伯人没有放弃自身的政治斗争方式，他们开始有意识地利用自身的选票影响以色列大选，从而影响以色列国内政治，推动以色列接受在联合国主导下的巴以和平谈判。

大起义之后以色列阿拉伯人开始尝试利用自身的政治力量在以色列政坛中发出声音。在经历多年低迷的投票率后，1988年以色列阿拉伯人在以色列大选的投票率达到了76%。[①] 1988年大选前，原工党资深阿拉伯议员阿卜杜拉·瓦海卜·达拉瓦希脱离工党，成立了阿拉伯民主党。新成立的阿拉伯民主党在1988年的大选中获取了11%的阿拉伯人选票，从而在第12届议会中占据了1个席位；与此同时，以色列阿拉伯人占主导地位的“哈达什”派[②]获取阿拉伯人选票的比例达到了34%，在当届议会中获得了4个席位；另外“和平进步阵线”获得了14%的阿拉伯人选票和2个席位。第12届议会选举后，矛盾重重的工党和利库德集团再次联合执政，但此时无论左派和右派都已经倾向于通过和谈来解决巴以问题。1991年10月30日，以沙米尔为首的以色列代表团参加了马德里和平峰会，向世界释放了以色列接受和谈的信号。然而当和谈开始后，以色列阿拉伯人却并不愿参与其中，多数以色列阿拉伯人认为这次和谈是以色列政府和巴勒斯坦解放组织的事，和他们并有没直接联系，而无论是以色列还是巴解组织都没有将以色列阿拉伯人未来的国籍选择放在谈判的议题中。在马德里和平峰会后的调查问卷中，92.8%的以色列阿拉伯人不认为巴解组织可以作为他们的谈判代表，他们认为巴解组织只能代表居住在西岸和加沙地带的巴勒斯坦阿拉伯人；除此之外，几乎所有的以色列阿拉伯人都表示期待巴勒斯坦建国，但同时也表示不希望成为将来建立的巴勒斯坦国国民，而愿意留在以色列。[③]

---

① 萨米·斯穆哈教授认为在1988年以色列大选前，巴勒斯坦解放组织呼吁以色列阿拉伯人投票给支持巴以和谈的以色列政党。

② 即争取和平和平等的民主阵线。

③ Alexander Bligh, *The Israeli Arabs: An Arab Minority in the Jewish State*, London, FRANK CASS PUBLISHERS, 2003, p.271.

事实上，此时多数以色列阿拉伯人已经认为自身的政治命运是以色列的内部事务，不同于西岸和加沙地带的阿拉伯同胞们。他们认同自己是以色列公民，享受着以色列远高于周边阿拉伯国家的医疗教育和社会保障水平；而他们即使被以色列国家不平等对待，也可以尽量通过合法的政治斗争手段争取和犹太人平等的待遇。

第6章

以色列强制性权力与埃及反以立场弱化关系

一、以色列与埃及关系引论

巴以问题始于1948年5月14日以色列国的正式建立，从此以色列国对巴勒斯坦及整个阿拉伯世界而言，如鲠在喉。双方在领土、犹太移民定居点、耶路撒冷等问题上存在着巨大的利益分歧与争夺，且多次发生冲突与战争，巴以问题逐渐成为中东问题的核心。

埃及作为阿拉伯世界大国，自第一次中东战争开始，对以色列国的建立及领土要求一直坚决反对，并多次以军事斗争的方式表达其立场。细看埃以两国关系的发展，以色列强硬的外交政策以及中东战火的持续升级使得埃及对以色列的认知和观念开始发生变化，在反以立场上表现出退化趋势。自萨达特执政以来，尤其是1973年“十月战争”以后，埃及政府在以色列问题上的立场逐渐缓和。对以色列合法性的默认，不断增加的政治接触和谈判以及《戴维营协议》《埃以和约》的签订等，都在某种程度上反映了埃及对以色列态度的转变，且这种转变并未引起国内民众的大规模抗议。这一看似反常的现象，成为我们分析埃以关系及巴以冲突的重要关注点。

巴以问题是中东问题研究的核心之一，因而关于巴以问题的史学研究文献众多。如殷罡主编的《阿以冲突——问题与出路》、陈天社著写的《阿拉伯世界的巴勒斯坦问题》、英国理查德·艾伦写的《阿拉伯—以色列冲突的背景和前途》，以及亨利·卡坦所写的《寻求正义：巴勒斯坦的阿拉伯人和以色列》等均对巴以问题所涉及的领土、宗教信仰、犹太人定居点与巴勒斯坦难民等问题的历史沿革与发展现状进行了详尽的分析与探讨。而与之相关的期刊论文，如刘明春1999年载于《阿拉伯世界》的《耶路撒冷问题探析》、余国庆1993年在《西亚北非》期刊上刊发的《巴勒斯坦难民问题的由来与发展》，以及吴传华写的博士研究生学位论文《中东领土与边界问题研究》等，大都是对专门问题进行深入的背景描述、现状梳理与特点分析的著述。

关于埃以关系的研究，以往的研究者们大多将其视为权力不均等的两个国家行为体之间的外交关系，如陈建民主编的《埃及与中东》、陈天社著写的《埃及对外关系研究（1970—2000年），以及陈思、杜正艾主编的《中东逐鹿：中东的战与和》等均是从国别角度或者具体的问题领域来个别地、独立地分析埃及与以色列之间，或者埃及与以色列在领土、耶路撒冷等具体问题领域表现出的不同立场与态度，并未涉及这两个国家在长期的影响与被影响的互动关系下双方的立场及态度所表现出的变与不变的内在机制。期刊论文方面主要是针对具体的事件或者现象做出历史或者理论分析，如赵克仁2002年在《阿拉伯世界》刊发的《阿拉伯国家在巴以问题上的民族主义》、余国庆2009年在《西亚北非》上发表的《巴以关系“两国论”：历史溯源与前景分析》等，主要都是对巴以关系中民族主义等具体问题的理论解释，而并未将目光聚焦于埃及对以色列及巴以问题的认知与立场转变问题上。

埃及在巴以问题上的立场与态度尤以在萨达特主政时期转变明显，而从现有的研究成果来看，以往的研究者们对萨达特时期的研究主要集中于萨达特个人的性格特征、执政风格及其执政期间埃及的内政外交情况等，如杨灏城、江淳著写的《纳赛尔和萨达特时期的埃及》、肖月写就的《磨合：中东和平进程中的领袖们》、雷蒙德·卡罗尔所著《安瓦尔·萨达特》以及埃及著名外交家布特罗斯·加利所作《埃及通向耶路撒冷之路》等，主要都是介绍型的著作，难以找到分析型和解释型的文章，对萨达特执政时期埃及在巴以问题上明显的立场转变这一现象也缺少关注。而安瓦尔·萨达特自己撰写的《萨达特回忆录》《我的一生——对个性的探讨》及其夫人贾汉·萨达特写成的《总统与我——萨达特夫人自传》，则是从当事人的角度对埃及的政治、外交、社会等方面进行了观察，并记述了许多重大外交政策的决策过程。这些著作尽管是探究萨达特时期埃及对外关系变化的第一手资料，但对于从全局上把握埃及对以色列的认知以及埃及在巴以问题上立场转变这一问题而言，在分析型论述方面依旧显得不足。

综上，从现有的研究成果来看，在对以色列政策与阿拉伯国家立场变化关系的分析中，介绍性文章较多，理论分析文章较少；

在理论分析文章中，“因果逻辑”的分析很多，“构成逻辑”的分析比较少见。基于此，本章以1948年以色列建国后的埃以关系发展为基础，致力于分析和探讨“构成逻辑”框架下以色列的强硬政策如何重构了埃及对以色列的观念认知，从而导致其反以立场退化。

二、以色列的强硬政策与埃及的原初立场

（一）巴以问题的渊源

巴勒斯坦地处地中海东岸，北接黎巴嫩，东临叙利亚，西南与阿拉伯半岛相连，面积约2.7万平方公里。《圣经・旧约全书》中将这一地区称为“迦南之地”，是“流着奶和蜜的土地”。历史上，这片土地既孕育了犹太人，也是巴勒斯坦阿拉伯人的定居地。正因如此，双方都声称对这一地区拥有主权，而对这一地区主权的争夺导致了巴勒斯坦阿拉伯人与犹太人之间旷日持久的冲突，即巴以冲突。

犹太人与巴勒斯坦地区的联系可以追溯到远古时期的神话与宗教故事。公元前18世纪，犹太人的祖先希伯来人在其首领亚伯拉罕的带领下移居迦南，后因遭遇旱灾迁往埃及，但又于公元前11世纪重返该地区并建立统一的希伯来王国。公元前928年，希伯来王国一分为二——北部的以色列王国和南部的犹大王国。分裂后的希伯来王国实力大减，以色列王国于公元前722年被兴起于两河流域的亚述帝国消灭，而犹大王国却在新巴比伦帝国、马其顿王国及罗马帝国的一次次征服中开始了大规模的离散。直到公元135年，罗马帝国皇帝镇压了犹太人的最后一次起义，开始了犹太

人的第三次大离散时代，幸存的犹太人几乎全部逃离了巴勒斯坦地区，从此犹太人失去了在巴勒斯坦地区的优势地位，结束了犹太民族主体在巴勒斯坦生存了近1400年的历史。而正是这段历史，成为后来犹太复国主义主张在巴勒斯坦地区重建家园具有“历史的”和“自然的”权利的“佐证”。

与此同时，阿拉伯人在巴勒斯坦地区生活的历史始于公元7世纪阿拉伯帝国疆域的扩大，自公元637年巴勒斯坦归入阿拉伯帝国后，阿拉伯人陆续嵌入该地区，且与当地的迦南人、腓力斯人及其他部落的后裔共同生活，互相融合、同化，形成了有着共同宗教信仰、语言文化和生活习俗的巴勒斯坦人，成为近代意义上的民族。[①] 自阿拉伯帝国统治以来，巴勒斯坦就深深打下了阿拉伯和伊斯兰的烙印，1000多年来，巴勒斯坦阿拉伯人世世代代生息在这块土地上，是巴勒斯坦历史和文化的主要创造者。所以当犹太复国主义宣称要在巴勒斯坦建立民族国家的时候，巴勒斯坦阿拉伯人深感自己的民族利益与宗教利益受到侵害，开始强烈反抗。

根据犹太教义，巴勒斯坦地区是上帝赐给犹太人的“特许之地”，这是犹太复国主义者为其在巴勒斯坦建国提出的历史依据。但随着公元2世纪以来的犹太人大离散，犹太民族的主体早已与巴勒斯坦失去联系，留在巴勒斯坦的犹太人更是屈指可数，如1170年左右，整个巴勒斯坦的犹太人仅1400名左右。[②] 而在世代在此生息繁衍，且创造了巴勒斯坦近现代历史和文化的巴勒斯坦阿拉伯人看来，他们才是巴勒斯坦的缔造者与守护者，犹太人的到来是

① 涂剑：《论巴以冲突》，南昌大学2011届硕士毕业论文，第8页。

② 亨利·卡坦：《寻求正义：巴勒斯坦的阿拉伯人和以色列人》（中译本），人民出版社，1975年版，第23—24页。

对其生存空间的剥夺和民族与宗教利益的侵犯。不难看出，在巴勒斯坦的归属问题上，犹太人与巴勒斯坦阿拉伯人的立场是根本对立的，双方对这一地区的主权诉求也是排他性的，而这正是巴以矛盾的根源所在。

（二）巴以之间的主要矛盾

长期以来，巴以冲突给阿拉伯人和以色列都带来了巨大的苦痛与灾难，并且影响着整个中东地区的战与和。究其原因，主要症结在于领土争端与耶路撒冷问题。

巴以冲突的核心问题是领土归属，巴勒斯坦阿拉伯人和以色列人都声称自己对这片地区拥有排他性的主权。1947年11月29日，在经过了长达几个月的讨论与争议之后，联合国大会最终以33票赞成、13票反对（大多是阿拉伯国家）、10票弃权的结果通过了“巴勒斯坦未来治理问题的决议”，即联合国第181号决议。决议提出的领土划分方案是：阿拉伯国家的面积是1.12万平方公里，占巴勒斯坦面积的42.8%；犹太国的面积为1.49万平方公里，占巴勒斯坦总面积的56.4%。[①] 分治决议通过后，全世界的犹太人均为之振奋，而阿拉伯世界则对此感到愤怒，他们在以色列建国后的第二天发动战争，发誓要把犹太人赶出地中海。然而，战争的结果是，以色列不仅守住了分治决议中划归其所有的领土，还占领了除约旦河西岸和加沙地带之外的所有巴勒斯坦地区，总面积达20850平方公里，约占巴勒斯坦地区的77%。[②] “六·五战争”后，以色列

① 张倩红:《以色列史》，人民出版社，2014年版，第212页。

② 彭树智:《20世纪中东史》，高等教育出版社，2001年版，第181页。

的边界更是扩展至西奈半岛、戈兰高地等地，实际控制疆域达8万多平方公里。[①] 尽管联合国第242号决议要求以色列归还在冲突中所占的全部领土，但被以色列拒绝，242号决议中的有关规定至今仍未落实。这也成为了巴以实现和平的主要障碍。

巴以冲突的另一重要问题是耶路撒冷的地位问题。耶路撒冷作为犹太教、基督教和伊斯兰教的“圣地”，涉及主权归属、民族、宗教等诸多复杂内容，可谓中东和谈中最棘手的问题。考虑到耶路撒冷复杂的宗教关系，1947年的分治方案将其交由联合国管理，但第一次中东战争却改变了耶路撒冷的归属问题，耶路撒冷一分为二，西耶路撒冷由以色列占领，东耶路撒冷属约旦管辖。随后这一状态又被1967年的第三次中东战争改变，以色列通过战争实现了对耶路撒冷的独占，且一直延续至今。[②] 在耶路撒冷问题的解决上，联合国提出的国际化解决方案，从最开始分治决议时提出的“由联合国管理”，到242号、338号决议中的要求以色列从东耶路撒冷撤军，均未对以色列产生实质约束力。这样，耶路撒冷问题成了巴以冲突中一个非常关键但悬而未决的问题，关于耶路撒冷问题的谈判也成了整个巴以问题解决中最激烈、最困难的阶段。

（三）以色列建国后的对巴政策

始于1897年的犹太复国主义政治运动，旨在谋求在巴勒斯坦地区建立一个公认的、受到法律保护的犹太家园。这一愿望在

① 彭树智:《20世纪中东史》，高等教育出版社，2001年版，第294页。

② 刘明春:《耶路撒冷问题探析》，载《阿拉伯世界》，1999（3），第24页。

1948年5月14日本–古里安宣告以色列独立时得以实现，但从这一天开始，以色列与巴勒斯坦及整个阿拉伯世界进入了漫长的战争和冲突时期。数十年过去，以色列用武力在巴勒斯坦站住了脚跟，用强硬政策与军事手段证明了它的存在。不管巴勒斯坦阿拉伯人和阿拉伯世界的其他国家一开始承不承认、是否情愿，以色列作为主权国家的合法性，都逐渐在中东地区被阿拉伯世界接纳。

强大的军事实力是以色列得以在中东立足的重要依靠力量，也是以色列对阿拉伯世界强硬政策的主要表现之一。

第一次中东战争爆发在以色列建国后的第二天，整个阿拉伯世界对以色列的愤怒与排斥以战争形式表达出来。他们决定发起“圣战”，把犹太人赶出地中海。面对阿拉伯世界的宣战，以色列迅速调整，倾其全力投入了战争。战争初期的阿拉伯人掌握着战场的主动权，但却因为阿拉伯国家的领导人各有自己的打算，在军事上缺乏必要的协调与配合，给了以色列可趁之机，以色列充分利用停火期，获得大量军火补给，重新整编了武装力量，以致再次开战时以色列完全占据上风，甚至打破停火，主动进攻。在这场战争中双方均损失惨重，但与阿拉伯相比，以色列不管是在伤亡人员还是领土占领上，均属胜利方。

第二次中东战争缘起于埃及要收回对苏伊士运河的管理权，实现苏伊士运河“国有化”，此举招致英法的极力发对，他们联合以色列对埃及发起了战争。而以色列出战的理由是：埃及支持巴勒斯坦突击队，且在苏伊士运河和蒂朗海峡对其实行海上封锁。本–古里安早就打算用武力打通这条国际航道，[①] 而英法的这次拉

① 杨灏城、江淳著:《纳赛尔和萨达特时期的埃及》，商务印书馆，1997年版，第49页。

拢正合其意。在不宣而战的情况下，1956年10月29日傍晚，以色列出兵全面进攻西奈半岛，直逼运河区。但这场战争在埃及人民的顽强抵抗和国际舆论的压力下，英法以三国不得不撤军。从战争结果上看，埃及获得了政治上的胜利，但在军事上伤亡惨重；以色列如愿取得了经蒂朗海峡至亚喀巴弯的通航权。战争结果如实反映了埃及和以色列之间军事实力的巨大差距。①

第三次中东战争是助长以色列气势，挫伤阿拉伯民族自信的一场关键战，在分析以色列建国后对待巴勒斯坦及整个阿拉伯世界的态度与政策上，这场战争无疑是浓墨重彩的一笔。“六·五战争”仅持续了六天，就以阿拉伯国家的惨败和以色列的完胜而拉下帷幕。“六·五战争”爆发前，从双方军事力量对比来看，阿拉伯国家是占优势的。当时埃及、叙利亚和约旦三国兵力达32.8万人，以色列25万；三国拥有作战飞机576架，以色列296架；三国拥有坦克2338辆，以色列1000辆；埃及拥有地对空导弹160枚，以色列50枚；三国拥有火炮1153门，以色列200门。② 仅从数量上看，阿拉伯国家的整体实力远超以色列。但是，以色列使用先发制人、速战速决和各个击破的策略，没给阿拉伯国家缓冲时间，致使以色列在空战和地面站均取得绝对胜利，迅速占领了大片领土。

萨达特执政之前中东地区爆发的这三次战争，除了第一次是

---

① 在第二次中东战争中，埃及损兵折将6550余人，损失飞机215架，而英法以三国伤亡1200余人，损失飞机仅20余架。详见彭树智：《20世纪中东史》，高等教育出版社，2001年版，第187页。

② [日]田上四郎著：《中东战争全史》，军事科学院外国军事研究部译，解放军出版社，1985年版，第115页。

阿拉伯国家发起的之外，后两次都是以色列主动开火，甚至不宣而战。以色列倚仗其强大的军事力量，选择以战争手段处理巴勒斯坦问题，给阿拉伯人在心理上造成了难以战胜的印象，“消灭以色列国”似乎没有了实际的可能。[①] 结果是，以色列与很多阿拉伯国家之间，包括本章重点讨论的以色列和埃及之间，确立了强制性权力关系：在巴勒斯坦问题上，以色列对埃及施加了有效的强制性影响，且令埃及难以撼动。在这一强制性权力关系结构中，以色列是影响者，埃及是被影响者。以色列的权力意志主要包括以下三个方面：

一是绝不退让的领土要求。长期以来，以色列通过不断的战争实际控制了诸多不属于它的土地，且为了保障自己的国土安全，以色列一直拒绝归还，对联合国任何关于领土退让的条款和决议要么直接拒绝，要么拒不落实。1947年，联合国通过181号决议（即分治方案），规定在结束英国委任统治两个月后成立阿拉伯国和犹太国，阿拉伯国的面积约为1.12万平方公里，占巴勒斯坦总面积的42.8%；犹太国的面积为1.49万平方公里，占巴勒斯坦总面积的56.4%；耶路撒冷及其周围158平方公里的土地则作为“在特殊国际政权下的独立主体，由联合国管理”。[②] 对此，以色列比较满意，阿拉伯人坚决拒绝。但是，第一次中东战争却使阿拉伯人失掉更多土地，除约旦河西岸和加沙地带之外总面积达20850平方公里的巴勒斯坦地区归以色列所有，耶路撒冷也一分为二，西耶路撒冷归以色列所有，东耶路撒冷交由约旦。第三次中东战争

---

① 肖月著:《磨合：中东和平进程中的领袖们》，东方出版社，1999年版，第9页。

② 张倩红:《以色列史》，人民出版社，2014年版，第212页。

后，以色列的领土面积再次扩展，它夺取了约旦河西岸、加沙地带、戈兰高地和西奈半岛，总面积约81600平方公里，是第一次中东战争后所占领土的4倍，[①] 同时，东耶路撒冷也被以色列收入囊中，整个耶路撒冷都在以色列控制之下。对此，联合国安理会通过了美国提议的242号决议，要求以色列撤出它在“六·五战争”中所占领的全部领土，但被以色列坚决拒绝。不仅如此，以色列还单方面调整领土，在约旦河谷和耶路撒冷周围地区建立了一批永久居民点，并把这些定居点并入以色列版图。以色列还在苏伊士运河东岸建立了一条“不可逾越”的巴列夫防线，宣布为了以色列的安全，决不放弃西奈半岛最南端的沙姆沙伊赫和戈兰高地。[②] 对这些被占领土，以色列执行“三不政策”：不退回到1967年“六·五战争”前的边界，不允许在西岸建立一个巴勒斯坦国，耶路撒冷是以色列永远不可分割的首都。

二是拒不接受巴勒斯坦难民返回家园的要求。巴勒斯坦难民的产生主要源自第一次和第三次中东战争，在这两次战争中，阿拉伯国家惨败，导致了巴勒斯坦的领土几乎全部被以色列占领，生活在这些土地上的大批阿拉伯人逃离家园，沦为难民。目前，除了仅剩的约旦河西岸和加沙地带之外，大多数难民主要流落在其他阿拉伯国家，如黎巴嫩、叙利亚、外约旦等。然而随着难民在这些国家的土地上生息繁衍，难民数量也在逐年增多，而以色列拒绝对这些难民予以赔偿且否认其回归权。其实，第一次中东战争以后，巴勒斯坦几乎就已经不复存在了，大部分领土被以色

① [英]理查德·艾伦著:《阿拉伯—以色列冲突的背景和前途》，艾玮生等译，商务印书馆，1981年版，第481页。

② 肖月著:《磨合：中东和平进程中的领袖们》，东方出版社，1999年版，第10—11页。

列占领，近100万巴勒斯坦阿拉伯人就此失去了家园和土地，成为难民。[①] 数据显示，到1991年，在联合国近东巴勒斯坦难民救济和工程处注册的难民总数已接近252万，其中约旦960212人，黎巴嫩310585人，叙利亚289923人，[②] 巴勒斯坦方面统计的数据更要高得多。鉴于此，1948年12月，联合国大会通过了194（3）号决议赋予了难民回归权，但以色列并未落实，巴勒斯坦难民也一直未能返回故土。尽管在1950年时以色列宣布愿意在照顾"家庭团聚"计划的前提下接受遣返双方同意的一定数量的巴勒斯坦难民，但随后以方很快就放弃了这一承诺。[③] 不仅如此，以色列还拒绝阿拉伯方面对巴勒斯坦难民财产损失进行赔偿的要求，反而要求阿拉伯各国对没收的以色列公民的财产给予赔偿。[④] 在难民问题上，以色列一直立场鲜明、从未退让：它认为阿拉伯难民不应该返回以色列，解决难民问题的唯一途径是在中东经济发展计划范围内的阿拉伯国家获得重新安置。[⑤] 简言之，以色列主张巴勒斯坦难民维持现状，就地安置。不仅如此，以色列还在约旦河西岸、加沙等地区的巴勒斯坦人土地上扩建犹太人定居点，[⑥] 立场强硬。

---

① 陈思、杜正艾主编：《中东逐鹿：中东的战与和》，知识出版社，1997年版，第88页。关于难民的准确统计，阿拉伯方面认为有100万—120万，以色列方面只承认50万，而英国外交部1949年的一份报告统计约为81万，联合国机构的统计为72.6万。详见殷罡主编：《阿以冲突——问题与出路》，国际文化出版公司，2002年版，第309—310页。

② 余国庆：《巴勒斯坦难民问题的由来与发展》，载《西亚北非》，1993年第6期，第34页。

③ 陈天社著：《阿拉伯世界的巴勒斯坦问题》，世界知识出版社，2013年版，第186—187页。

④ 陈天社著：《阿拉伯世界的巴勒斯坦问题》，世界知识出版社，2013年版，第187页

⑤ 之淮：《巴勒斯坦阿拉伯难民问题》，载《世界知识》，1964年第13期，第16页。

⑥ 梁国诗：《巴以最终地位谈判中的难民问题》，载《阿拉伯世界》，2001年第1期，第21—22页。

三是坚决主张对“圣城”耶路撒冷拥有主权。耶路撒冷作为巴勒斯坦的一部分，相继经历了巴比伦帝国、波斯帝国、罗马帝国、阿拉伯帝国、奥斯曼帝国以及英国托管等朝代变迁，是犹太教、基督教和伊斯兰教三大宗教圣地。19世纪末犹太复国主义兴起后，建立了以犹太人为主体的西耶路撒冷，但1947年分治方案将耶路撒冷交由国际共管。在分治方案还未落实之际，第一次中东战争导致西耶路撒冷被以色列占领，且由外约旦负责东耶路撒冷。然而，第三次中东战争中以色列的绝对胜利，使得东耶路撒冷也划归到了以色列的辖区。[①] 以色列自1948年建国以来，就将领土问题视为生存问题，从不妥协、退让，在耶路撒冷问题上也是如此。在以色列看来，耶路撒冷历史上曾是犹太国的首都，尽管千百年来犹太国一直流散在世界各地，但从未割断自己与耶路撒冷的联系，以致以色列定都耶路撒冷一事在所有犹太人心中都认为是理所当然的。所以，当以色列通过第三次中东战争实现对耶路撒冷的全部占领时，他们加速驱逐阿拉伯人，征收耶路撒冷阿拉伯人土地，建立犹太人定居点，以期加速耶路撒冷犹太化的进程。尽管没有得到国际认可，但以色列还是于1980年通过法案将耶路撒冷定为其“永恒的、不可分割的首都”。[②] 此外，耶路撒冷所承载的复杂宗教渊源也成为以色列在这一问题上难以让步的重要原因。“所罗门造殿”“耶稣复活”等极具原型意味的辉煌传说，奠定了耶路撒冷犹太教圣城的地位，[③] 成为以色列难以放弃的信仰载体和精神支柱。

---

① 肖宪:《阿以冲突中的耶路撒冷问题》，载《西亚北非》，1991年第4期，第52页。

② 陈天社:《阿拉伯世界的巴勒斯坦问题》，世界知识出版社，2013年版，第200页。

③ 马丽蓉:《耶路撒冷问题文化探源》，载《西亚非洲》，2005年第6期，第34页。

（四）萨达特执政初期的埃及立场

从纳赛尔统治到萨达特执政初期，埃及既是战争的竭力主张者，也是反对以色列最积极的国家之一。尽管以色列已经用武力在中东站住脚跟，但是，包括埃及在内的所有阿拉伯国家，均未正式承认以色列作为一个主权国家的合法性；即使埃及在多次战争中失败，但埃及仍然选择武力作为与以色列抗衡的主要手段之一；对于以色列占领的巴勒斯坦阿拉伯人的领土，以及埃及领土西奈半岛，萨达特也不愿意做出让步。不难看出，在萨达特执政初期，[①] 不管是对以色列合法性的认同、解决巴以冲突的方式还是对领土的划分要求，萨达特都在一定程度上延续了纳赛尔时期的主张。这一时期的埃及立场主要包括以下三个方面：

一是不承认以色列的合法性和生存权。萨达特作为一个务实的政治家，尽管上台后更关注经济发展与国家建设，希望为埃及发展创造一个和平环境，但是，他深受纳赛尔时期阿拉伯民族主义影响，在巴以问题的立场上非常坚定。可以说，萨达特基本继承了纳赛尔时期的对以政策：坚决不承认以色列的生存权，更别提什么合法性了。以色列建国第一天，以埃及为首的阿拉伯国家就企图用战争拒绝以色列的生存权，纳赛尔甚至扬言“要将以色列从地图上抹去”，“将以色列赶出地中海”。在纳赛尔领导下的埃及始终站在反以斗争的最前列，对以色列国的建立和扩张一直坚决抵抗，对巴勒斯坦和阿拉伯人为恢复民族权利而进行的斗争给

① 萨达特执政埃及的时间是1970年9月—1981年10月，从其整个执政过程来看，埃及在巴以冲突上的转折点发生在“十月战争”（1973.10）之后，所以此处及下文所说的“萨达特执政初期”均指的是：1970.08—1973.10这一时期。

予了大力帮助。[①] 萨达特执政之初，基本坚持了纳赛尔时期不承认以色列的政策。

二是坚决维护巴勒斯坦人的权利。萨达特执政以后尽管调整了埃及的内外政策，将重心放在埃及自身的发展上，但他始终关注巴勒斯坦阿拉伯人的权益，且在多次发言中强调解决巴勒斯坦问题的重要性。直到1973年2月萨达特派遣国家安全事务顾问哈菲兹·伊斯梅尔访问美苏时，仍重申埃及不会放弃一寸土地，不会不顾及巴勒斯坦人民的民族权利，表示其对收复领土与捍卫阿拉伯民族权利的决心。[②] 即使后来，埃及对以色列的生存权立场发生微妙变化后，其对维护巴勒斯坦人权利的立场也没有改变。1977年11月，萨达特在访问以色列时，要求以色列撤出1967年占领的包括东耶路撒冷在内的巴勒斯坦的土地及全部阿拉伯国家的土地。他在国会演讲时更是直接表明："没有人能够否认巴勒斯坦问题是整个（巴以）问题的核心，没有人能接受你们以色列人所宣传的巴勒斯坦人不存在或应安置在其他地方的观点。巴勒斯坦人及其合法权利不容否认，不论东方还是西方，没有人能够否认这个事实"；"没有巴勒斯坦人，就没有和平可言。你们将《贝尔福宣言》作为你们立国的基础，但如果你们发现把自己的家园建立在本不属于你们的土地上，你们就有义务理解巴勒斯坦人为重新在自己的土地上建立自己国家的愿望。我告诉你们，不承认巴勒斯坦人、不承认巴勒斯坦人回归权的任何努力，一切都是徒劳

① 陈建民主编：《埃及与中东》，北京大学出版社，2005年版，第192页。

② 同上，第206页。

的。”[①] 不仅如此，在后来的戴维营谈判以及埃以和平条约的谈判中，埃及一直力图将巴勒斯坦阿拉伯人的民族权利问题提上议事日程，甚至在埃以和平条约签订后就巴勒斯坦自治问题进行了10余轮谈判，尽管没有结果。[②] 但萨达特并未放弃，且此后又在多个场合重申解决巴勒斯坦问题的重要性，直到1981 年8 月他最后一次访美时，萨达特仍然强调，以色列必须要承认，巴勒斯坦问题不是联合国安理会242 号决议中所说的人道主义问题，巴勒斯坦人应当有自己的祖国。[③]

三是坚持“以战迫和”的选择。萨达特刚就任总统之际，一方面积极呼吁和平，另一方面却宣称“战争是萨达特从纳赛尔那儿继承下来的唯一遗产，不得不进行”。[④] 甚至早在纳赛尔执政时期，萨达特就表明过自己的立场，尤其是“六・五战争”以后，萨达特曾明言，“用武力夺走的，必须要用武力夺回”“要想东山再起，必须重整军队”。[⑤] 尤其在1972年，萨达特更是常说对抗以色列的军事行动可能是必要的。[⑥] 正是如此，在萨达特执政的第三年，埃及与以色列发生了第四次中东战争，即“十月战争”。这场战争，是萨达特选择的对巴以冲突的斗争解决方式，但却不是唯

① Joseph P. Lorenz.*Egypt and Arabs*: *Foreign Policy and the Search for Identity*, Westview Press, 1990, pp.140-141.

② 陈天社:《阿拉伯国家支持巴勒斯坦事业的双重性》，载《阿拉伯世界研究》,2008年第4期，第46页。

③ 陈天社:《埃及对外关系研究（1970—2000）》，中国社会科学出版社,2008年版，第157页。

④ 陈建民主编:《埃及与中东》，北京大学出版社，2005年版，第117页。

⑤ 肖显社著:《赎罪日战争——第四次中东战争纪实》，世界知识出版社,1997年版，第12页。

⑥ [美] 詹森・汤普森:《埃及史》，商务印书馆，2012年版，第323页。

一手段。萨达特选择战争的原因，更主要的是为了给巴勒斯坦和所有阿拉伯国家创造一个与以色列平等谈判的机会，而这也成了阿以矛盾解决方式的分水岭。1973年10月6日，萨达特选择的“以战迫和”战争在阿以之间打响。萨达特决意通过军事手段，迫使以色列改变其强硬立场，与埃及进行真正的谈判，以摆脱埃及自身的困境。① 这场战争对于萨达特而言，其目标是有限的，诚如其所言:“如果我们能在西奈拿下10厘米的土地，并能站住脚跟不撤退，那么我们就能改变东西方的态度，改变一切，特别是改变1967年失败后我们生活于其中的耻辱。”（但战争的结果未能如萨达特所愿，以色列仍旧以其强大的武装力量在作战后期掌握了战争的主动权。）②

四是对被占领土的收复主张。在萨达特看来，收复长期被以色列占领的土地，是其上任后与发展埃及国内经济同等重要的大事。1970年10月7日，萨达特在国民议会提名自己为总统候选人时就强调他的首要任务是解放被占领的阿拉伯领土，③ 事实也是如此，萨达特在任期内一直致力于收复1967年后阿拉伯国家丧失的大片领土，尤其是在“六·五战争”中丧失的西奈半岛，这是萨达特一直坚守的底线。萨达特在提名总统候选人时就明确表示，以色列必须全面撤出1967年所占领的全部阿拉伯领土。1973年11月28日召开的阿拉伯国家第六次首脑会议，强调对实现和平两个“不可动摇”的原则，其一是以色列撤出它所占领的全部阿拉伯领

① 陈建民主编:《埃及与中东》，北京大学出版社，2005年版，第205页。

② ［埃及］安瓦尔·萨达特著:《我的一生——对个性的探讨》，李占经等译，商务印书馆，1980年版，第255页。

③ 杨灏城、江淳著:《纳赛尔和萨达特时期的埃及》，商务印书馆，1997年版，第284页。

土，特别是耶路撒冷，其二是恢复巴勒斯坦人的全部民族权利。[①]同时，在1973年12月召开的讨论中东问题的日内瓦中东和会上，时任埃及外长的伊斯梅尔·法赫米也重申了要求以色列从全部被占领土中撤出的主张。不仅如此，埃及对以色列撤出全部被占领土的要求也带到了1977年9月埃及和以色列政府高级代表进行的第一次直接接触的场合，埃方代表明确表明萨达特的立场："以色列必须全面撤出1967年占领的阿拉伯土地。"[②] 在萨达特的耶路撒冷之行中，其在以色列议会也明确地提出，实现和平的途径是以色列撤出1967年所占领的全部领土，包括耶路撒冷，并正视巴勒斯坦人的合法权利。[③] 在戴维营会谈中萨达特更是态度坚决地表示："土地是不可以讨价还价的，特别是西奈半岛和戈兰高地的土地，因为那里的边界是国际公认的……'要安全，可以；要土地，不行'。"作为一位务实的政治家，萨达特对收复西奈半岛的决心是坚定的。

三、埃及在巴以问题上的立场转变

前面论述了以色列建国以来埃及的原初立场，本节将利用权力建构主义的理论框架，实际分析埃及是如何逐渐被重塑观念从而改变立场的。

一方面，本节从理论层面论述以色列与埃及强制性权力关系

① 肖月著:《磨合：中东和平进程中的领袖们》，东方出版社，1999年版，第17页。

② 同上，第28页。

③ 陈天社:《埃及对外关系研究（1970—2000）》，中国社会科学出版社，2008年版，第78页。

结构的形成及其发生观念和规范转变的条件。自以色列建国以来到萨达特统治前期，埃及乃至整个阿拉伯世界就在以色列的强权压制之下，且这一压制常以武力威慑和奖惩手段为表征，从而使埃及成为权力关系的低位者，即被影响的一方，而以色列以其长期保持的军事实力确保了其与埃及之间的强制性权力关系长期存在。而“你认同我的存在，那双方就可以相安无事，你不认同我，那双方就进行战争”的奖惩条件，使得这一强制性权力关系的影响得以不断强化和巩固。如此，随着这种权力关系的长期作用，埃及对以色列的存在和其在巴勒斯坦问题上的强硬立场这一问题的态度和立场，由“必须认同”转变为了“认同合适”，将行为选择的性质由“被动”变成了“主动”。另一方面，本节立足史实，从以色列合法性、双方斗争的解决方式以及领土主张三方面，实例论证了埃及在以色列的生存权和对巴勒斯坦问题的态度步步退让的机制和过程。其一，在以色列的合法性问题上，埃及在以色列建立的长期权力关系影响下，发生了从拒绝承认到默认到正式承认三个阶段；其二，在“十月战争”结束前，战争一直是埃及首选的问题解决方式，但“十月战争”后，以色列通过强制性权力关系约束，告诉埃及此路不通，最终导致埃及观念发生变化，接受了和平解决方式；其三，在领土方面，埃及对巴勒斯坦阿拉伯人的民族权利及其他阿拉伯国家被占领土的立场，随着权力关系的持续作用和埃及观念不断被以色列的权力意志所重构，而不断发生变化，直至完全承认以色列。由此可见，权力建构主义视阈下埃及在以色列合法性及其在巴以问题的立场上发生了从被动到主动的明显转变。

接下来，本节将对此详细论述。

（一）埃及在巴以问题上立场转变的理论分析

前文论述了以色列与埃及在巴以问题上的原初立场，同时解释了权力建构主义的分析框架和作用机制。基于此，本章的研究问题是：以1948年以色列建国后的埃以关系发展为基础，致力于分析和探讨“构成逻辑”框架下以色列的政策如何重构了埃及对以色列的认知，从而使其反以立场退化。权力建构主义的核心，是论述强制性权力关系结构如何推动影响者的权力意志不断向被影响者渗透，并逐渐改变被影响者的观念，使被影响者认同影响者的约束和权力意志，并将其转化为自己的行为规范，最终改变被影响者的行为。从具体的研究问题出发，本节将结合埃及在巴以问题上的立场变化这一现象，用权力建构主义理论的分析框架予以具体阐述。

首先分析以色列与埃及的强制性权力关系结构。

任何权力关系结构都存在影响者和被影响者，因此在分析埃及在巴以问题上立场转变的问题，首先需要明确的就是权力关系的双方，谁是影响者，谁是被影响者。从前文对巴以问题的背景介绍中不难看出，以色列不管是对于巴勒斯坦阿拉伯人而言，还是对包括埃及在内的其他阿拉伯国家而言，显然处于影响者的地位，是权力关系中的高位者，而埃及则是权力关系中的低位者，是被影响的一方。以色列的权力意志，表现为以色列对埃及的强硬政策，这些政策在权力关系框架的推动下，持续作用于埃及。

根据权力建构主义的观点，强制性权力关系只有在具备特定条件的情况下，即权力关系长久且稳固、对被影响者的服从行为进行利益回报、对被影响者进行不同观点的隔离，才可以实现由权力结构向限制性规范乃至构成性规范的转变。那么，埃及和以色列之间存在的强制性权力关系是怎样的呢？

萨达特执政前，埃及与以色列之间直接发生接触的三次中东战争可谓埃以之间存在强制性权力关系的例证。尽管战争发生的时间是有限而短暂的，但以色列在战场上取胜形成的对埃及的压制作用、战后以色列的军力部署对埃及形成的压制态势，却一直留存在战争失败者埃及一方。三次中东战争的结果表明，以色列强大的军事力量不仅为其赢得了“生存权”，也对阿拉伯世界造成了显著的强制约束作用。包括埃及在内的阿拉伯世界是不愿意承认以色列作为主权国家而存在的事实的，但通过战争消灭以色列的想法被以色列用武力击得粉碎。在这样的情况下，阿拉伯国家和以色列之间就形成了强制性权力关系，作为权力关系中的影响者，在以色列看来，“你认同我的存在，那双方就可以相安无事；你不认同我，那双方就进行战争”，因而战争成了以色列对埃及或者说整个阿拉伯世界的惩罚手段。也就是说，武力威慑的作用使得埃及和以色列之间的强制性权力关系能够长期稳固存在，只要以色列能够一如既往地保持其军事实力，那么这种权力关系就可一直延续。同时，对埃及而言，认可以色列的存在虽然并未能得到以色列的奖励，但至少其可免于战争的惩罚，这一点是完全符合埃及的国家利益的，所以埃及出于功利计算的考虑，逐渐变得愿意接受以色列的一些看法，比如功利性认可以色列在中东地区的生存权。这意味着，以色列与埃及之间的强制性权力关系产生了作用。

其次分析埃及“构成性规范”转变的条件。

由于在巴以问题上，以色列与埃及存在事实上的强制性权力关系，所以，以色列与埃及之间存在由此而致的限制性规范（埃及被限制在以色列施加的权力关系结构中，这种限制本身就是一种心照不宣的规范），而其向构成性规范的转变则主要取决于这一权力关系是否能够长久稳固地存续。本章的研究范围是萨达特执政时期，从时间上算，自1948年以色列国建立到1981年萨达特因遭暗杀结束执政，这期间以色列一直占据权力关系的高位，即使是给以色列带去惨痛教训的“十月战争”也没能从根本上动摇这种权力关系，没有使之瓦解或者发生根本性转变。由此可知，埃以之间的这种权力关系是长期存在的，这就为其向构成性规范转化提供了条件。所以，当以色列和埃及这种权力关系长期存在时，埃及因为处于权力关系的低位，不得不对以色列在巴以问题上的强硬行为表示接受，因为如果埃及不遵从以色列的意志，则埃及很有可能招致惩罚，甚至爆发冲突与战争。而当埃及默认以色列的存在及其对巴勒斯坦阿拉伯人的强硬政策时，埃及不仅不会受惩罚反而可能得到不同形式的奖励，比如在和谈中的让步等。对于埃及而言，一开始的这种接受是出于功利性目的——免于惩罚或者接受奖励——而被迫执行的行为，但当埃及的行为受权力关系影响被反复灌输、强化，且埃及意识到以色列给出的奖励是符合自己国家利益之时，以色列的意志则会慢慢转化为埃及的观念，即使当埃及与以色列的权力关系不复存在了，埃及依然有可能遵从与以色列的权力意志相一致的观念。此时，埃及的行为性质发生了根本转变，其不再是受权力关系约束的被迫之举，而内化成了在埃及的观念指导下的主动行为。简言之，埃及与以色列之间长期存在的权力关系，使得作为权力低位者的埃及，一开始不得不接受以色列的存在和其在巴勒斯坦问题上的强硬立场，但随着这种权力关系的长期作用，以及以色列所采取的奖惩手段，逐渐使得埃及对该问题的态度和立场由“必须认同”转变为了“认同合适”，将行为选择的性质由“被动”变成了“主动”。为了检验这一权力关系对埃及在巴以问题上态度和立场转变的这种影响，下文将从埃及在以色列合法性、斗争方式及领土占领等问题上予以实例论证。

（二）埃及在巴以问题上立场转变的实例论证

一是埃及不得不承认的以色列合法性。

总的来说，埃及对以色列国合法性的态度经历了从拒绝承认到默认，最后到正式承认三个阶段。而埃及在这一问题上由否认到承认的立场转变恰好验证了以色列的强硬政策推动埃及对其合法性的观念的转变过程。这一过程始于第一次中东战争阿拉伯国家的失败，使得阿拉伯国家从功利计算的意义上不得不接受以色列“难以消灭，必然暂时存在”的事实，然而在以色列长期的武力威慑与阿拉伯国家的不断战败中，“承认以色列在中东的合法性”作为以色列的权力意志之一持续施加给埃及，令埃及无法摆脱，成为埃及必须接受或遵守的限制性规范。随着时间的推移，到萨达特统治时期，以色列已然存在20多年。这一事实使得埃及对以色列合法存在的观念以及埃及对巴以问题的认知，发生了怎样的转变呢?

1948年5月14日，犹太人在1947年联合国通过的《分治决议》基础上宣布建立以色列国，所有阿拉伯国家都认为以色列的这一决定是公然挑衅，所以在以色列建国的第二天就发起了巴勒斯坦战争，企图用战争方式表达他们对以色列国的否认。[①] 纳赛尔作为阿拉伯世界的民族英雄，发誓要将以色列从地图上抹去，将以色列赶出地中海等，以致摩西·达扬在其自传中记述："埃及的目的是要把我们彻底消灭，或者至少是要赢得一场决定性的军事胜利，从而使我们屈服。"[②] 不难看出，埃及自一开始就对以色列的合法性坚决拒绝承认，以致于在以色列心中，埃及成为威胁其"生存与安全"的最大力量。正因为如此，以色列在制定和实施对阿拉伯国家的政策时，总把埃及当做重点打击对象。[③] 由于以色列具有强大军事优势，所以在埃及和以色列的强制性权力关系中，以色列是处于权力高位的影响者，埃及则是被影响者。在以色列合法性认同这一问题上，以色列权力意志表现在要埃及承认其作为主权国家的合法性，承认以色列在中东地区的存在。随着埃及在战争中的一次次失败，以色列的态度日益强硬，埃及逐渐认识到：消灭以色列是不可能的。这一认识转变，导致埃及的立场发生了由拒绝承认到默认（被迫承认）的第一次变化。这意味着，埃及在以色列生存合法性这一问题的认识上，发生了基于功利计算的予以认同，达成了初步的有条件共识。

在1973年12月21日召开的讨论中东安全的国际会议——日内瓦和会上，埃及代表重申阿拉伯国家第六次首脑会议的原则，并强调本地区所有国家的政治独立和领土安全由大国或联合国予以保证。在声明中，埃及代表并未重申以色列不是该地区国家的观点。

---

① 国际关系研究所编：《巴勒斯坦问题参考资料》，世界知识出版社，1960年版，第93页。

② 摩西·达扬著：《达扬自传》，上海国际问题研究所等译，上海译文出版社，1981年版，第141页。

③ 陈建民主编：《埃及与中东》，北京大学出版社，2005年版，第192页。

为了使以色列从运河东岸“部分后撤”，以实现运河开放，增加收入，萨达特甚至公开表示，埃及可以承认中东地区各国的主权、领土完整和政治独立，这其中也包括了以色列。[①] 从权力建构主义的视角来看，埃及立场的第一次转变，是限制性规范发挥了限制作用，导致其观念发生了有条件转变，此时的与以认同仍然停留在共同知识的初级阶段（仍是基于功利计算后形成的有条件共识）。

以色列与埃及之间的权力关系结构，推动以色列的权力意志转化为埃及的应然观念[②] 和构成性规范，主要发生在萨达特执政时期的后半段。1977年4月4日，在萨达特访美期间，卡特试探萨达特最终能否在外交上承认以色列并互派大使，萨达特称：“在我有生之年，这一点办不到。”但萨达特随后又补充说，“也许能在签署协议时加上一句，如果发展顺利，埃及会在五年后在外交上承认以色列。”[③] 同年11月19日，萨达特到达耶路撒冷，踏上以色列的土地，对以色列进行了历史性的访问。[④] 其实，萨达特此次访以之举，本身就是对以色列作为主权国家的事实承认，这一事实承认是其内在观念变化的外在表现，是埃及对以色列观念的重要变化，是埃及与以色列权力意志靠近、与以色列实现观念认同的重要一步。埃及的这一观念变化，在此后长达半月之久的戴维营会谈中有所表现：埃以达成协议，只要以色列从西奈半岛上撤军，双方就建立正常的外交关系。1980年2月26日，埃以两国建立了

① 肖月著：《磨合：中东和平进程中的领袖们》，东方出版社，1999年版，第11页。

② 应然观念是一种经过充分内化后形成的“信以为真”的观念，行为体自觉认为这样的观念是“正确的”，应该遵循的。这与基于功利考虑的观念不一样。基于功利考虑的观念的存续及其发挥作用，取决于先前的利益是否继续存在。如果利益不在了，观念也就变化了。

③ 肖月著：《磨合：中东和平进程中的领袖们》，东方出版社，1999年版，第24页。

④ 彭树智：《20世纪中东史》，高等教育出版社，2001年版，第201页。

大使级外交关系，并于10月27日签订了关于在以色列撤出埃及后发展西奈旅游业以及以色列在阿拉什和亚历山大建立领事馆的协议。至此，埃及成为了阿拉伯世界第一个与以色列走向和谈之路的国家，也是第一个公开承认作为主权国家合法性并与其建立外交关系的阿拉伯国家。

如上文所述，在埃及的立场发生由拒绝承认到默认的第一次转变时，是强制性权力关系下的限制性规范所发挥的限制作用。但埃及立场的第二次转变，即由默认到正式承认这一步，则是其构成性规范的作用所致。不管是战争、冲突还是冷和平，以色列已然与埃及“相处”数十年。在以色列刚建国之际，埃及试图发起战争，表示反抗，但第一次中东战争使得阿拉伯国家痛失6700多平方公里的土地。第二次中东战争后，埃及被迫答应了以色列在蒂朗海峡至亚喀巴湾段拥有通航权的要求。“六·五战争”对埃及来说更是耻辱，军团被围困沙漠，整个西奈半岛被以色列占领。以色列就这样反复用军事实力说话，在中东站住了脚跟。对于以色列的存在，埃及不管承认不承认，其作为中东地区主权国家的一员而存在于中东，已成为事实，这是埃及在强制性权力关系结构作用下的清醒认知，与以色列的权力意志实现了一致。

强制性权力关系中限制性规范向构成性规范转变需要三个条件：持久稳固的权力关系、对被影响者服从行为的利益回报以及尽量避免被影响者与不同于影响者观点的接触。截至萨达特统治结束，埃及与以色列在中东地区已经相处30多年，这期间以色列依靠强大的军事优势始终在埃以双方的权力关系中保持影响者的地位，这一权力关系保持的足够持久且稳固。再看以色列对埃及的奖惩手段，首先我们说以色列的军事实力是其“生存与安全”

的保障，如果埃及遵从以色列的权力意志，那其可获得以色列在具体问题谈判时的立场退让，如领土归还等；如果埃及不遵从或者反抗，则会招致以色列的惩罚，这种惩罚在萨达特执政之前均以冲突和战争的形式表现。所以，在这种长期的奖惩性措施作用下，埃及慢慢意识到，如果反抗以色列会招来冲突与战争，是不符合其国家利益的，但如果遵从以色列权力意志，可以获得谈判时的话语权，甚至得到被占领的土地，非常契合埃及的国家利益。所以，埃及越来越觉得接受以色列的存在及承认其合法性是“正确的事”。如此一来，埃及就实现了对以色列国的承认，这种承认根源于埃及与以色列的观念认同。再来看最后一个条件，为了消减外部观念对被影响者埃及的影响，影响者以色列本应尽量使其不与外界的不同观念接触，但在现代国际体系中，隔绝一个主权国家与其他国际行为体的交往很难实现（除非对其进行全面占领），所以埃及作为被影响者还是会受到外界观念的影响，但其影响如何呢？在以色列合法性这一问题上的影响，是对以色列有利的，因为埃及所接触的信息，很多不是反抗有利的信息，而是反抗无利的信息，这些信息掺杂了埃及本国的亲身体会和感受，对其他口号式的信息如阿拉伯民族主义和反犹主义观念等，具有极强的证伪和挤压作用，从而对埃及的观念转变和与以认同具有促进作用。所以，埃及从自我意识上会更倾向于承认以色列，更容易与以色列实现认同。这有利于以色列构建的权力关系结构和以色列权力意志向埃及的观念和构成性规范转换。

综上，埃及在以色列的合法性问题上由最初的坚决拒绝，甚至不惜以战争形式表达其反抗，到最后正式承认以色列作为主权国家存在的合法性，不难看出其立场的明显退化，而其内在变化机制，则是在以色列与埃及之间长期存在的强制性权力关系结构作用下，在满足三个条件的前提下，以色列的权力意志逐渐地、分阶段地转化为埃及的国家观念和行为规范，并最终导致其反以立场发生了变化。这里所谓的逐渐地、分阶段转化，是指埃及先是功利性地、有条件地认同以色列的权力意志、接受以色列的约束作为限制性规范，然后经过长期内化，逐渐相信以色列的权力意志、无条件实现与以色列认同、认为以色列的权力意志理所当然。但毋庸讳言，由于各种条件不断变化和不完全满足，埃及完全内化以色列权力意志的阶段还没有完全出现，只是露出了部分迹象。

二是从战争到和谈的问题解决方式的变化。

作为“十月战争”的发起人，同时又是中东和平进程的开创者，萨达特在埃及和中东和平进程中的作用是不可否认的。一个现象是：在萨达特任期内，他主张发动了第四次中东战争，但他又是推动巴以问题走向和谈的第一人，那么萨达特在解决巴以冲突的方式选择这一问题上，究竟主和还是主战呢？权力建构主义视角下，萨达特在巴以冲突的解决方式这一问题上的看法是否发生过变化，又是怎样变化的呢？

在萨达特上台执政之前，以色列与整个阿拉伯世界暂时处于“不战不和”的状态，但这一状态导致埃及长期被高昂的军费开支拖累，国内民生凋敝、经济发展滞缓。作为一个务实的政治家，萨达特清醒地认识到，埃及不可能通过战争打败以色列的方式收复失地，只有同意以色列的生存权与合法性诉求，通过和谈实现收复失地的目的。这一认识与以色列的权力意志趋同。在萨达特出任总统后的第四个月，他在国民议会上发表讲话并表示：如果以色列军队从苏伊士运河东岸撤至山口，埃及愿意重新开放苏伊士运河，并同以色列签订和平协定。[①] 这个声明表明，萨达特在新认识的基础上，做出了处理巴以冲突问题方式的转变。然而，萨达特的这一转变没有充分有效地与以色列沟通说明，被以色列误解。以色列错误地认为，“萨达特只关心以色列的撤退而非正式和平”，断定萨达特所说的和平与以色列所想的和平不是一回事，最终导致萨达特的和平倡议“流产”。

以色列的错误反应被萨达特误解，萨达特认为以色列“拒绝和平”是由于有恃无恐，而不是真心希望与埃及和平共处。于是，为了改变“不战不和”的局面，萨达特选择打一场目标有限的战争：以战求和。以色列军事实力强大，但没有料到战争突如其来。以色列原本以为，开始主动求和的萨达特，会通过某些方式表现诚意，让以色列相信他是真心求和的而不是仅仅骗取失地，所以没有做好埃及发动战争的思想准备。结果，以色列被埃及打了个措手不及。但以色列很快从慌乱中调整过来，并最终取得了战争的胜利。然而，这场战争对以色列来说同样损失惨重。这就促使埃以双方都在考虑维持“不战不和”状态的成本与效益。最终双方都意识到，武装冲突不再是实现其政治战略目标的一种有效途径，必须找到另一种替代模式。[②] 所以1973年的这场战争，逼迫埃及和以色列在缺乏足够互信的前提下不得不选择接受和相信对方，实现对冲突解决方式的有条件的观念认同：通过和平谈判解决问题。

在这一背景下，1974年1月，经时任美国国务卿基辛格的牵线搭桥，埃及与以色列签订了第一个脱离接触协议，避免双方直接

---

① 陈建民主编:《埃及与中东》，北京大学出版社，2005年版，第17页。

② 陈天社:《埃及对外关系研究（1970—2000）》，中国社会科学出版社，2008年版，第73页。

接触而发生矛盾，该协议被看作是“在日内瓦和会模式内实现公正、持久和平的第一个步骤”，[①] 这也是埃及国家观念在承认以色列和接受和平方式方面与以色列实现初步认同的文本体现。1975年9月，在埃以第一个脱离接触协议的基础上，双方再次签订了第二个脱离接触协议，内容规定：以色列需继续后撤，交出西奈半岛的战略要地——吉迪山口和米特拉山口，并交还阿布·罗德斯油田。而埃及则承诺保证不适用武力解决争端，且允许以色列运载非军用物资的船只自由通过苏伊士运河。[②] 无疑，埃及国家观念进一步向以色列的方向倾斜，与以色列实现认同的力度进一步加大。这两个脱离接触协议的签订，使得埃及收回了部分领土，苏伊士运河地区和西奈半岛的军事对峙局面得到缓解。这说明，如果埃及在向以色列的权力意志靠拢时能够得到相应的利益回报，就会激励埃及进一步与以色列实现认同。这个作用比较明显，1977年4月，萨达特在访美期间提到美国对埃及的军事援助问题时对卡特总统说：“武器，我们是需要的，如F–15战斗机，但最好还是不搞，以免影响今年内解决中东问题。”[③] 这足以证明，萨达特接受了和平解决埃以冲突的观念，也接受了以色列以撤军作为回报的奖励，并期待着形成良性循环，以更大的和平诚意和予以认同，换取以色列的更大利益回报。

在这一背景下，1977年11月，萨达特采取了更大胆地承认和认同以色列的举动：亲自到耶路撒冷去宣示和平。尽管埃及国内有很多人对此不理解，且多数其他阿拉伯国家对此坚决反对，但是，

① 肖月著:《磨合：中东和平进程中的领袖们》，东方出版社，1999年版，第20页。

② 同上，第21页。

③ 同上，第24页。

萨达特的和平举动得到了以色列领导人的积极响应和美国的支持，以色列相信了萨达特的和平诚意和埃以在某些方面实现认同的真实性。在去耶路撒冷之前，萨达特在人民议会上说："为了让埃及士兵一个也不在战争中死伤，我准备到地球的另一端，甚至到犹太会堂去，到犹太人的老家去，宣示我们的和平愿望。"在见到以色列总理本-古里安时，萨达特特意说"我为和平而来，而不是为了战争"。萨达特在以色列议会大厅发表演讲时，更是以"让伟大的真主赐予我们所有阿拉伯人和以色列人和平"开场。[①] 如此种种，足以证明萨达特对接受和承认以色列、与以色列和平共处与和平解决彼此争端的观念的认同与支持。萨达特对耶路撒冷的访问，加深了以色列对埃及和平诚意的信任，促使以色列做出了积极回应。以色列总理贝京给予萨达特极高的外交礼遇，并提出"只要埃及总统发出邀请，他准备去开罗访问"（尽管最后贝京访问开罗并未成行，却被邀请去了萨达特的家乡——伊斯梅利亚）。

在以色列方面，1977年刚执政的总理贝京为表示相信和接受埃及的和平诚意，表现以色列的坦诚无私，将以色列情报机构获悉的利比亚计划刺杀萨达特的情报直接交给了埃方。1979年埃以两国成功签订合约之后，贝京再次受邀访问埃及。这一次，他在开罗而不是伊斯梅利亚受到了埃及政府和人民的欢迎。[②] 埃及与以色列实现认同、其与以色列达成的共识，集中体现在1978年9月进行的戴维营会谈及其成果——《戴维营协议》，即《关于实现中东和平的纲要》和《关于签订一项埃及同以色列之间的和平条

① 肖月著：《磨合：中东和平进程中的领袖们》，东方出版社，1999年版，第29—31页。
② 同上，第48页。

约的纲要》。协议规定：把联合国242号决议作为和平解决中东问题的基础，中东各国有权在安全和公认的边界内和平地生活；埃以决心达成一项公正、全面和持久解决中东冲突的办法；以色列从西奈半岛撤军，埃以关系实现正常化；蒂朗海峡和亚喀巴湾向各国开放，以色列船只有权在苏伊士运河航行等。[①] 埃及与以色列达成这一协议形式的共识后，得到的奖励也非常丰厚：以色列从其侵占的西奈半岛上完全撤军，埃及因此实现了领土完整。同时，以色列的权力意志也得以贯彻：以色列的合法性得到埃及政府的正式承认，其与埃及和平共处的愿望得以实现。从另一方面讲，埃及通过在和平共处这一方面与以色列实现认同，也减轻了埃及人民的负担，使其能够过上正常的生活。这也是萨达特总统希望看到的。因为，很多普通的埃及人早就希望结束与以色列的长期敌对关系，埃及已经为巴勒斯坦牺牲了太多的金钱、武装和人力，现在他们应该把埃及自己的利益放到第一位、不希望再有战争了。[②] 至此，不管是萨达特本人还是埃及，追求与以色列互相承认与和平相处，追求中东地区的全部持久和平，已经是其观念的重要组成部分了。而在最初，这只是以色列权力意志的一部分，不是埃及国家观念的一部分。

如上所述，战争之后，埃及对以色列合法性的认识、对解决阿以冲突的和平手段的认识，都与以色列实现了认同。从某种程度上讲，埃及作为被影响者，出于两方面的考虑接受以色列的权力意志时，就已经意味着以色列的权力意志作为埃及的约束性规

① 王绳祖主编：《国际关系史（第十卷）》，世界知识出版社，1995年版，第126—128页。

② ［美］詹森·汤普森著：《埃及史》，郭子林译，商务印书馆，2012年版，第335页。

范和行为观念被有条件地建立起来了，成为了埃及与以色列的有条件共识：共同知识。第一个方面，埃及选择和谈的政治解决方式从功利的意义上是“正确的”，所以遵从会有“好处”，至少是比时刻处于备战状态内耗要小。第二个方面，埃及认为遵从以色列的权力意志从普遍意义上看也是“正确的”，因为实现中东地区的和平对所有阿拉伯人都“有利”。

（三）埃及步步退让的领土主张。

巴以问题长期悬而未决的原因之一就在于领土问题，以色列和巴勒斯坦阿拉伯人都声称自己对这片土地拥有排他性的主权，且提出各自的理由。土地是主权国家的生存之本，巴以双方都想要尽可能地占有更多的土地。然而现实矛盾是：巴勒斯坦阿拉伯人坚决不同意放弃他们的土地，而以色列却总是试图把阿拉伯人赶出他们的土地。1947年的联合国分治方案对犹太人来说是一个契机，以色列国借此正式成立。而以色列此举迅速激化了阿以矛盾，阿以战争全面爆发。从1948年到1970年，即萨达特上台之前，阿以双方共爆发了三次大规模战争，通过这些战争，以色列占领了包括耶路撒冷在内的大片阿拉伯领土，人口与日俱增，国力日渐强盛；而巴勒斯坦阿拉伯人则失去家园，背井离乡，形成20世纪世界上规模最大、持续时间最长的难民潮。[①] 从此，领土问题成为了巴以冲突议事日程上的关键议题，包括埃及在内的全部阿拉伯国家均要求以色列归还1967年所占领的全部阿拉伯领土。具体而言，埃及在领土问题上的原初立场是，巴以冲突要想

---

① 吴传华:《中东领土与边界问题研究》，中共中央党校2009届博士学位论文，第63页。

和平解决，中东地区要想实现全面和平，一个基本条件就是以色列必须撤出1967年所占领的全部阿拉伯领土（包括被占的埃及领土和巴勒斯坦领土），并正视巴勒斯坦阿拉伯人的合法权益（这显然与作为影响者的以色列的权力意志相违背的）。然而，在以色列长期强硬的拒不归还的态度及其强大的军事优势的影响下，埃及在领土主张上的立场逐渐发生了转变。

首先来看萨达特统治下的埃及在西奈半岛上的领土主张。西奈半岛不属于以色列必须占领的领土，但是可以作为以色列与埃及进行讨价还价的砝码。所以，对于西奈半岛，萨达特没有放弃，以色列也没有坚持，最终归还了埃及。西奈半岛早在第二次中东战争期间就被以色列占领，但为了换取亚喀巴湾及蒂朗海峡的通航权，1957年以色列又将领土归还给了埃及。然而1967年，西奈半岛再次被以色列占领，直至萨达特上台执政前，西奈半岛都一直处于以色列的控制之下。为此，萨达特在提名总统候选人时就表态，其首要目的便是收复阿拉伯的全部被占领土，其中必然包括西奈半岛。而1973年的“十月战争”尽管使得埃及收复了苏伊士运河东岸的3000多平方公里的土地，但以色列却又占领了运河西岸1900多平方公里的土地。在埃及与以色列的和谈进程中，埃及一直在向以色列重申要求其归还被占领土的主张，尤其是1977年历史性的访问耶路撒冷的时候，萨达特更是直接表明，如果以色列不结束对西奈的占领，他就不接受贝京访问开罗。萨达特的此次访问和会谈是有成效的，埃及和以色列就归还西奈半岛主权的问题达成了非正式协议。但真正严肃洽谈该议题及相关细节还是在1978年的戴维营会谈期间，而集中的问题就在于西奈半岛的机场和犹太人定居点两个问题上。西奈半岛作为埃及的领土不可分割的一部分，其当然希望以色列能不附加任何条件地直接归还。然而以色列却并不希望如此，贝京声明：西奈半岛可以归还，但没有哪一位以色列领导人会同意拆除西奈的定居点。然而矛盾在于，埃方立场亦很强硬，“埃及总统和埃及人民决不允许有一个以色列的移民点和一个以色列士兵留在西奈”。[①] 萨达特深知收复西奈半岛既关乎国家主权、民族尊严，又与自己的政治生命挂钩，所以不会有丝毫妥协和退让。为此，萨达特一度想要停止谈判，离开戴维营。[②] 最终，在美国的调解下，埃以双方均作出让步，贝京表示“他本人是不会”提出拆除定居点的要求的，但这并不代表“别人不会”或者“议会不会”，所以，最后时任美国总统的卡特提议交由以色列议会表决西奈半岛的定居点问题。而萨达特也在卡特的施压下做出退让，可以不拆除定居点的建筑物且允许联合国部队驻扎在这一地区。[③] 最后西奈半岛的收复问题终于得以解决，埃以双方均在其接受范围内做出了妥协与让步，促成了戴维营会谈的最终成功。

在西奈问题的谈判上，以色列与埃及的利益主张是冲突的，以色列的意志在这一问题上并未得到埃及的服从，那么，是埃以之间的权力关系结构不存在了，还是埃及在其他问题上做出了更大的让步以弥合以色列在这一问题上对埃及的妥协呢？实际上，在以色列的权力意志中，必须要占领的领土，是除约旦河西岸和加沙地带之外的所有巴勒斯坦领土，包括耶路撒冷，西奈半岛只

① 肖月著：《磨合：中东和平进程中的领袖们》，东方出版社，1999年版，第34—39页。

② ［埃及］布特罗斯·加利著：《埃及通向耶路撒冷之路》，张晓译，上海人民出版社，1999年版，第149页。

③ 肖月著：《磨合：中东和平进程中的领袖们》，东方出版社，1999年版，第46页。

是作为讨价还价的砝码，不是必须占领的土地。所以，以色列没有坚持继续占领西奈半岛，埃及也没有接受以色列占领西奈半岛的意愿，但是，这不意味着以色列建立的对埃及的权力关系结构不存在了或者失效了。至于以色列建立的权力关系结构是否有效地推动了埃及的观念变化，我们只需要在以色列必须占领的阿拉伯领土问题上进行考察即可。

那么，埃及在以色列必须占领这些领土上的观念和立场有何变化和怎样变化的呢？深受阿拉伯民族主义思维影响的埃及，最初以解放1967年被以色列占领的全部阿拉伯土地为其职责。所以，萨达特在发言中多次强调要“收复全部阿拉伯被占领土，保障巴勒斯坦人民的基本权利”。但以色列对这一问题的态度，早在1977年9月埃及与以色列政府高级代表第一次直接接触时，以色列就已明确表示：没有议会的批准，无论哪一位以色列总理都不能在“全面撤出”这一如此关键的问题上独自做决定，同时以色列也拒绝了关于以色列应同所有与之发生武装冲突的阿拉伯国家集体缔结一项协议的要求，因为同以色列打仗的不是一个组织，而是互不相同的阿拉伯国家。以色列的权力意志表达得很清楚，埃及可以与以色列进行双边和谈，但其却无法代表整个阿拉伯世界。所以它无权代表其他拉伯国家与以色列洽谈其他国家的被占领土问题。但是，还有一个关键议题埃及不可回避，即恢复巴勒斯坦人民合法权利，确定被占领土约旦河西岸和加沙地带的地位。长期以来，以色列在这一问题上一直态度坚决，不愿表现出丝毫退让，甚至在日内瓦和会召开前，拉宾直接表态，只要有巴解组织和巴勒斯坦人参加的会议，他都一概反对。如此可知，在巴勒斯坦问题上以色列的权力意志难以改变。这对于处在权力关系低位中的埃及而言，因受限制关系的影响，一方面不得不功利性地遵从以色列的主张，另一方面作为阿拉伯世界有影响力的国家，又必须试图为巴勒斯坦阿拉伯人争取权益。两难之下，在埃及暂时没有能力突破权力关系的情况下，埃及选择了适时地在其原初立场上做出退让。1977年萨达特访美期间，在提到以色列从被占领土上撤出的问题时，萨达同意卡特的建议，表示“对1967年边界稍作变动或许能被接受”，[①] 但他对如何变动以及接受的程度有多大并未明确表态。而在1978年的戴维营会谈中，约旦河西岸和加沙的领土主权及巴勒斯坦的“自治”问题因双方存在的分歧实在过大，双方都不愿意谈，但又不得不谈。所以会谈一开始，在萨达特给出的《中东问题全面和平解决纲要》中便述及，在西岸和加沙，以色列要撤至1949年停战协议的分界线，且撤出被占领土上的全部以色列定居点，将以色列在被占领土上的军事政府的权力移交给阿拉伯人，在五年过渡期内埃及和约旦分别监督西岸和加沙的行政管理，最终建立一个同约旦“实实在在”联系在一起的国家，关于巴勒斯坦难民和外迁居民“享有返回或接受补偿的权利”。以色列不同意这一要求，以致贝京在看后直接说：“这简直是战胜国为战败国规定的求和条件。”[②] 从双方在权力关系结构中所处的地位来看，埃及提出的如此苛刻的要求显然是以色列无法接受的。而在随后的数轮谈判中，以色列依旧不退让丝毫，无奈双方最后只得搁置，于互换条约批准书生效后10个月内再就巴勒斯坦自治问题开始谈判，着手解决约旦河西岸和加沙的“自治问题”。对于

---

① 肖月著：《磨合：中东和平进程中的领袖们》，东方出版社，1999年版，第24页。

② 同上，第38页。

埃及来说，因为以色列的强硬立场不可改变，它只得作出延后谈判的决定，而这种决定本身就表明了立场的倒退。而在随后不久就启动的谈判中，双方因分歧过大最终都未能有任何进展。所以对于萨达特来说，如果能在同以色列的谈判中在巴勒斯坦自治问题上有任何新进展，他都可以对攻击他的阿拉伯人证明，他的做法毕竟是有作用的。[①] 然而遗憾的是，直到萨达特遇害之前，在约旦河西岸与加沙的领土主权及巴勒斯坦自治问题上也没有任何实际成果，而这成为了埃及被阿拉伯世界孤立的原因之一，萨达特本人更是为此付出了生命的代价。

从上述分析不难看出，在主张归还被占领土这一问题上，尤其是在约旦河西岸与加沙的领土主权及巴勒斯坦自治问题上，以色列的权力意志尤为强硬，使得作为被影响者的埃及在处理这一问题时表现出功利性和策略性让步。受权力关系结构的制约，埃及不可能改变以色列的权力意志，使之接受埃及提出的《中东问题全面和平的解决纲要》，而面对权力关系难以瓦解的现状，在已经接受了用政治手段解决巴以问题的观念的指引下，埃及选择了妥协与让步，从坚决要求以色列归还1967年占领的全部阿拉伯领土到最后放弃努力；从强烈要求保障巴勒斯坦人民的民族权利到搁置谈判；从支持巴勒斯坦实现“自治”到最后主张西岸和加沙建立一个同约旦联系在一起的国家，埃及的立场转变可谓明显。或许，在萨达特执政结束之前，埃及在主张归还被占领土问题上是受权力关系的限制作用影响，不得不服从以色列的意志，尚处

① ［美］雷蒙德·卡罗尔著:《安瓦尔·萨达特》，沙仁译，时事出版社，1985年版，第87页。

于与以色列建立起有条件共识（共同知识）阶段。但只要以色列能够长时期保持这种权力关系，一直处于权力关系的高位，而埃及又无力瓦解这种权力关系时，假以时日，埃及在领土问题上的观念可能彻底与以色列趋同并深刻内化，伴随着其在相关问题上的反以立场彻底退化。

四、结语

本章以1948年以色列建国后埃及与以色列关系的发展为基础，运用权力建构主义的理论框架分析和探讨了萨达特执政时期，以色列的强硬政策如何重构了埃及对以色列的认识进而使其在巴以问题上的立场出现退化。在权力建构主义视阈下，权力关系结构向规范转换需要具备三个条件：持久稳固的权力关系、对被影响者服从行为的利益回报以及隔离被影响者与其他不同于影响者观点的观点。在这三个条件具备的情况下，权力关系结构中影响者的权力意志存在向被影响者的观念转化的可能，权力关系结构形成的被影响者的限制性规范存在向构成性规范转换的可能。

以色列通过战争和军事力量建立起来了针对埃及的强制性权力关系。尽管以色列国的建立招致了包括埃及在内的全部阿拉伯国家的强烈反抗，但从1948年的第一次中东战争到萨达特执政前的“六·五战争”，以色列以其强大的军事力量扼杀了阿拉伯国家想消灭以色列的企图，在中东站住了脚跟。或许以战争为表现形式的强制性权力关系是暂时的，但以军事实力为后盾的武力威慑可在长期内保证强制性权力关系的有效存在。由此可知，埃及与以色列之间的强制性权力关系是存在的，至少在萨达特时期是这样的。尽管1973年的“十月战争”是埃及试图瓦解这种权力关系的尝试，但结果是失败了。所以，一个既成事实是，埃及与以色列之间确实存在持久稳固的权力关系，且以色列长期处于权力关系高位，是影响者，而埃及则是被影响者。长期以来，以色列强硬的权力意志极少变更，由于权力关系结构单向作用的特性，埃及只能是服从或者配合以色列的政策主张，而以色列却给予了埃及形式多样的利益回报，比如埃及以最小的代价最大程度地收复了西奈半岛；以色列告知所其获悉的与埃及有关的情报；在具体问题上以色列也会考虑适当的让步等。这些利益回报对于埃及而言即是“甜头”。简言之即是，如果埃及服从以色列，则其可获得利益回报，再不济也就是未能获得利益，但至少也可免于与以色列的冲突和战争。长此以往，当埃及愈渐意识到遵从以色列的权力意志不仅无害于国家，反而对其国家利益有利时，埃及的服从行为也就慢慢从被动转化为主动了。由此不难看出，以色列的权力意志向埃及的观念认同转换已经具备前两个条件，而第三个条件考虑的是排除外界不同于以色列的观点对埃及的干扰。之所以要排除干扰，是因为这些不同观念会给埃及释放信号：即其存在瓦解现有权力关系或者违背以色列权力意志的可能，从而激励埃及采取不利于以色列的行动。但在萨达特执政时期的埃及，其所感知的外部环境是埃及自己和苏联关系的不断恶化，而以色列却有着美国的全力支持。这样的环境释放给埃及的信号是，其根本无力与美国和以色列抗衡，瓦解现有权力关系，这样就强化了埃及服从以色列权力意志的信念。

综上，埃及与以色列长期存在的权力关系，具备了以色列的权力意志向埃及的观念转化和权力关系结构向埃及的限制性规范转化的大部分条件，促使埃及对以色列的认识及其在巴以问题上的立场逐渐变化。随着权力关系结构的持续存在和发挥作用，部分限制性规范甚至开始内化，转化成了埃及的构成性规范，例如，埃及甚至其他阿拉伯国家承认以色列与其和平共处是完全适当的。在以色列的合法性问题上，埃及经历了从最初的坚决拒绝到默认，直至最后正式承认的过程，埃及已然接受了以色列存在的既成事实。而在巴以冲突解决方式的选择这一问题上，埃及作为第一个与以色列走向和谈的国家，其冲突解决方式经历了由战转和的明显变化，积极促成与以色列的和谈本就是萨达特领导下的埃及所倡议的，所以当“十月战争”后埃及同意与以色列进行和谈，本身就意味着埃及已经彻底接受以色列—埃及权力关系结构所施加的规范，甚至转变成其观念认同的一部分了。在被占领土收复主张的问题上，以色列强硬的权力意志使得埃及的立场变化更为明显，从坚决要求以色列归还1967年占领的全部阿拉伯领土到最后只有西奈半岛实现收复；从强烈要求保障巴勒斯坦人民的民族权利到搁置谈判；从支持巴勒斯坦实现“自治”到最后主张西岸和加沙能建立一个同约旦联系在一起的国家，埃及在各个具体问题领域的立场不断倒退，意味着埃及的观念逐渐与以色列实现认同，从一开始的有条件认同，逐渐发展为在有些方面无条件认同，预示着埃及逐渐内化了以色列的部分权力意志、转化为埃及观念的一部分。这也说明了，埃及的有些限制性规范已经开始向构成性规范转化了。

第7章

以色列强制性权力与约旦反以立场弱化关系

一、以色列与约旦关系引论

中东地区位于“两洋三洲五海”之地，联系亚、欧、非三大洲，沟通大西洋和印度洋，加上丰富的石油资源，战略位置极其重要，自古以来就是兵家必争之地，动荡不安。1948年5月14日，以色列宣告成立。阿拉伯国家不承认以色列国，于次日集体发动旨在消灭以色列的战争，第一次中东战争（亦称巴勒斯坦战争）爆发。从此，巴勒斯坦问题成为中东地区最突出的矛盾，至今也没能得到完全解决。

为了中东地区的和平，各国学术界都积极进行有关巴勒斯坦问题的理论研究，文章和著作成果已经很多，有研究阿以问题由来的，有研究阿以问题发展历程的，也有专门研究阿以和平进程的。虽然巴以矛盾依然尖锐，中东地区扔持续动荡不安，但学术界关于阿拉伯世界和以色列之间的关系仍有很多重要研究成果，被普遍接受的观点之一就是：即使大多数阿拉伯国家仍然高举阿拉伯民族主义大旗，对以色列并未达到完全认同和妥协，但是随着以色列的实力发展和政策推进，阿拉伯国家的立场有明显地后退，尤其是在阿以矛盾最为尖锐的巴以问题上。而在阿拉伯国家中，最早与以色列接触、试图通过谈判来解决巴勒斯坦问题的是约旦。

然而，通过阅读文献我们可以发现，就巴以问题来说，目前学术界研究成果大多基于理性主义的因果逻辑分析，而建构主义的构成逻辑分析则很少。本章拟从建构主义的构成逻辑出发，在权力建构主义的视角下，剖析约旦在面对以色列不断增强的实力和强硬的对阿拉伯政策时，是如何转变本国在巴以问题上的观念和政策的，即以色列的强制性权力关系结构如何一步步重构了约旦的观念结构，使其在巴勒斯坦问题上逐渐跟以色列的要求靠近，立场逐渐退步。我们相信，这样一个新的研究视角对于巴勒斯坦问题以及整个国际关系理论的研究都是非常有意义的。

目前国内外有关巴以问题的研究成果不少。就国内来说，相关著作有很多，例如：《阿拉伯世界与巴勒斯坦问题》《阿拉伯国家与巴勒斯坦问题：理想与自我利益之间》《约旦与巴勒斯坦问题——伊斯兰与左翼力量在外交决策中的作用》《约旦人的耶路撒冷圣地与民族空间》《约旦国王侯赛因》《中东国家通史：约旦卷》《中东和谈史：1913—1995》《第二次世界大战后中东战争史》《中东问题100年》等。而相关论文则更多，例如：《约旦为何断绝与约旦河西岸的法律和行政关系》《试析阿拉伯民族主义的演变》《巴勒斯坦问题的由来与中东和平进程》《阿拉伯民族主义与巴勒斯坦问题》《巴以和平进程的历史回顾与思考》《约旦对巴勒斯坦问题的政策及影响》《约旦黑九月事件对阿以冲突的影响》《阿卜杜拉国王与巴勒斯坦》《失去王国一半：约旦中断与西岸联系》《约以水冲突的谈判方案》《身处巴以和伊拉克之间——约旦的生存之道》等。

而国外关于该问题的著作也不少，其中与本章研究内容比较贴近的主要有：萨米·哈章（Sami Al-Khazendar）的*Jordan and the Palestinian Question*，克林顿·贝雷（Clinton Bailey）的*Jordan's Palestinian Challenge, 1948–1983 A Political History*，里亚德·纳赛尔（Riad M. Nasser）的*Palestinian Identity in Jordan and Israel*，侯赛因·奥马尔·托加（Hussein Omar Toga）的*The National Security Administration of The Hashemite Kingdom of Jordan*，以及亚当·加芬克（Adam Garfinkle）的*The National Security Administration of The Hashemite Kingdom of Jordan*，等等。

这些著作和文章中也有重点研究约旦哈希姆王国在巴以问题上的立场变化的。具有代表性的主要有：《约旦与巴勒斯坦问题——伊斯兰与左翼力量在外交决策中的作用》《约旦国王侯赛因》《约旦为何断绝与约旦河西岸的法律和行政关系》《约旦黑九月事件对阿以冲突的影响》《阿卜杜拉国王与巴勒斯坦》《失去王国一半：约旦中断与西岸联系》《身处巴以和伊拉克之间——约旦的生存之道》以及《约旦对巴勒斯坦问题的政策及影响》。这些著作和文章都很清晰地分析了约旦哈希姆王国对巴勒斯坦问题的立场变化和具体政策。

但通过阅读我们可以发现，不论是对约旦和巴以问题进行政策研究还是理论研究，这些研究和分析大多都是基于因果逻辑分析。如：在《约旦与巴勒斯坦问题——伊斯兰与左翼力量在外交决策中的作用》中，约旦在巴以问题上立场转变的因变量是国内宗教和政治力量，研究的是约旦国家的宗教和政治体制如何直接影响了约旦的对外政策，尤其是在巴勒斯坦问题上的政策；在《阿卜杜拉国王与巴勒斯坦》以及《约旦国王侯赛因》中，作者都是以约旦国家的国王个人为因变量，研究的是阿卜杜拉和侯赛因个人思想的变化如何直接影响了约旦的巴勒斯坦政策；在《约旦黑九月事件对阿以冲突的影响》一文中，则是以具体历史事件为因变量，通过分析约旦黑九月事件的直接影响，即约巴关系退化从而使约旦在巴勒斯坦问题上立场退步；在《约旦对巴勒斯坦问题的政策及影响》中，作者以约旦的“哈希姆情结”和约巴民族主义的矛盾为因变量，分析这些变量如何影响了约旦的巴勒斯坦政策。而国外的著作中关于巴以问题的研究也都是基于因果逻辑。在*Jordan and the Palestinian Question*这本著作中，作者萨米·哈章主要从约旦政治体制、约旦穆斯林兄弟会以及约旦国王个人影响力等为因变量，分析了这些变量是如何直接影响了约旦的巴勒斯坦政策；在*Jordan's Palestinian Challenge，1948–1983 A Political History*这本著作中，作者克林顿·贝雷依旧从因果逻辑出发，以时间为线索，选取各个时间段的重大事件，如“六·五战争”、黑九月事件等为因变量，逐步分析在相关事件的直接影响下，约旦如何在巴勒斯坦问题上立场不断退步。

所以，正如前文所说，在巴以问题上，因果逻辑分析的成果很多，但建构主义的构成逻辑分析非常少见。这一研究现状为我们进行权力建构主义的分析预留了空间。

二、理论视角下的约旦、以色列和巴勒斯坦

约旦全称约旦哈希姆王国，素有中东桥头堡之称，分别与叙利亚、伊拉克、沙特阿拉伯、以色列和巴勒斯坦接壤。1921年，英国决定以约旦河为界把巴勒斯坦地区划分为两个部分：约旦河以西地区仍称巴勒斯坦，包括今天的巴勒斯坦和以色列，约旦河以东地区改称为外约旦，即今天的约旦哈希姆王国的前身。1946年，英国承认外约旦独立，约旦哈希姆王国成为独立主权国家。

所以，约旦与巴勒斯坦本来是一家人，在英国委任统治巴勒斯坦后被分为两地。同时，由于约旦国内有大量的巴勒斯坦人，导致巴勒斯坦问题与约旦息息相关，约旦对巴勒斯坦问题的动向非常敏感，巴勒斯坦的任何风吹草动都会在约旦国内引起波澜。正如前美国国务院官员米勒所指出的："在理想与自我利益的界线上，没有一处比约旦卷入巴勒斯坦事务的历史更微妙。"所以，在巴勒斯坦问题上，约旦立场的转变并不是易事，更不是偶然事件。

同时，作为以色列在阿拉伯世界少有的"朋友"，约旦一直以来在以色列的外交中居于十分重要的地位，也一直是以色列沟通埃及、叙利亚和其他阿拉伯世界的主要通道。

但是，约旦与以色列的"友谊"更多是源于以色列强硬政策下的一种无奈。毕竟作为与巴勒斯坦问题切身利益相关的约旦，几十年来在以色列强硬政策下表现出的退让是相当明显的。约旦与以色列接壤，和以色列的边界线是阿拉伯国家中最长的，时刻受以色列觊觎和威胁，也是历次中东战争中除巴勒斯坦外受损失最大的国家。面对立场强硬的以色列，在很多方面尤其是军事上

处于相对衰弱地位的约旦，无力挑战以色列强大的实力。面对“灭不了”的以色列，约旦只能向其靠近。

表 7–1　以色列与约旦防务经费及军队比较（1）

COMPARISONS OF DEFENCE EXPENDITURE AND MILITARY MANPOWER 1979–1984 Defense Expenditure															
	$ million			$ per capital			% of government spending			% of GDP/GN		Numbers in armed forces			Est. reservists
Country	1979	1981	1982	1979	1981	1982	1979	1981	1982	1979	1982	1979	1983	1984	1984
Israel	4157.0	5661.0	6879.0	1192.0	1433.0	1711.0	33.0	38.9	44.6	29.8	35.7	165600	172000	141000	328000
Jordan	440.0	490.0	462.0	141.0	146.0	132.0	25.7	24.6	24.8	17.2	12.1	67200	72800	76300	35000

表 7–2　以色列与约旦防务经费及军队比较（2）

COMPARISONS OF DEFENCE EXPENDITURE AND MILITARY MANPOWER 1985-1988 Defense Expenditure													
	$ million			$ per capital			% of government spending			% of GDP/GN		Numbers in armed forces	Est. reservists
Country	1985	1987	1988	1985	1987	1988	1985	1987	1988	1985	1987	1988	1988
Israel	5052.0	3898.0	3666.0	1194.0	892.0	821.0	30.1	20.8	18.2	21.8	14.8	141000.0	504000.0
Jordan	523.0	703.0	631.0	149.0	185.0	161.0	29.1	27.0	23.8	12.8	16.4	82000	35000

（一）以色列—约旦强制性权力关系

这里，我们将从以色列与约旦之间强制性权力关系建构最突出的几点表现（五次中东战争、占领西岸政策、难民政策、对巴勒斯坦直接政策）着手，具体分析在巴勒斯坦问题上，以色列建立的强制性权力关系结构是否符合权力建构主义发挥作用的条件，然后在权力建构主义具体作用机制框架下回顾约旦在巴勒斯坦问题上对以色列的立场后退。

首先看五次中东战争如何建立了以色列针对约旦的强制性权力关系。

1948年5月14日，以色列宣告成立。联合国分治决议和以色列建国使阿以矛盾迅速激化，导致阿以全面冲突并爆发战争，巴勒斯坦问题也成为中东问题的核心。从1948年到1982年，阿以之间共爆发了五次大规模战争。约旦作为阿拉伯阵线的重要国家，或作为主力，或出兵支持，几乎参与了全部五次中东战争。所以，在我们研究的1948—1988这40年里，五次中东战争几乎可以看作约以关系的主线。而贯穿这条主线的，是以色列与约旦之间借之形成的强制性权力关系结构。

1948年5月15日，第一次中东战争（巴勒斯坦战争）爆发，外约旦国王阿卜杜拉出任阿拉伯军队总司令。在这次战争中，外约旦出兵7500人，仅次于伊拉克。战争初期，以外约旦为领导的阿拉伯军队在人数、武器以及士气上都占优势，而且还得到英国暗中的支持，以色列基本处于被包围的状态。约旦军队占领了耶路撒冷圣城的大部分地区。但是在美国的操纵下，联合国先后两次通过了阿以停火议案。停火期间美国和苏联全力援助以色列，经过喘息和补充，以色列武器装备超过阿拉伯军队。10月15日，以色列打破停火协议，向阿拉伯军队发起进攻。这次以军在战场上取得了全面的、压倒性的胜利。以约旦为代表的阿拉伯国家只能在1949年先后与以色列签署“城下之盟”。[①] 就第一次中东战争来看，总体而言，除了极短时期的例外，随着战争的继续，以色列方面拥有更多的士兵和军事优势。和对手相比，以色列军队机

① 晓盼:《回眸五次中东战争》，载《国际展望》2001年第1期，第13—17页。

动性更强、组织性更高，有受过西方训练的预备队和自己培养的有经验的军官，拥有高效的指挥、控制和战斗中心系统，在相对较小的地区迅速有效地实施行动，而远离国土作战的埃及和伊拉克等阿拉伯军队主力都不具备这些条件。[①] 与后来相比，这一时期以色列更多的是在美国的支持下，初步建立起对阿拉伯国家的军事压制和强制性权力关系。

1956年10月，第二次中东战争（亦称苏伊士运河战争）爆发。就此次战争的发动者以色列来说，这次战争更是其强硬政策和对阿拉伯国家施加强制性影响的结果。1948年战争结束后，以约旦为代表的阿拉伯国家向以色列传达了一种和平与战争之间的模糊信息，而以色列总理本–古里安对阿拉伯国家的和平意图怀有深刻的不信任，以色列人坚信阿拉伯国家从心底不愿意看到以色列国家的生存和发展，所谓的和平建议不过是发动下一次进攻的烟幕弹。所以，尽管战争一结束，许多阿拉伯国家领导人就开始热衷于联合国发起的和平进程，但本–古拉却毫无兴趣，以色列辩称联合国把重点放在了难民问题上，完全违背以色列的难民政策。结果，以本–古里安为首的以色列强硬鹰派将以夏利特等为代表的温和的鸽派政治家边缘化，启动了对阿拉伯邻国的进攻政策。[②] 第二次中东战争仅进行了大半个月，就以以色列的胜利而告终。这次战争造成的一个明显结果就是，军队前所未有地融入到了以色列人的生活，对以色列国家的民族性格以及军事发展都产生了重大影响。以色列人从孩童时代就开始接受思想灌输。周

① ［以］佩普：《现代巴勒斯坦史》，王健等译，上海人民出版社，2010年版，第119页。

② 同上。

围阿拉伯世界对他们的敌视在公共舞台、电台和报纸上随处可见，这不仅使他们坚信自己的事业是正义的，也更让他们确信除此之外别无选择。[①] 这意味着，以色列以军事强制为主的对阿拉伯国家和约旦王国的政策进一步强化，并呈现以色列举国对阿拉伯国家施压的整体化倾向。

第三次中东战争，亦称“六·五战争”，以色列称之为“六日战争”。1967年6月5日，以色列按照预定的计划，几乎倾巢出动，向埃及先发起攻击，开辟第一战场。同时，在约旦河西岸地区和叙利亚的戈兰高地开辟第二和第三战线。联合国安理会于6月10日通过停火协议，但以色列继续进攻，最终战争于13日才停止。第三次中东战争共进行了6天，以色列以寡敌众，获得了难以置信的胜利。通过这次战争，以色列占领了加沙地带和埃及的西奈半岛、西岸地区、耶路撒冷圣城和叙利亚的戈兰高地，总面积超过8万多平方公里，是战前土地的4倍多，并缴获了大量完好无损的装备。经过这次战争，以色列成为中东最强的军事大国，建立起对阿拉伯国家和约旦王国的绝对军事优势和强大军事压制，[②] 双方之间的强制性权力关系结构进一步得到强化和巩固。

值得注意的是，约旦河西岸战场的战斗在情感上的价值远远大于军事价值，作战的主要目标是耶路撒冷圣城。最终，耶路撒冷再次回归到以色列人手中。对以色列人来说，这或许是第三次中东战争中意义最重大的一件事。圣城的回归更凝聚了以色列民族主义，使得国家的立场和政策强硬进一步固化。

① [以]佩普:《现代巴勒斯坦史》，王健等译，上海人民出版社，2010年版，第123页。
② 同上，第130页。

第四次中东战争，亦称“十月战争”。1973年10月，埃及和叙利亚为收复失地决定向以色列开战。随后约旦、伊拉克等众多阿拉伯国家均出兵参战。最终，这次战争打破了以色列不可战胜的神话，阿拉伯国家终于以暂时的和有限的胜利使以色列被迫相信阿拉伯国家的有些和平建议是可信的，愿意通过谈判而不是一味通过战争解决自己的生存问题。[①] 但是，愿意谈判也不代表以色列放弃了强硬政策，在之后的数十年谈判之路上，以色列继续以自己的强大军事优势和军事压制为后盾，坚持自己的权力意志不让步，并推动阿拉伯国家和约旦王国步步退让。

第五次中东战争，亦称“黎巴嫩战争”。1982年6月6日，为了达到扼杀巴勒斯坦解放组织及其有生力量、摧毁叙利亚的导弹基地、把黎巴嫩纳入自己的势力范围等目的，以色列借口巴解组织派人刺伤其驻英大使，大举入侵黎巴嫩。[②] 通过这次战争，巴解组织的根据地被摧毁，黎巴嫩境内建立的多处针对以色列的军事据点被拔除。此战以后，尽管阿拉伯国家对以色列的不满进一步升级，但是，以色列对阿拉伯国家（包括约旦王国）的军事威慑和压制进一步强化，双方之间的强制性权力关系结构进一步巩固。

回顾五次中东战争，以色列几乎取得了每一次胜利，通过这些胜利，以色列一步一步地强化了其对阿拉伯国家和约旦王国的军事压制，巩固了以色列对约旦的强制性权力关系影响。

其次是作为以色列权力意志之一的以色列西岸政策。

西岸即约旦河西岸地区，西岸本是巴勒斯坦的一部分，其主

---

① 于江欣:《兵戈相向——五次中东战争始末》，载《军事历史》2006年第9期，第20—29页。

② 同上。

要城市有耶路撒冷、杰宁、那布鲁斯、伯利恒和哈利勒等，人口约有70万，面积近5300平方公里。1950年，约旦把委托它管理的巴勒斯坦土地正式并入自己的版图。从此以后，这块巴勒斯坦土地就逐渐有了西岸地区的名称。

以色列从建国之日起就对约旦河西岸地区虎视眈眈，一个重要原因是：约旦河西岸距离特拉维夫、耶路撒冷和海法很近，从约旦河西岸至以色列西海岸最狭窄处不过15公里。在以色列看来，1967年“六·五战争”以前，西岸是以色列防务上的软肋，如果将边界推进到易于防守的约旦河谷，使西岸同以色列本土连成一片，以色列不仅可以防御它的近邻，而且可以防御从波斯湾到印度洋的整个广大的东部地区。[①] 从20世纪50年代开始，以色列就一直在制定占领约旦河西岸的计划。终于，在1967年以色列实现了这一目标。在1967年第三次中东战争中，以色列占领约旦河西岸，并不断在此地建立犹太定居点，推行以色列法律，试图永久占领这一地区。以色列通过强制手段加强对西岸统治的做法主要表现为两个方面：

一是在约旦河西岸大量移民和兴建犹太人定居点。为了强化在约旦河西岸的存在，造成既成事实，以色列政府迫不及待地向广大被占领土地殖民，使犹太人在西岸的存在既成事实。沙龙曾说“只要建立了定居点，这个地区就不能建立巴勒斯坦国了。为此以色列不顾国际舆论的强烈谴责和阿拉伯人的坚决反对，在西岸强行推行移民计划，坚持犹太定居点政策。同时采取各种手

---

① 余崇健:《从对西岸的兼并政策看以色列的扩张主义》，载《西亚非洲》1984年第5期，第47—54页。

段，强行落实犹太人定居计划。从1967年战争结束到1977年工党政府时期，以色列在西岸共建立了40个犹太人定居点，定居居民达5023人。1977年，以色列政局发生变化，利库德集团首次上台执政。利库德集团属于以色列右翼势力，在定居点、被占领土等问题上持更加强硬的立场。从1978年到1988年初，西岸有定居点107个，定居民6.7万人。①

二是在约旦河西岸实行严厉的统治。为了维持对西岸的控制，以色列一直对西岸的巴勒斯坦人都采取严厉的管制和镇压。以色列主要采取以下措施来控制西岸巴勒斯坦人，维持西岸的社会秩序：

执行驱逐政策。多年来，以色列领导人常常用“开明的占领”来评价以色列对西岸的统治。但是，当西岸59万巴勒斯坦人落入以色列统治，严酷的占领就毫无开明可言。② 以色列虽然对得到整个西岸地区感到无比开心，但对于要吸收并管理如此众多的巴勒斯坦人并不觉得轻松，甚至是不安。于是，西岸的巴勒斯坦人遭受的第一个灾难就是以色列的驱逐政策。以色列从1967年6月17日就开始实施驱逐政策，在最初的时候这种政策还没有显得那么残酷，比如以色列有时付钱让他们离开，当然代价就是他们要签署文件保证放弃返回家园。但随着以色列在西岸存在的强化，驱逐政策也逐渐强硬起来。并且，以色列非常注重将一些他们视为危险的人物驱逐出去。被驱赶出去的人物或许从来没做过任何违法的事，只是因为他们是社会上或者巴勒斯坦人群中有影响力的人或者对以色列的占领有不满情绪。一直以来，在驱逐巴勒斯坦

① 潘芳:《浅析西岸和加沙犹太人定居》，载《西北大学》2004年第1期，第3页。

② ［以］佩普:《现代巴勒斯坦史》，王健等译，上海人民出版社，2010年版，第168页。

人方面，以色列坚信“多一个阿拉伯人就多一分危险，少一个阿拉伯人就多一分安全”的理念。

进行逮捕和监禁。西岸地区从被占领开始，就被以色列政府宣布为“被监管领土”，受以色列的军事管制。根据以色列军政府颁布的78和80号文件，以色列士兵无需搜查证和逮捕证就可以搜查和逮捕西岸的阿拉伯人。[①] 西岸公民在被逮捕时，不但不需要法院批准和起诉，而且可以无限期延长监禁期，这使得西岸的巴勒斯坦人几乎没有自由可言，更没有任何的渠道来维护他们的合法权利。据统计，西岸有20多万人进过以色列的监狱，这大约占了西岸人口的20%。[②]

拆毁住宅和进行宵禁。拆毁房屋是以色列常用的强制手段。在西岸，只要以色列人指控某巴勒斯坦人，那么这个人就会受到惩罚，关键是事实还未弄清楚以前其住宅就会被拆毁。甚至，如果某栋房屋里有石头向犹太人抛出，这栋房屋就会被拆除。同时，自占领后，以色列就对西岸实施宵禁政策。虽然随着以色列慢慢完成对西岸土地和人员的完全控制，宵禁逐渐被取消。但作为一种大规模的惩罚手段，宵禁一直是以色列在西岸地区惯用的政策。这样的惩罚措施遍及西岸的各地包括难民营。

强占土地。以色列的犹太人定居点计划一般是建立在无人居住的土地上。但是，如果土地上已经有巴勒斯坦人居住，以色列也不一定放弃这一片土地。以色列有时候会直接用暴力手段将当地的巴勒斯坦人赶走。

① 张艳明：《以色列在巴勒斯坦被占领土上的政策与实践研究》，载《西北大学》2005年第1期，第5页。

② 同上。

再次是作为以色列权力意志之二的耶路撒冷政策。

耶路撒冷是中东地区一座有着三千多年历史的古城，位于约旦河西岸地区，面积627平方公里，是犹太教、基督教、伊斯兰教三大宗教的共同圣地，所以不论对犹太人还是阿拉伯人，这片土地的重要性和意义都远远超出了一座城市。在以色列建国以前，耶路撒冷是英属巴勒斯坦托管地（包括今天的以色列和约旦）的首府。之后按照联合国181号分治决议，耶路撒冷为国际共管都市。但1948年第一次中东战争结束后，耶路撒冷被以色列和约旦分割，约旦占领了耶路撒冷东部，西耶路撒冷则成了以色列的首都。到1967年第三次中东战争时，以色列占领了全部耶路撒冷城。1967年第三次中东战争和1973年第四次中东战争后，联合国安理会分别通过了242号决议和338号决议，要求以色列撤出包括耶路撒冷在内的“被占领土”，但以色列予以拒绝。1980年，以色列宣布耶路撒冷为其首都，这种做法受到了阿拉伯国家及国际社会的谴责，联合国也数次通过决议否认以色列对耶路撒冷的占领，并要求其从所有被占领土上撤走。

但是，一直以来，以色列对耶路撒冷的强硬立场从未改变，耶路撒冷不仅是犹太人在占领土地上定居的第一个“试点计划”所在地，也是以色列驱逐政策的起点。前文说过，第三次中东战争以色列开辟约旦西岸战场作战的主要目标就是耶路撒冷圣城。某种程度上，圣城的回归对以色列人来说是第三次中东战争中意义最重大的一件事。所以在耶路撒冷问题上，以色列一直坚持着强硬政策绝不退让。从建国至今，以色列对耶路撒冷问题的政策不断调整，大概经过了这几个阶段：承认国际化、宣布占领的西耶路撒冷为首都、武力夺取东耶路撒冷、宣布整个耶路撒冷是其不可分割的首都、通过不断建立定居点等措施蚕食东耶路撒冷。另外，只要巴勒斯坦对耶路撒冷有什么举动，以色列必定予以干预。[①] 而这种强硬的立场大多时候也让阿拉伯世界包括巴勒斯坦无可奈何，毕竟以色列占据双方权力关系的绝对优势地位。

最后是作为以色列权力意志之三的难民政策。

阿以冲突的一个直接后果就是难民问题。难民问题是巴勒斯坦问题的三个核心问题之一，在前面已经分析了以色列在另外两个核心问题即耶路撒冷问题和领土问题上的强硬政策。总的来看，难民问题迟迟得不到公正的解决，主要还是因为以色列在这个问题上的强硬立场。阿拉伯国家要求以联合国242号决议为基础，公正解决难民问题。从建国开始，驱逐巴勒斯坦人就作为以色列的既定政策一直延续下来。因为以色列一直把被他们驱逐出去的巴勒斯坦人称为“阿拉伯难民”，既然同是阿拉伯人，那么难民就不该由以色列来负担，而应该由周围的阿拉伯国家收容。

难民问题一直作为阿以矛盾的焦点长期困扰着国际社会，仅从第一次中东战争到1949年6月，就约有100万巴勒斯坦人背井离乡，流落为难民，而以色列的阿拉伯人口直接下降到7万。[②] 为此，联合国也不断进行努力，试图说服以色列同意难民返回家园。联合国把“难民”定义为“由于发生在巴勒斯坦的战争失去了家园和谋生手段的穷人及其直系后代”，[③] 试图以此促使以色列

① 阮园园：《中东和谈中的耶路撒冷问题：症结与前景》，载《华东师范大学学报》2009年第1期，第2页。

② ［以］佩普：《现代巴勒斯坦史》，王健等译，上海人民出版社，2010年版，第122页。

③ 赵克仁：《以色列对巴难民问题政策探析》，载《国际论坛》，2001年第3期，第54—61页。

接受这些难民。1948年9月，负责调解难民问题的联合国巴勒斯坦问题专员福尔克·贝纳多特（Forke Bernadotte）伯爵被犹太极端主义分子暗杀，但他的提议被协调委员会采纳，并成为1949年4月在洛桑召开的和平会议的主要指导方针。借着和平会议的契机，以色列成功成为联合国成员国。既成为联合国成员国，以色列对于这个不合自己心意的解决方案直接采取了强硬的官方立场，最终这次会议对于难民问题没有得到结果。正当1948 年战争造成的难民问题迟迟得不到解决的时候。1967年6月以色列与阿拉伯国家之间又爆发"六·五战争"。"六·五"战争又造成了大量难民。据约旦政府1968年的估计，这次战争期间仅从西岸和加沙产生的难民人数就超过40万。

针对这种情况，联合国陆续通过第2252号、第194号和第242号等相关决议，要求以色列允许难民无条件返回家园。但以色列力图在相关决议的条文上进行文字游戏和狡辩。1966年，以色列驻联合国代表坚持说：联合国"第194（Ⅲ）号决议第11节第二部分指令和解委员会设法促使难民的遣返、重新定居和在经济上、社会上的恢复，并使他们获得赔偿"。"第11节中既然包括'重新定居和在经济上、社会上的恢复'这样的话，那就表明了它是一种有可能实行的解决办法的轮廓"。以色列的这种论点会使人迷惑或产生误解。[①] 以色列还以自己独立的国家主权为由拒不执行决议。据巴勒斯坦方面统计，以色列曾经110余次正式拒绝执行联合国194号决议。

以色列对难民问题一直保持着警惕，为了避免国际社会坚持

① 赵克仁:《以色列对巴难民问题政策探析》，载《国际论坛》2001年第3期，第54—61页。

履行联合国第194号决议中对难民的承诺（无条件遣送回国）。以色列从1948年8月开始实行反遣返政策。首先，以色列通过立法来为反遣返政策提供基础，1950年以色列决定开始立法允许以色列政府对巴勒斯坦人财产进行征收，并且用于以色列的公共事务。到1953年，以色列军队更是得到授权，他们可以随意使用巴勒斯坦人的村庄和土地。以色列的立法活动以保障国家安全为名，为不断缩减巴勒斯坦人的行为提供了宪法基础。这导致犹太人彻底摧毁或者完全接管乡村或城市街区所有废弃的巴勒斯坦房屋和住所。事实上，一旦联合国和国际社会对促进难民遣返回国的事失去兴趣，以色列政府就能继续接管更多村庄而且不会受到国际舆论的制约。

对于以色列的难民政策，巴勒斯坦问题专家亨利·卡坦（Henry Cattan）曾经一针见血地指出："阿以冲突的根源，特别是难民问题的根源，就在于犹太复国主义者要建立犹太国家这样一种概念，即建立一个不掺杂非犹太人的犹太国家，乃是把巴勒斯坦人赶出他们自己家园的原因，也是以色列拒绝让这些巴勒斯坦人返回家园的真正原因。"[①]

这就是一直以来以色列在巴勒斯坦问题最核心的三个问题上的表现，毫无疑问，强制政策贯穿其中。以色列坚持认为自己的做法是合理的，因为在他们刚刚建国的时候，阿拉伯国家就对以色列群起而攻之，不论是在生活上还是情感上，都极大地伤害了犹太人。所以在他们看来，巴以之间的冲突是由阿拉伯人挑起来的，以色列不管怎样做都只能算是反击，错不在以色列而在阿拉伯世界。在这样一种思想指导下，从建国开始，以色列就在不断

① 赵克仁:《以色列对巴难民问题政策探析》，载《国际论坛》2001年第3期，第54—61页。

增强国家实力的同时，坚持强硬的对阿（约旦）政策，尤其是在巴勒斯坦问题上，这样的强硬政策也对众多阿拉伯国家（约旦）产生了深刻的影响。

下面我们就从约旦哈希姆王国出发，讨论以色列对约旦的强制性权力关系和强制政策是否符合权力建构主义发挥作用的条件和机制，并且通过回顾1948—1988年以色列在巴勒斯坦问题上立场的变化，最终证明在巴勒斯坦问题上，约以关系满足权力建构主义研究的条件。

（二）约以之间权力建构作用的条件分析

1948年5月14日，以色列宣布建国。第二天凌晨一点，美国总统杜鲁门宣布美国“事实上”承认这一新国家。两天后苏联也宣布承认以色列，并给予“权利上”承认，接下来各国纷纷宣布承认以色列。似乎没有人考虑或凝思这一行动对巴勒斯坦人口中的多数，即巴勒斯坦阿拉伯人的命运意味着什么。[①] 从此以后，中东这片本来矛盾就很复杂的土地又多了一个热点——巴以冲突问题。在本章的前一部分，我们已经围绕五次中东战争和巴以问题三个核心矛盾，梳理了一直以来以色列的强制政策或者说以色列对约旦的强制性权力关系，接下来我们将同样以中东战争和三个核心矛盾为基本线索，探讨以色列对约旦的强制性权力是否满足权力关系结构向约旦的观念和规范转化的条件。

首先是条件一：权力关系要在足够长时间内不被打破。

前面在确定本章研究时间段部分我们说过，以色列对约旦的

① ［以］佩普：《现代巴勒斯坦史》，王健等译，上海人民出版社，2010年版，第106页。

权力关系影响，是从1948年联合国关于巴以分治的第181（二）号决议承认以色列建国、完成权力关系中影响者的确立，到第一次中东战争结束、以色列获得胜利，初步建立以色列对约旦的权力关系结构。但其实很少有人注意到，在巴以分治决议形成之前，这种不平衡的权力关系就有了雏形，或者说有了必然性。

巴勒斯坦问题是联合国成立以来要处理的第一起严重的地区冲突事件，所以如此重要的分治决议不可能是突然达成的。从1947年开始，联合国就成立了巴勒斯坦问题特别委员会（UNSCOP）来决定巴勒斯坦的命运，该委员会用了9个月的时间讨论巴勒斯坦命运的结论。这一时期，精干的犹太锡安主义代表早就看出分治的势在必行并且采取行动，积极提交早已准备好的分治计划，而巴勒斯坦阿拉伯人方面或许是因为盲目乐观地认为分割阿拉伯领土的方案不可能通过，所以没能提出任何相应的方案。同时，特别委员会前往巴勒斯坦地区调查访问，受到锡安主义领导人的热烈欢迎，但却遭到巴勒斯坦政治家的联合抵制，两种态度对比悬殊，进一步促使委员们支持锡安主义领导的分治要求，以“合法”解决巴勒斯坦冲突。最后，尽管对巴勒斯坦人而言，无论是上层领导还是普通民众都完全不接受分治计划，联合国也没能一致通过分治计划，但是并没有改变在美苏压力下达成的一项多数计划，联合国181号决议最终通过。[①] 这或许是在一开始就体现了现代巴勒斯坦问题中以色列持续占据上风的民族性格和政府能力影响因素，也奠定了阿（约）以权力关系结构中以色列占主导地位的基础。

---

① ［以］佩普:《现代巴勒斯坦史》，王健等译，上海人民出版社，2010年版，第106页。

从以色列建国以后的近40年里，五次中东战争几乎可以看作阿以关系主线，而约旦哈希姆王国作为阿拉伯阵线重要国家，或作为主力，或出兵支持，几乎参与了全部五次中东战争。所以我们在讨论约旦与以色列之间的权力关系是否满足长期不被打破这一条件时，还是先从这五次中东战争开始。

1948年5月15日，第一次中东战争爆发，约旦国王阿卜杜拉出任阿拉伯军队总司令。在这次战争中，约旦出兵7500人，仅次于伊拉克。7月上旬重新开战时，以色列取得战争优势。面对以色列强大的军事力量，卷入战争的阿拉伯国家几乎无能为力。8月份约旦退出战场，阿拉伯国家最后同意在联合国监督下参加一系列以色列与参战的阿拉伯国家的对话。通过巴勒斯坦战争，以色列占领了除约旦河西岸、加沙地带和东耶路撒冷之外的全部巴勒斯坦领土。以色列对巴勒斯坦的权力优势从此奠基。1956年第二次中东战争爆发，虽然埃及保住了苏伊士运河，但是以色列占领了西奈半岛和加沙地带。到1967年，“六・五战争”爆发更加强化了以色列对巴勒斯坦以及阿拉伯国家的权力优势，以色列通过这次战争从约旦手中抢得东耶路撒冷，实际控制面积达81600平方公里，是联合国分治决议规定面积的5倍多。1973年，第四次中东战争爆发，战后以色列又占领了苏伊士运河西岸1900多平方公里的埃及领土以及戈兰高地以东440平方公里的叙利亚领土。最后1982年第五次中东战争，以色列占领了黎巴嫩南部一条10—15公里宽的狭长地带，并且把巴勒斯坦解放组织赶出了黎巴嫩，对巴勒斯坦力量造成了重大打击。

除了战争这条主线，接下来，我们就从以色列对巴勒斯坦问题的三个核心内容讨论，即土地（约旦河西岸）、耶路撒冷和难民问题。

同样，前面分析以色列强硬政策时已经具体梳理了1948—1988年40年里以方的政策，表现了其强硬立场。现在我们从阿拉伯世界（约旦）的政策来看这一强制性权力关系结构是否满足不被打破。

首先，土地问题。土地作为国家主权最重要的部分之一，不论对哪个阿拉伯国家来说都是会极力争取的。但是在几次中东战争中，阿拉伯国家几乎都有新的领土被以色列占领，更别说巴勒斯坦了。

表7–3　五次中东战争造成的领土后果①

名称	时间	交战方	战争造成的领土后果
第一次中东战争，亦称“巴勒斯坦战争”	1948年5月—1949年7月	埃及、外约旦、叙利亚、黎巴嫩、伊拉克对以色列	以色列占领了除约旦河西岸、加沙地带和东耶路撒冷之外的全部巴勒斯坦领土。约旦河西岸和东耶路撒冷被外约旦占领；加沙地带被埃及控制。
第二次中东战争，亦称“苏伊士运河战争”	1956年10月—11月	以色列、英国、法国对埃及	以色列占领西奈半岛和加沙地带，后于1957年撤出。
第三次中东战争，亦称“六·五战争”	1967年6月	以色列对埃及、叙利亚和约旦	以色列占领巴勒斯坦的约旦河和加沙地带、埃及的西奈半岛、叙利亚的戈兰高地，从约旦手中抢得东耶路撒冷，并宣布耶城为以色列首都。通过此次战争，以色列实际控制面积达81600平方公里，是联合国分治决议规定面积的5倍多。

① 吴传华：《中东领土与边界问题研究》，载《中共中央党校》，2009年第4期，第148页。

续表

名称	时间	交战方	战争造成的领土后果
第四次中东战争，亦称“十月战争”	1973年10月	埃及、叙利亚对以色列	埃及收复了苏伊士运河东岸3000多平方公里的抢地，但以色列又占领了运河西岸1900多平方公里的埃及领土以及戈兰高地以东440平方公里的叙利亚领土。
第五次中东战争，亦称“黎巴嫩战争”	1982年6月—9月	以色列对黎巴嫩、叙利亚和巴勒斯坦	以色列占领黎巴嫩南部一条10—15公里宽的狭长地带。

其次，耶路撒冷问题。从联合国分治决议开始，阿拉伯人就坚决反对耶路撒冷任何形式的分治和国际化方案。在阿拉伯人看来，耶路撒冷不仅仅是三大宗教发源地，更是他们祖先一直生活的地方，是所有阿拉伯人的圣城，任何人都无权插手。1948年巴勒斯坦战争中，经过数天奋战，外约旦最终占领了耶路撒冷旧城，犹太人逃到新城并守在那里。因为约旦一直对巴勒斯坦怀有野心，1949年12月，联合国大会通过303号决议，重申耶路撒冷国际共管原则，但遭到以色列和约旦共同反对。1950年约旦宣布将耶路撒冷旧城并入约旦版图（并将国名改为约旦哈希姆王国）。但是1967年“六·五战争”，约旦国王侯赛因仓促参战，命令东耶路撒冷的约旦军攻击西耶路撒冷，但结果却是以色列占领了东耶路撒冷，使得整个耶路撒冷处于以色列控制下。占领以来，以色列通过移民、定居点以及拒绝联合国相关决议等各种方式加强对耶路撒冷的控制。此后，巴勒斯坦、约旦和其他阿拉伯国家，始终没能重新夺回耶路撒冷，反而是以色列的耶路撒冷政策日益强

硬。[1] 从20世纪80年代起，耶路撒冷就成为了以色列最大的城市，并且犹太人口比例超过60%。

最后，难民问题。约旦是收容巴勒斯坦难民最多的国家，大批难民给约旦增添了许多麻烦和负担，由难民引起的流血事件和武装冲突时有发生，其中影响最大的是“黑九月事件”（本章下一节将详细介绍）。还有在约旦与以色列关系转好的时期，西岸的巴勒斯坦人民反对以色列的斗争也经常使约旦感到为难。一直以来，约旦国内都有大量人认为，巴勒斯坦难民会成为约旦王国的一个“定时炸弹”。所以，难民问题的公正解决，对约旦来说也是事关巴勒斯坦问题的一个重要任务。但正如前文所梳理，以色列不但一直拖延难民问题，坚决主张就地安置难民并由阿拉伯国吸收消化的原则，更采取一些强硬政策拒绝接受巴勒斯坦难民回归家园。对于这一点，不论是直接谈判还是通过联合国，阿拉伯国家，包括受难民问题影响最大的国家约旦，也无法挣脱以色列强硬的难民政策的影响。

综观五次中东战争和阿拉伯世界在巴以核心问题上的反应，我们发现，其中无不体现了以色列的强制性权力，并且这些问题均涉及约旦。所以，这40年里，以色列对约旦的强制性权力关系结构不但没有被破坏反而更加坚固。这样，约以的权力关系结构满足权力关系结构发生建构作用的第一条件。

接着是条件二：约旦如果服从以色列的权力意志，就要得到一定利益回报。

我们继续按照上文的思路和框架来分析。

---

① 肖宪:《阿以冲突中的耶路撒冷问题》，载《西亚非洲》，1991年第4期，第52—80页。

首先，从五次中东战争的情况来看。1948年6月10日，巴勒斯坦战争的第一次停战协议签署。当时西岸地区和东耶路撒冷正受约旦的控制，所以，阿卜杜拉国王准备积极地接受这一形势，希望将这种状况作为战和安排的基础。约旦对于能获得这块宝贵的巴勒斯坦土地感到非常高兴。阿卜杜拉虽然作为阿拉伯联军总司令，并且约旦的参战人数也仅次于伊拉克，但实际上在国家利益的驱使下，早在战争爆发前，阿卜杜拉和犹太人就已经达成过某种默契。在分析阿以不平衡的权力关系结构形成初期时我们说过，在联合国分治决议通过之前，犹太人积极影响联合国，但阿拉伯人却无所作为。但是，其实阿卜杜拉早已和犹太代表交流过，他企图和犹太人达成共识，将巴勒斯坦由约旦和犹太人分治。由于以色列在建国初期实力还不够强大，所以犹太人原则上接受了约旦的计划，同时希望通过这一分赃计划，在一定程度上制约约旦参战时的积极性和影响力。最终，不论战争结果如何，第一次中东战争结束后约旦的领土的确扩大了：它吞并了西岸和耶路撒冷大部分地区（东耶路撒冷）。

需要注意的是，所谓“一定的”利益回报指的是利益回报的一种程度，所以不只是直接的完全利益回报方式，对于战争来说，即使战争的结果没有带来直接收获，但如果能够减少战争损失，将损失降到最低，也不失为一种利益。所以，从表面来看，约旦从中东战争中获得的利益回报只存在于巴勒斯坦战争中。但是，除了“六·五战争”，在另外几次中东战争中，约旦都是参战国家中损失相对来说较小的国家，这与约旦对以色列的态度和对巴勒斯坦的支持等有直接的关系。即使是1973年10月的第四次中东战争，尽管约旦在其中参与很少，但也是不折不扣的受益者，毕竟联合国第338号决议重申了242号决议，保证恢复约旦之前的领土以及西岸地区的领土完整。

其次是土地、耶路撒冷问题。土地问题即西岸问题。第一次中东战争后，约旦通过和以色列的战前秘密谈判得到了约旦河西岸这块宝贵的巴勒斯坦土地，阿卜杜拉对以色列的这种利益回报感到非常高兴，直接宣布合并约旦河西岸并将当时的国号由外约旦改为约旦哈希姆王国。约旦对约旦河西岸的占领持续到1967年的第三次中东战争后，西岸被以色列占领。但正如前面所说，虽然失去了约旦河西岸（对约旦是沉重的打击），但由于约旦相对于其他阿拉伯国家来说反以态度并不是那么强烈，以色列还是给予了约旦一定的利益作为安慰：以色列占领西岸后，默许约旦在政治和经济上与西岸仍保持联系，约旦政府由此可以继续在西岸社会生活的很多领域发挥作用，例如市政、经济、农业和公共事业等，而且约旦还掌管巴勒斯坦地区的伊斯兰宗教事务。直到1988年由于约旦国内原因以及与巴勒斯坦的矛盾，约旦想要甩掉这个约旦河西岸包袱，才正式宣布同该地区分离。耶路撒冷的情况和西岸问题一样，1948—1967年，东耶路撒冷（耶路撒冷大部分地区）曾处于约旦的统治下，同样是1967年的战争使约旦失去了耶路撒冷，但作为默罕默德后裔，约旦国王一直希望在耶路撒冷保持特殊地位并强调在该地区的一定影响力，所以以色列一直也给予约旦在耶路撒冷一定的管理权力，尽管以色列占领耶路撒冷后约旦每年仍要为那里的管理支出相当一部分的费用，但对约旦来说，在耶路撒冷的存在具有非常重大的意义。1994年签署的《约以和平条约》明确规定："按照以色列—巴勒斯坦原则宣言的规定进行永久地位谈判时，以色列将特别优先考虑约旦在耶路撒冷的历史地位。”[①]

最后是难民问题，约旦是巴勒斯坦难民的主要流散地之一，难民数超过百万，约旦政府每年为安置这些难民支付巨额美元，大量巴勒斯坦难民给约旦带来许多负面影响。[②] 1988年约旦宣布与西岸脱离行政和法律关系时，很大一部分的原因就在与难民的负担及延伸的治安和行政管理责任。在以色列一直以来的强硬政策下，让以色列以约旦理想的方式公正解决难民问题希望渺茫，但是由于约旦是接受巴勒斯坦难民最多的国家，而以色列在难民问题上坚持的立场是由所有阿拉伯国家共同承担接受责任，这样一来，以色列的难民政策可能会在一定程度上减轻约旦的难民问题压力。

综上所述，1948—1994年间，在巴勒斯坦问题上，以色列和约旦的权力关系结构符合强制性权力关系自动转化所需要的第二个条件，即当被影响者服从时，可以得到一定的利益回报。

然后是条件三：使约旦尽可能与其他观点相隔离。

鉴于国际关系的开放性和国家间联系渠道的复杂性，任何一个国家都不可能像被绑匪控制人质那样，完全隔离开外部观点。但是，关于这一条件，我们在理论部分已经讨论过，“尽量使被影响者隔离与影响者不同的观点”，是可以在一定程度上做到的。在这一部分，我们将从阿拉伯世界内部矛盾导致约旦逐渐远离甚至是抵触“以色列对立国家”的观点这一逻辑出发，分析在约以的权力关系结构中，被影响者约旦是如何尽可能与不同于（相反于）

① 阮园园：《中东和谈中的耶路撒冷问题：症结与前景》，载《华东师范大学学报》2009年第3期，第3页。

② 陈天社：《约旦对巴勒斯坦问题的政策及影响》，载《郑州大学学报（哲学社会科学版）》2008年第4期，第54页。

以色列的观点相隔离的。

因为本章研究主题是在巴勒斯坦问题上以色列对约旦观念和规范的建构，所以我们先从约巴的关系来分析。前面已经说过，约巴本是一家，约旦的利益与巴勒斯坦问题紧密相关，随着以色列的建国，巴以问题从此作为中东核心矛盾，在初期，约旦坚决与其他阿拉伯国家一起支持巴勒斯坦，但是随着巴以、约以、约巴关系的发展，约旦和巴勒斯坦的关系受到了相当程度的影响，至少，在本章的研究时段即1948至1988年间，约旦和巴勒斯坦经历了很长一段时间的冲突。其中影响最大的是约旦“黑九月事件”。“黑九月事件”也可称为约巴战争，是指1970年9月到1971年7月，在约旦首都安曼发生的约旦军方与巴解组织武装的大规模军事冲突。战争的结果是约旦获得胜利，巴勒斯坦解放组织在这场冲突中遭受重创，不久后被逐出约旦。“黑九月事件”对整个阿拉伯世界产生的冲击和影响是巨大的，使得约旦和巴勒斯坦早已矛盾重重的关系彻底破裂，并且由于之后巴解组织对约旦的报复使得约巴关系在很长的时间里都没有得到缓和。1971年到1973年间，巴解组织把推翻约旦国王侯赛因“傀儡皇家政权”作为它的斗争目标。1972年3月，巴解组织主流派“法塔赫”也发表声明，指出“推翻约旦王室政权是现阶段的目标”。4月，巴勒斯坦国民议会宣布“解放约旦”与把以色列赶出巴勒斯坦一样重要。[①] 究其原因，约巴战争爆发，在很大程度上是前期关于究竟由约旦还是由巴勒斯坦解放组织代表巴勒斯坦和巴勒斯坦人民这一争论引

① 赵文亮:《约旦黑九月事件对阿以冲突的影响》，载《郑州大学学报(哲学社会科学版)》，2012年第2期，第145—150页。

起的。约旦打赢与巴解组织的战争后，赢得了巴勒斯坦的代表权，随后开始计划收复西岸地区，这导致约旦与巴解组织的冲突更加激烈。

约旦与巴勒斯坦的矛盾主要集中在两点，一是巴勒斯坦难民问题。在所有阿拉伯国家中，约旦的巴勒斯坦难民是最多的，约旦的巴勒斯坦人更是超过约旦总人口的60%，这对约旦的经济和政治带来了很大的压力。尤其是西岸地区，1948年第一次中东战争，约旦成功地把这片巴勒斯坦土地从以色列的虎口中夺过来，并由此使得约旦的巴勒斯坦难民负担进一步加重。但是，对于西岸的巴勒斯坦人来说，绝大部分人认为，他们并没有从约旦的保护下获益，他们认为自己仍处于被占领的不公正状态。为此，巴勒斯坦人还在1956年举行过一次大起义。但是，直到1967年，约旦没有保住西岸地区，巴勒斯坦难民也没有改变自己之前的看法。二是巴解组织的问题。起初，约旦为了表达对刚成立的巴勒斯坦解放组织的支持，同意其将总部设在自己的首都安曼。双方一开始时关系还算融洽，但后来，巴解组织不断挑战约旦政权，导致双方矛盾激化。因为约旦的巴勒斯坦人数量很大，巴解组织充分利用人口优势，几乎在约旦形成“国中之国”。约旦的巴解组织过于自信，出现了把约旦变为以色列北越的想法，也就是说，巴解组织把约旦变成巴勒斯坦游击战争的海外发射台，并将这一想法付诸行动。[①] 巴解组织在难民营建立了袭击以色列的平台，作战设施逐步向约旦和以色列的边界靠近，并在约旦的领土上频繁对以色列发动袭击，导致以色列对约旦的报复行动随之增多。这

① ［以］佩普:《现代巴勒斯坦史》，王健等译，上海人民出版社，2010年版，第166页。

一点让与以色列关系有好转迹象的约旦感到为难，加之以色列随时可能因此对约旦开战，所以约旦政府对巴解组织的不满不断增强，最终导致关系破裂。1975年，侯赛因曾在接受采访的时候说过："我们同巴解组织的争执点在于对革命的设想有所不同。我们认为革命应该在被占领土内存在。革命者进入以色列，在那里执行军事行动又走出以色列这一事实是有危险的。其中最大的危险，就是给了以色列随意选择其作战地点和时间的机会。"① 所以，关于对约旦隔离不同于以色列权力意志的观点这一条件，至少在巴解组织的这一渠道方面，由于约巴关系的破裂而基本满足了。

然后，我们再来看阿拉伯世界。由于每个国家的个体利益和阿拉伯世界的整体利益时有冲突，使得阿拉伯世界内部的联合总是受到挑战，比如1978年埃及签署《埃以戴维营协议》后，埃及被阿拉伯世界孤立。约旦与阿拉伯国家的关系不像约巴那样经历过特别激烈的争斗和冲突，但在国家利益主导下，约旦和阿拉伯世界在巴以问题上也是矛盾重重。毕竟在1948年第一次中东战争之前，阿卜杜拉就与以色列秘密协商，最后在战争结束时得到了西岸地区。当时在第一次停战协议签署时，西岸和东耶路撒冷就已经在约旦的控制下。所以，阿卜杜拉国王准备积极促成和平解决冲突，但是其他阿拉伯国家坚决不放弃战斗，让约旦的战争损失增加了不少。由于约旦具有浓厚的"哈希姆王族情结"，所以它对巴勒斯坦的兴趣比其他阿拉伯国家更大。因此从战争结束之后，约旦就企图控制巴勒斯坦，尤其是吞并西岸地区。1950年4月，阿卜杜拉正式宣布与约旦河西岸合并，并将国名由外约旦改为约旦

① 陈天社:《阿拉伯世界与巴勒斯坦问题》，世界知识出版社，2013年版，第124页。

哈希姆王国。问题是，约旦的这一行动得到了英国和伊拉克的承认，但却受到其他大多数阿拉伯国家的抨击，很多阿拉伯国家表示坚决反对，埃及等国家竟然还要求阿盟开除约旦。对约旦来说，所谓的阿拉伯世界兄弟般的联盟在关键时刻竟然还不如英国，可以想见，这对约旦忠于阿拉伯世界的决心是一个较大的打击。最后，前面提到的关于约旦在巴勒斯坦问题上影响重大的“黑九月事件”，也对约旦与其他阿拉伯国家造成了严重的负面影响，因为约巴战争中阿拉伯世界内部出现了极大的分歧，大部分国家保持中立和沉默，但也有国家明确支持巴解组织，甚至是向巴解组织提供军备，例如叙利亚和利比亚等，这严重伤害了约旦。并且，在战争结束前后，很多阿拉伯国家断绝了和约旦的外交关系，这使得约旦对所谓的阿拉伯世界以及阿拉伯联合反以阵线失望至极。

另一件让约旦对阿拉伯世界强烈不满的事件，是关于巴勒斯坦人合法代表的问题。在1973年“十月战争”之后召开的第六届阿拉伯国家峰会上，除了约旦，所有的阿拉伯国家都接受巴解组织作为巴勒斯坦人的唯一合法代表。而1974年在拉巴特召开的第七届阿拉伯峰会上，巴解组织坚持自己作为巴勒斯坦人一切权利的唯一合法代表，并且包括约旦河西岸地区。虽然侯赛因坚持代表所有约旦的巴勒斯坦人以及生活在西岸的所有人，但大部分阿拉伯国家领导人都采取了支持巴解组织的立场。最后，在其他阿拉伯国家的强大压力下，侯赛因接受了峰会关于承认巴解组织代表权的协定，但实际上，所有人都看出了侯赛因的不满。虽然侯赛因认可巴解组织可以代表巴勒斯坦人民的利益，但是他认为，至少西岸地区是必须在约旦政权的掌控下的。

所以，就受外界观点影响这一方面，以色列虽然没把约旦完全隔绝在自己的意识框架内，但是由于约旦跟巴勒斯坦以及与整个阿拉伯世界统一战线之间的复杂矛盾，使得约旦在接触与以色列不同的阿拉伯兄弟的观点时，常常怀有抵触心理，甚至在最严重的时候会自动对其隔离和抵制。所以，第三个条件，也基本满足。

就此，在巴勒斯坦问题上，以色列建立的针对约旦的强制性权力关系，满足使其发生建构作用的三个基本条件。

（三）以约权力关系发生建构作用的机制

权力建构主义告诉我们，强制性权力关系结构向被影响者观念和规范转化的的机制，是“限制→服从→重构”。那么我们按照理论分析的框架具体来看以色列对约旦的强制性权力关系结构在满足三个条件后，权力建构主义的这一作用机制是如何运行的。

首先，前期，强制性权力需要通过发挥基础性的约束和限制作用。在以色列国家与约旦哈希姆王国的权力关系结构中，以色列因为所具备的权力优势，处于权力关系结构中的高位，即影响者，而约旦处于关系结构中的低位，即被影响者。以色列凭借权力优势通过强硬政策向约旦灌输和施加权力意志，并对约旦的国家行为进行一定的约束，使得约旦在巴勒斯坦问题上无法随意妄为。这就导致了：受到约束的约旦不能再完全按照自己的意愿决定在巴勒斯坦问题上的作为和立场，所以以色列的强制性权力关系对约旦造成了一种基础性的影响。

在这种影响之下，以色列施加给约旦的强制性权力关系对约旦的影响限制了约旦的行为选择，由于满足条件一，被影响者一直无法摆脱这种权力关系的影响，使得约旦不得不（基于功利考虑）持续性地在很多时候顺应甚至是服从以色列的权力意志（在有条件共识和共同知识的意义上，与以色列实现某些认同，即观念趋同）。然后，现实的利益回报为约旦对以色列的服从提供内在的驱动力量。条件一和条件二的满足，使约旦被限制在以色列关于巴以问题的权力意志框架中。所以在这一阶段，两者的权力关系满足“限制→服从”的关系机制，即对约旦而言，在巴以问题上服从以色列成为可接受的，“服从是可接受的”成为了约旦对约以问题的认知背景。接着，条件三的满足，即约旦对阿拉伯世界包括巴勒斯坦的观念和意志怀有抵触心理，使得约旦缺乏打破约以权力关系结构的启蒙和动力，在认知背景持续并稳定的情况下，“可以顺应和服从以色列”的观念逐渐固化。这样，当三个条件都具备并共同作用时，随着时间的推移，在有关巴勒斯坦的问题上，以色列的权力意志逐渐转化为约旦观念的一部分，以色列通过权力关系结构对约旦的限制作用就会转化为约旦服从的限制性规范，于是，以色列对约旦的强制性权力关系完成向重构约旦认知、实现约以认同的第一步（所谓的共同知识阶段）。

接下来是第二步，在巴勒斯坦问题上，约旦对以色列权力意志的功利性认同进一步内化，约旦被迫接受的限制性规范进一步向构成性规范转化。在长期存在的约以之间的不平衡权力关系结构中，作为被影响者，约旦对以色列权力意志的接受，以及约旦单向服从以色列的限制性规范，会逐渐成为约旦的一种习惯而逐渐丧失反思的动能。这种习惯性认知逐渐深入内化，慢慢成为约旦的自主观念和自觉认识，约旦会彻底认为以色列的权力意志是合理的，与以色列的某些要求保持一致（无意识遵从）是完全适当的。如果能够发展到这一步，约旦在巴勒斯坦问题上对以色列的服从，就会从前期的“可以顺从”发展为“应该顺从”，约旦与以色列的共识就进入所谓的集体知识阶段。这样，对于约旦来说，“服从”这一行为选择就从最初的被动接受转变为一种主动选择，权力关系结构完成了对被影响者的观念重构，实现了规范的自动转化。

综上，我们完成了对约以之间强制性权力关系结构在满足相应条件下向建构作用转化的具体机制的分析，即：在满足相应条件下，以色列强制性权力的约束使得约以之间的权力关系结构发生建构作用，导致以色列的权力意志由被动到自动转化为被影响者约旦的行为观念和限制性规范，假以时日，这些限制性规范最终转变为约旦的构成性规范，约旦也从而实现了比较彻底的予以认同。

当然，由于国家的复杂性和超越个人层次的理性，这种服从不可能像个人层次那样明显、彻底和迅速，所以我们强调，本章讨论的约旦对以色列的顺应和服从，仅指在于巴勒斯坦问题上的、大方向上的框架性服从，有些局部的细节可能不完全相符。总之，以色列对约旦的强制性权力关系结构，重构了约旦相应方面的观念，使得约旦在巴勒斯坦问题上逐渐向以色列要求靠近，反以立场后退。

三、约旦立场的变化

至此，权力建构主义视角下约旦和以色列关于巴勒斯坦问题的理论分析告一段落，下面我们将回顾约旦在巴勒斯坦问题上具体的立场变化，通过立场转变（退步）的案例分析，检验在该问题上权力建构主义分析的适用性。

（一）关于巴以冲突的核心问题

巴勒斯坦问题既复杂，又简单。说它复杂是因为其牵涉国家众多，宗教问题与大国政治等交叉起作用；说它简单是因为巴以几十年冲突几乎可以归纳为以下三个核心问题：关于以色列的合法性、斗争方式以及领土问题。那么我们就从巴以冲突的核心问题出发，简单地梳理一下约旦是否，或者说有没有，在巴以问题上表现出对以色列的退步。

首先，关于以色列的合法性问题，即以色列国的存在是否合法的问题。毋庸置疑，对于最初的约旦和整个阿拉伯世界来说，以色列是根本不合法的存在。毕竟在以色列建国的第二天，阿拉伯世界就用发动战争的行动证明了他们对以色列国的不承认。并且，在事关巴以问题的第一场战争中，阿卜杜拉国王作为阿拉伯联军总司令，使得约旦在一开始就对以色列的合法性表达了明确的立场。甚至在1967年第4次阿盟首脑会议上，约旦与其他阿拉伯国家一起制定了对以色列的“三不政策”，即不承认，不和解，不谈判。

但是，约旦却最先开始了与以色列的接触。在阿拉伯世界中，外约旦曾经是唯一一个和巴勒斯坦犹太组织机构保持着联系的国家，阿卜杜拉一直以来都不是极端反对犹太复国主义的领导人，于是犹太人还称阿卜杜拉“温和派人士”（许多阿拉伯人则将其视为“叛徒”）。约旦国王阿卜杜拉之所以对犹太人持这一态度，是因为阿卜杜拉认为跟犹太的合作将能给外约旦带来很多好处。外约旦一直以来资源都很匮乏，经济也十分落后，而且还和阿拉伯很多国家相处得不太好，所以阿卜杜拉希望能够从犹太人那获得资金以及技术来促进外约旦的发展，并且，他也曾确实从犹太代办处秘密得到过很多帮助。[①]

以约以接触为开端，到1978年埃及也打破"三不"政策同以色列达成合约。终于，1982年9月，第12次阿拉伯国家峰会在摩洛哥的非斯召开，约旦积极促成会议最后通过《非斯宣言》，即"非斯方案"。在此阿拉伯国家正式阐明了解决巴勒斯坦问题的八项原则：1. 要求以色列撤出自1967年第三次中东战争以来占领的所有阿拉伯领土，包括东耶路撒冷；2. 要求废除"六·五战争"后以色列在阿拉伯领土上建立的所有定居点；3. 保障巴勒斯坦人在耶路撒冷的宗教自由和信仰自由；4. 重申巴勒斯坦人在其唯一合法代表组织，即巴解组织的领导下的自决权和行使不可剥夺的民族权利，还要对不想返回巴勒斯坦的巴勒斯坦人一定的补偿；5. 在几个月内，西岸和加沙地带要完全置于联合国的管制之下；6. 建立独立的巴勒斯坦国，并且以耶路撒冷作为首都。

《非斯宣言》一方面表明了阿拉伯国家对联合安理会242号和338号决议的认可，另一方面也是阿拉伯国家第一次集体制定的关于解决中东问题的和平方案，它确定了以政治外交手段为主的对以斗争策略。这一方案即坚持以色列必须撤出其占领的阿拉伯领土，确认巴勒斯坦人民的合法权利，实际上又含蓄地承认以色列，为推动阿以冲突由第二阶段（武力相持阶段）向第三个阶段（政治解决阶段）过渡奠定了基础，对阿以冲突的政治解决产生了重大影响。[②] 这样，在以色列合法性这一问题上，约旦的立场已经完

---

① 全克林：《外约旦与1945—1949年的阿犹冲突》，载《广西师范大学学报：哲学社会科学版》，2007年第6期，第4页。

② 王京烈：《论沙特影响力：从非斯宣言到贝鲁特宣言》，载《阿拉伯世界研究》，2008年第5期，第3页。

成转变，与以色列的权力意志趋同。

然后是斗争方式的问题，从1948年领导第一次中东战争，到60年代末因为巴勒斯坦对以色列的行动而激化约巴矛盾，最终将巴勒斯坦解放组织赶出约旦，再到明确表示支持政治解决巴以问题。侯赛因国王明确反对“达成中东和平的唯一途径就是消灭以色列”这一极端观点，坚信解决巴以问题以及帮助巴勒斯坦人回到他们的家园的最好方式是通过谈判协商而不是使用武力。由此，侯赛因积极参与和以色列的和平谈判，并为之努力。1967年达成的联合国242号决议、1973年的联合国338号决议中都有约旦政府的努力在其中。并且，到了20世纪70年代中后期，约旦在巴以问题上的立场转变更加明显。约旦明确主张“土地换和平”原则和召开国际和会。而正是在约旦的努力下，阿拉伯世界和巴解组织最终接受了“土地换和平”原则，放弃了武力，走上了政治谈判道路。

最后是领土问题，关于领土前文已经有过具体的梳理，总之从约旦的角度出发，这里的领土问题主要是指西岸地区，而约旦对西岸地区的政策也发生了非常大的转变，毕竟从最初的坚决抢夺西岸地区，到“六·五战争”之后力求在西岸地区保留一定的影响力，到最后在1988年决定彻底宣布中断与约旦河西岸的行政和法律关系，显示约旦在领土问题上明显地退让了。而耶路撒冷作为阿拉伯国家的圣城，约旦也表现了退让。原来对约旦来说，在提到耶路撒冷时，是不区分东耶路撒冷和西耶路撒冷的，因为对于阿拉伯人来说，耶路撒冷就是阿拉伯人的领土。但是到20世纪80年代，尤其是阿拉伯国家非斯峰会后，约旦采取了比较现实和明智的态度，在谈判时只要求以色列撤出1967年占领的东耶路撒冷地区。

以上就是我们所研究的时期里，即1948—1988年间，约旦关于巴勒斯坦问题的立场变化。不论是以阶段分析，还是从巴以问题的核心矛盾（以色列的合法性、斗争方式、领土问题）上看，约旦在巴以问题上对以色列的政策和立场都是呈现了明显的退让，向以色列的要求逐渐靠近。

（二）两个阶段（1948—1974—1988年）

总的来说，1948—1988年的40年间，约旦对巴勒斯坦问题的政策经历了约旦化、巴勒斯坦化两个阶段。

先看第一阶段。

1948—1974年，是约旦的巴勒斯坦问题政策约旦化的阶段，这一时期约旦对巴勒斯坦问题的主要目标是把约旦河西岸作为其领土的一部分。

对于约旦来说，巴勒斯坦问题要比其他的阿拉伯国家更值得关注，这是因为隐藏在约旦背后的“哈希姆情结”。对于所有的阿拉伯人来说，重新建立一个统一而强大的阿拉伯帝国是他们的民族梦想和奋斗目标，而哈希姆家族深感自己对这一“光荣使命”责无旁贷。毕竟，他们作为先知穆罕默德的后裔，自以为在阿拉伯国家中的血统是最正统的，所以，约旦王室认为，一个以约旦的哈希姆家族为首的阿拉伯统一王国将具有极大的吸引力和特殊意义。因此，约旦从一开始就觊觎巴勒斯坦这个地区，希望将此作为建立统一王国的第一步。其实，早在独立之前，当时还是埃米尔的阿卜杜拉就提出过将外约旦和巴勒斯坦合并，并且为此在巴勒斯坦人和英国人之间进行斡旋，只是最后无果而终。1943年4月，约旦又正式地提出以约旦哈希姆王国为主的“大叙利亚计划”，这个计划也包含了巴勒斯坦，当然，这个计划最后还是没有实现。

1947年联合国关于巴勒斯坦分治的181号决议提出时，外约旦和其他阿拉伯国家一样，震惊不已，反应强烈并投了反对票。在以色列如愿建国的第二天，巴勒斯坦战争就爆发了，阿卜杜拉作为总司令出兵7500人带领阿拉伯国家的联军进攻以色列。巴勒斯坦战争的结果是外约旦占领了西岸和东耶路撒冷，为其插手巴勒斯坦问题提供了一个机会。紧接着，约旦开始着手吞并西岸，企图以西岸为突破口最终将巴勒斯坦约旦化。阿卜杜拉拒不承认巴勒斯坦政府，尽管这个政府在阿拉伯世界已经得到阿盟和大多数阿拉伯国家的许可和支持。1950年外约旦更是不顾以色列和其他阿拉伯国家的强烈反对，冒着被开除出阿拉伯联盟的风险，宣布正式兼并西岸。

但是，1967年以色列向阿拉伯世界发动“六·五战争”，约旦在这场战争中损失惨重，失去了西岸地区。之后，约旦明白了以色列的强大军事优势和强硬立场，在巴勒斯坦问题上开始倾向于政治解决。这一阶段，约旦的国家观念已经开始变化，对以色列的合法性由有条件承认逐渐转化为合理认知，毕竟，虽然失去了西岸，但“仁慈的”以色列默许约旦在西岸包括耶路撒冷的部分存在，这使得约旦感受到了服从以色列权力意志可以得到的好处，而同一时期约旦与巴勒斯坦解放组织的关系正急剧下滑，使得约旦对阿拉伯主义和阿拉伯兄弟的认识变得消极和排斥，以色列的权力意志对约旦的观念影响更加突出。

1969年4月，侯赛因国王提出关于中东和平问题的六点计划，提议阿拉伯国家承认以色列国家和它在未来边界内的存在，要求以色列从1967年6月占领的领土上撤退并接受联合国安理会决议。

1970年，美国为推动中东问题的和平解决提出了“罗杰斯计划”，巴勒斯坦强烈拒绝，但是约旦却乐意接受。巴解组织对此强烈不满，巴勒斯坦一些人士扬言，要解放巴勒斯坦，必须先解放安曼。巴解组织与约旦当局的矛盾一触即发，并最终导致了“黑九月事件”的爆发。

1970年9月初，先是发生了一群巴勒斯坦武装分子劫持一架西方商业客机到安曼的事件，然后又发生激进分子试图暗杀约旦国王的恶性事件。这两起事件都与巴解组织有关，约旦和巴解组织的矛盾急剧恶化。之后，约旦立即组建军政府，在全国实行军管。军管的第二天，约旦军队包围了巴勒斯坦难民营，驱逐约旦境内的巴解组织人员，并向各地的巴勒斯坦游击队发动进攻。巴解组织顽强抵抗，双方斗争激烈，冲突不断升级。这一事件之后，巴解组织游击队一万多人转移到了黎巴嫩，将营地建立在黎巴嫩南部地区。“黑九月事件”以约旦胜利而告终，但这件事彻底激怒了约旦，巴解组织被驱逐出境。“黑九月事件”促使很多阿拉伯国家开始反省，接受以色列的生存权要求、通过与以色列和谈解决巴以问题，可能更加明智。否则，如果继续一味地不承认以色列，继续坚持武力消灭以色列的方针，不仅看不到希望，还可能使陷入绝望和疯狂的巴解组织将怨气撒到阿拉伯同胞身上，再次发生兄弟相残的“黑九月事件”。所以，“黑九月事件”后，更多的阿拉伯国家逐渐从思想上接受以色列，希望通过政治手段解决巴以问题。

在这一背景下，1974年，第七届阿拉伯峰会在摩洛哥拉巴特召开。峰会最后通过决议，同意由巴勒斯坦解放组织作为巴勒斯坦人（包括约旦河西岸地区）一切权利的唯一合法代表。在其他阿拉伯国家的强大压力下，侯赛因最终接受了峰会决议，承认巴解组织的代表权，巴勒斯坦解放组织就此成为巴勒斯坦人的唯一合法代表，约旦的巴勒斯坦政策也随之改变。

再看第二阶段。

1974—1988年，约旦的巴勒斯坦政策开始巴勒斯坦化，即约旦决定把巴勒斯坦人的代表权交给巴解组织，并中断与西岸的法律和行政关系，同时放弃了对西岸的领土要求。

尽管约旦最终接受了拉巴特峰会的决议，把巴勒斯坦人民的代表权在名义上完全交给巴解组织，但是侯赛因政府的外交和政治活动依旧重视解决巴勒斯坦问题。前一节我们说到“黑九月事件”，其实这场约巴战争除了上面所分析的那些影响外，还有个非常重要但容易被忽略的影响就是，约旦在处理“黑九月事件”的时候得到了以色列的军事援助，这为约旦和以色列关系的升温提供了很好的基础，使得约旦进一步与以色列实现观念认同。1970年末开始，两国领导人多次举行会晤，以色列和约旦在低政治领域和社会发展各方面都开展了合作，尤其是在西岸地区。这样低政治领域合作的效果很好，整个20世纪70年代，约以之间的关系总体呈良好发展趋向。70年后中后期，约旦在巴以问题上的立场有了明显转变。

总的来说，整个20世纪70年代，侯赛因国王对于巴勒斯坦问题的解决框架还是很清楚的：履行联合国242号决议的相关内容、避免与以色列的军事冲突、尽量保持阿拉伯国家统一立场、在不损害约旦权威的前提下与巴解组织共同代表巴勒斯坦人民、争取以和平方式缓和并解决阿以冲突。与其他阿拉伯国家相比，这是比较明显的与以色列的权力意志靠近的政策。

到20世纪80年代，约旦在这样的原则下逐渐得到了国际社会和以色列的认可。约旦首先明确主张“土地换和平”原则及召开国际和会。然后积极影响其他阿拉伯国家对这一原则的接受，最后在约旦和其他阿拉伯国家的共同推动下，巴勒斯坦解放组织决定接受“土地换和平”原则，放弃了武力，走上了政治谈判道路。但是，1987年被占领土的巴勒斯坦人爆发起义，这场起义不管是对约旦国家内部还是对约以关系都产生了极度不好的影响，打破了约旦努力保持的在巴勒斯坦问题上的和谐状态。于是，最终约旦于1988年7月宣布中断与约旦河西岸的行政和法律关系，结束了约旦代表巴勒斯坦人的历史，把巴勒斯坦问题的解决完全交给了巴解组织。①

（三）约旦立场退步的建构机制分析

在上面，我们详细叙述了在研究选定的时段内，即1948—1988年间，约旦关于巴勒斯坦问题的立场变化。我们可以发现，不论是以阶段分析，还是从巴以问题的核心矛盾（以色列的合法性、斗争方式、领土问题）来看，约旦在巴以问题上对以色列的政策和立场都是呈现了明显的退步，逐渐向以色列的要求靠近。接下来，我们依据约旦立场退化的实际表现，结合权力建构主义理论，来总结分析以色列在巴勒斯坦问题上对约旦的建构性影响。

首先，在与约旦有关的巴勒斯坦问题的三个关键领域，即西岸、耶路撒冷和难民问题。以色列都通过其强大的权力和强制性政策牢牢掌握了三个问题的主导权，从而使得约以关系满足权力

---

① 陈天社:《阿拉伯世界与巴勒斯坦问题》，世界知识出版社，2013年版，第124页。

建构主义运行机制的前两个条件。第一，在巴勒斯坦问题上以色列对约旦的强制性权力关系在足够长的时间内无法打破；第二，巴勒斯坦问题上，约旦对以色列的服从能换来一定的利益回报。于是，作为权力关系中处于权力高位者的以色列，给处于权力关系低位者的约旦，在巴勒斯坦问题上形成一个认知背景：以色列的权力意志无法摆脱、难以拒绝；约旦的国家行为受到约束、不能完全按照自己的意愿决定巴勒斯坦政策；约旦基于功利考虑，在巴勒斯坦问题上产生“摆脱不可能，服从最合算”的逻辑反应，“服从是可以接受的”成为约旦的背景思维。与此同时，约旦和巴解组织以及其他阿拉伯国家的关系产生一系列问题，满足了权力建构主义发挥建构作用的第三个条件，即尽可能与不同于以色列的其他观点相隔离，使得约旦在一定时期内失去反思的能力和反抗的动力。于是，在约以权力关系中，以色列作为影响者的权力意志，逐步成为被影响者约旦哈希姆王国的反复认知和必须接受的内容，以色列的权力意志转化为约旦单向服从的限制性规范。

接着，约以权力关系实现第二步转化，即转变为构成性规范。当以色列作为影响者的权力意志，逐步成为被影响者约旦哈希姆王国的反复认知和必须接受的内容后，以色列对约旦形成的限制性规范会不断地渗入并强化到约旦的观念中。假以时日，限制性逐渐“内化”，转变为约旦的行为观念。内化之后，约旦对规范的遵守，就从“必须遵守”变成了“遵守合适”，也就是说前期“服从是可以接受的”转变为了“服从是应该的”。

在这种情况下的约旦开始这样认知自己的身份：在这种权力关系中，我处于这样的地位和身份（约旦作为独立于巴以两方的主权国家，不能以牺牲约旦国的利益为前提介入巴勒斯坦问题），遵守

“这样的规范”（认同以色列、在巴勒斯坦问题上让步、换取约旦国家利益）是“合适的”。这样，原来的以色列通过强硬政策对约旦的限制性规范就转化为一种构成性规范，重塑了约旦的观念。[①]

总结上述分析，我们看到了强制性权力关系在一定条件下自动产生建构性作用的机制和模式，具体在以色列和约旦哈希姆王国的关系中就是：在一定条件下（满足三个条件），以色列建立的针对约旦的强制性权力结构自动转化为约旦的规范而最终改变其认同（与以色列的共识），使其在巴勒斯坦问题上经历两个明显的阶段，并且表现出立场的不断退步。

四、结语

本章的目的在于探讨这样一种新的约以关系研究视角：在权力建构主义的逻辑脉络和理论框架下，如何展现约旦和以色列在巴勒斯坦问题上的关系变化。通过这一研究，本章希望能够发现以色列与约旦之间的深层关系机制。

首先，通过分析权力建构主义的运行机制，清晰梳理出强制性权力如何一步步发挥建构作用。当然，这里有个非常重要的部分就是对强制性权力发挥建构作用的前提条件的分析和论述，即权力关系必须持续足够长时间不被打破；被影响者（权力关系结构中的低位者）的服从能换来一定的利益回报；被影响者尽量与不同于影响者的观点相隔离。

然后，通过梳理相关研究主体——约旦和以色列围绕巴勒斯

① 高尚涛:《国际关系的权力与规范》，世界知识出版社，2008 年版，第 42 页。

坦问题的互动进程，分析本章的假设是否成立。在这里，我们先简要介绍了约旦和以色列围绕巴勒斯坦的相互关系，表明了巴勒斯坦问题对约旦具有高度的利益相关性。然后按照“以色列强硬政策（强制性权力）→约以权力关系结构是否满足强制性权力发挥建构作用的三个条件→约旦在巴勒斯坦问题上的现实表现”这样一个思路，逐步剖析。

最后，推导出的结论与预期相符，即在巴勒斯坦问题上，以色列的强制性权力关系对约旦产生了观念重构的影响，使其逐渐向以色列的要求靠近，立场不断退步。

这样，本章完成研究目的，实现从权力建构主义的视角分析以色列的强硬政策与约旦在巴勒斯坦问题上立场变化关系的目标。当然，权力建构主义还有进一步的发展空间。作为一个新颖的、独到的国际关系研究视角，我们对其未来发展充满希望。

后　记

本书的研究任务从提出到完成，历时两年多，研究成果终于可以成稿。

本书所做的研究，是国内学术界首次对权力建构主义理论进行系统的实证检验研究。本研究选取了阿以关系中的巴解组织、哈马斯、以色列阿拉伯人、埃及萨达特政府、约旦作为典型案例，详细考察了以色列国家与上述组织、群体和国家之间的权力关系状况，包括是否有效建立起强制性权力关系约束、影响者以色列国家的权力意志、推动权力意志向被影响者渗透的条件是否满足、被影响者的观念和规范是否以及在多大程度上被以色列的权力意志所重构。

上述研究，在为阿以关系研究提供新的理论视角的同时，有效检验了权力建构主义理论，并在检验基础上对权力建构主义理论进行了一些精细化改进和完善。

首先，实证研究表明，权力建构主义的解释框架和分析逻辑经得起经验研究的检验。在阿以关系中，以色列通过战争和军事强制手段建立起来的针对阿拉伯国家的强制性权力关系结构，在特定条件具备的前提下，逐渐重构了阿拉伯国家的观念，从而导致其原来的反以立场逐渐弱化。这是对权力建构主义理论的直接佐证。

其次，实证研究也表明，强制性权力关系结构对置身其中的被影响者的观念重构，是一个相对复杂的过程。观念重构的显著度取决于以下几个方面：一是权力关系结构本身需要具有足够的约束力度和强度，约束力度不足、强度不够，都可能削弱重构过程的有效展开；二是权力关系结构中的影响者，其权力意志必须明确、稳定，否则也会弱化和干扰对被影响者的观念重构。

再次，权力关系结构推动影响者的权力意志对被影响者观念进行重构的过程，分为共同知识形成和集体知识形成两个阶段。共同知识形成阶段是被影响者观念重构和共识形成的初级阶段，是被影响者基于功利性考量与影响者形成的暂时的、有条件的共识。集体知识形成阶段是被影响者观念重构和共识形成的深化阶段，是被影响者先前形成的有条件共识的进一步内化，是被影响者形成的与影响者的无条件共识，服从应然逻辑。当然，集体知识阶段的发生，需要确保先前具备的建构条件能够维持或加强，不能消失或显著弱化。

最后，权力关系结构有效存续的时间需要足够长，否则建构过程也将难以完成。而且，影响者需要确保被影响者在服从义务和得到回报之间达到平衡，否则可能影响有条件共识的形成。

上述发现尽管进一步深化和精细化了权力建构主义的理论分析框架。但是，研究过程中也暴露出一些现有研究框架没有覆盖的问题，值得进一步深入探索。

其一，在影响者的权力意志向被影响者的观念和规范转化过程中，即使在共同知识阶段，被影响者与影响者之间有条件共识的建立，也分为两个更细的阶段，第一个阶段是被影响者在权力关系结构的强压下违心表现出与影响者的权力意志一致以避免损失，第二个阶段是被影响者在强压和约束下甘愿表现出与影响者的权力意志一致以实现自己的特定利益目标。这两个阶段都存在有条件共识，但性质不同，有必要在以后的研究中专门进行分析澄清。

其二，如何确定权力关系结构的约束强度，是一个有待进一步解决的问题。权力关系结构的约束强度是推动观念和规范转化的重要指标，也是进行权力建构主义解释的重要环节，但由于时间和精力等原因，本书的研究设计并没有将其纳入进来，有待于在以后的研究中深入分析。

其三，在权力关系结构约束下，不同被影响者个体的观念和规范转化的速度和程度不同，由此导致的完成转化所需的时间也会不同。所以，如何通过对权力约束强度、被影响者抗压转变能力和转化所需有效时间的综合深入分析，细化和深化权力建构主义分析，也是权力建构主义下一步研究的一项重要课题。

总之，权力建构主义是一个有解释力的国际关系理论，阿以关系的发展体现了这一理论的解释机制，但同时，该理论的研究仍有很大发展空间。

参考文献

1. 中文著作

1. 阿里·沙维特:《我的应许之地：以色列的荣耀与悲情》，中信出版集团，2016年版。

2. 阿伦·布雷格曼:《以色列史》，杨军译，中国出版集团东方出版中心，2009年版。

3. 艾兰·佩普:《现代巴勒斯坦史》，王健等译，上海人民出版社，2010年版。

4. 安瓦尔·萨达特:《我的一生——对个性的探讨》，李占经等译，商务印书馆，1980年版。

5. 布特罗斯·加利:《埃及通向耶路撒冷之路》，张晓译，上海人民出版社，1999年版。

6. 陈建民（主编）:《埃及与中东》，北京大学出版社，2005年版。

7. 陈敏华:《冷战后中东极端组织行动研究》，时事出版社，2008年版。

8. 陈思、杜正艾（主编）:《中东逐鹿：中东的战与和》，知识出版社，1997年版。

9. 陈天社:《阿拉伯世界与巴勒斯坦问题》，世界知识出版社，2013年版。

10. 陈天社:《埃及对外关系研究（1970—2000）》，中国社会科学出版社，2008年版。

11. 菲利普 · 希提:《阿拉伯通史》，马坚译，新世界出版社，2015年版。

12. 高尚涛:《国际关系的权力与规范》，世界知识出版社，2008年版。

13. 哈全安:《中东史：610—2000年》（上、下），天津人民出版社，2010年版。

14. 亨利 · 卡坦:《寻求正义：巴勒斯坦的阿拉伯人和以色列人》（中译本），人民出版社，1975年版。

15. 季国兴、陈和丰等:《第二次世界大战后中东战争史》，中国社会科学出版，1985年版。

16. 蒋忠良、范洪庆、程友敏等:《艰难的中东和平进程》，中原农民出版社，2000年版。

17. 雷蒙德 · 卡罗尔:《安瓦尔 · 萨达特》，沙仁译，时事出版社，1985年版。

18. 李兴刚:《阿以冲突中的犹太定居点问题研究》，云南大学出版社，2011年版。

19. 理查德 · 艾伦:《阿拉伯以色列冲突的背景和前途》，艾玮生等译，商务印书馆，1981年版。

20. 刘中民:《民族与宗教互动——阿拉伯民族主义与伊斯兰教关系研究》，时事出版社，2010年版。

21. 刘中民:《中东政治专题研究》，时事出版社，2013年版。

22. 罗伯特·达尔:《现代政治分析》，王沪宁等译，上海译文出版社，1987年版。

23. 马坚（译）:《古兰经》，中国社会科学出版社，1981年版。

24. 马克斯·韦伯:《经济与社会（上）》，林荣远译，商务印书馆，1997年版。

25. 摩西·达扬:《达扬自传》，上海国际问题研究所等译，上海译文出版社，1981年版。

26. 诺亚·卢卡斯:《以色列现代史》，商务印书馆，1997年版。

27. 彭树智（主编）:《20世纪中东史》，高等教育出版社，2001年版。

28. 斯蒂芬·平克:《人性中的善良天使：暴力为什么会减少》，安雯译，中信出版集团，2016年版。

29. 田上四郎:《中东战争全史》，军事科学院外国军事研究部译，解放军出版社，1985年版。

30. 涂龙德、周华:《伊斯兰激进组织》，时事出版社，2010年版。

31. 托尼·沃克:《阿拉法特传》，军事科学出版社，2005年版。

32. 王京烈:《解读中东：理论构建与实证研究》，世界图书出版公司北京公司，2011年版。

33. 王绳祖（主编）:《国际关系史（第十卷）》，世界知识出版社，1995年版。

34. 肖显社:《赎罪日战争——第四次中东战争纪实》，世界知识出版社，1997年版。

35. 肖宪:《中东国家通史：以色列卷》，商务印书馆，2001

年版。

36. 肖宪（主编）:《1945年以来的中东》，中国社会科学出版社，2004年版。

37. 肖月:《磨合：中东和平进程中的领袖们》，东方出版社，1999年版。

38. 小阿瑟·戈尔德施密特、劳伦·戴维斯:《中东史》，哈全安、刘志华译，东方出版中心，2015年版。

39. 徐向群、宫少朋（主编）:《中东和谈史：1913—1995年》，中国社会科学出版社，1998年版。

40. 亚历山大·温特:《国际政治中的社会理论》，秦亚青译，上海世纪出版集团，2014年版。

41. 杨灏城、江淳:《纳赛尔和萨达特时期的埃及》，商务印书馆，1997年版。

42. 杨辉:《中东国家通史·巴勒斯坦卷》，商务印书馆，2002年版。

43. 杨曼苏（主编）:《以色列——谜一般的国家》，世界知识出版社，1992年版。

44. 姚惠娜:《列国志：巴勒斯坦》，社科文献出版社，2010年版。

45. 殷罡（主编）:《阿以冲突：问题与出路》，国际文化出版公司，2002年版。

46. 尹崇敬主编:《中东问题100年》，新华出版社，1999年版。

47. 约瑟夫·奈:《理解国际冲突——历史与理论》（第七版），张小明译，上海人民出版社，2011年版。

48. 詹姆斯·多尔蒂、小罗伯特·普法尔茨格拉夫:《争论中的国际关系理论》，邵文光译，世界知识出版社，1987年版。

49. 詹森·汤普森:《埃及史:从原始时代到当下》，郭子林译，商务印书馆，2012年版。

50. 张倩红:《以色列史》，人民出版社，2014年版。

51. 张倩红:《以色列发展报告（2015）》，社会科学文献出版社，2015年版。

52. 朱威烈等:《中东反恐怖主义研究》，时事出版社，2010年版。

2. 中文论文

1. 杨桂萍:《以色列与哈马斯的战争：辞令和现实》，载《中国穆斯林》，2010年2月。

2. 安维华:《哈马斯现象的宗教—政治解读》，载《西亚非洲》，2009年第4期。

3. 曹兴:《从民族冲突类型看巴以冲突的根源与走向》，载《西亚非洲》，2008年第1期。

4. 曹兴:《国际政治学视阈下的巴以关系》，载《世界民族》，2012年第2期。

5. 陈佩明:《巴以和平进程与巴勒斯坦内部局势剖析》，载《西亚非洲》，1995年第2期。

6. 陈天社:《〈哈马斯宪章〉理论渊源探析》，载《阿拉伯世界研究》，2015年第4期。

7. 陈天社:《国内外学术界对哈马斯的研究》，载《世界历史》，2013年第3期。

8. 陈天社:《论以色列对哈马斯的政策及其影响》，载《西亚非洲》，2014年第2期。

9. 陈天社:《阿拉伯国家的巴勒斯坦难民及其影响》，载《世界民族》，2009年第3期。

10. 陈天社:《约旦与巴勒斯坦问题》，载《中国民族》，2007年第4期。

11. 陈小华:《奥斯陆协议后的哈马斯》，载《阿拉伯世界》，2001年第2期。

12. 程俊、闫忠林:《哈马斯的社会基础浅析》，载《江南社会学院学报》，2005年第4期。

13. 方金英、欧阳立平:《自杀式恐怖袭击面面观》，载《现代国际关系》，2005年第3期。

14. 拱振喜:《从以色列撤离加沙看巴勒斯坦问题的解决前景》，载《阿拉伯世界》，2005年第6期。

15. 勾焕蕾:《浅议影响中东和平进程的主要因素》，载《法制与社会》，2009年第27期。

16. 郭依峰:《哈马斯的政治宗教特性与其斗争策略的调整》，载《国际论坛》，2009年第6期。

17. 黄文镛:《巴勒斯坦人民斗争史上的转折点》，载《外交学院学报》，1989年第1期。

18. 冀开运、余诗英:《巴以冲突中阿拉法特的困境》，载《世界经济与政治论坛》，2003年3期。

19. 李莉、唐志超:《巴以僵局及未来走势》，载《现代国际关系》，2002年第2期。

20. 李平民:《巴以冲突与国际政治》，载《阿拉伯世界》，2001年第3期。

21. 李伟，孙阿扣:《巴以争端的新焦点——隔离墙问题》，载《西亚非洲》，2001年第5期。

22. 李玮:《浅析巴以关系中以色列的不对称共处策略》，载《宁夏社会科学》，2015年第1期。

23. 李秀珍:《实力悬殊的谈判——巴勒斯坦在巴以和谈中劣势地位的经济根源》，载《西亚非洲》，2000年第3期。

24. 李志芬:《哈马斯政策的变化及对巴勒斯坦政局的影响》，载《西亚非洲》，2008年第2期。

25. 李志芬:《以色列阿拉伯人民族意识的发展及其对以色列民主制度的挑战》，载《世界民族》，2009年第2期。

26. 梁国诗:《巴以最终地位谈判中的难民问题》，载《阿拉伯世界》，2001年第1期。

27. 梁洁:《试论巴勒斯坦的建国权利及其实现》，载《西亚非洲》，2013年第3期。

28. 梁平安:《从巴勒斯坦开罗协议的实施看哈马斯的战略调整》，载《阿拉伯世界》，2005年第3期。

29. 林松业:《寻求平等的以色列阿拉伯人》，载《世界民族》，2004年第5期。

30. 刘军:《以色列民族政策浅析》，载《世界民族》，2007年第1期。

31. 刘明春:《耶路撒冷问题探析》，载《阿拉伯世界》，1999年第3期。

32. 刘中民:《巴勒斯坦内部伊斯兰主义与世俗民族主义的矛盾纷争——以哈马斯和巴勒斯坦解放组织的关系为例》，载《西亚非洲》，2013年第2期。

33. 马晋强:《巴勒斯坦人的反以斗争及其影响》，载《西亚非洲》，1988年第6期。

34. 马丽蓉:《巴以和解政策困境中的耶路撒冷问题》，载《阿拉伯世界研究》，2013年第4期。

35. 马丽蓉:《耶路撒冷问题文化探源》，载《西亚非洲》，2005年第6期。

36. 马志学:《阿拉伯被占领土货币金融活动探讨》，载《西亚非洲》，1992年第6期。

37. 诺姆·乔姆斯基:《美国—以色列—巴勒斯坦》，刘耀辉译，载《国外理论动态》，2002年第6期。

38. 潘光、王震:《以色列反恐战略研究》，载《现代国际关系》，2007年第8期。

39. 孙鲲:《阿拉伯国家的近忧与远虑》，载《瞭望》，1996年第33期。

40. 孙立昕:《巴以关系处于十字路口》，载《国际问题研究》，2005年第1期。

41. 唐志超:《中东主要伊斯兰极端组织现状》，载《国际资料信息》，2005年第7期。

42. 田文林:《以色列安全战略及其缺陷》，载《现代国际关系》，2011年第4期。

43. 王昌义、吴珉珉:《对中东和平进程的回顾与思考》，载《外交学院学报》，2003年第3期。

44. 王京烈:《阿以冲突的历史根源、演变与发展趋势》，载《中国社会科学院研究生院学报》，1994年第3期。

45. 王京烈:《巴以冲突：理论构建与前瞻分析》，载《阿拉伯世界研究》，2006年第1期。

46. 王京烈：《巴以冲突：主要影响因素及预测分析》，载《西亚非洲》，2003年第5期。

47. 王京烈：《从巴勒斯坦战争到马德里和会——从整体考察阿以冲突》，载《西亚非洲》，1992年第2期。

48. 王京烈：《哈马斯的崛起与巴以冲突形式分析》，载《亚非纵横》，2006年第2期。

49. 王俊生，范广军：《议会体制的内化性与中东和平进程——兼论哈马斯的政治前途》，载《阿拉伯世界研究》，2006年第3期。

50. 王楠：《巴勒斯坦经济发展中的以色列因素》，载《阿拉伯世界研究》，2008年第3期。

51. 王亚宁：《巴勒斯坦人：以色列的二等公民》，载《山西师大学报》，2005年6月。

52. 王宇：《德鲁兹社团和以色列国家的关系》，载《阿拉伯世界研究》，2014年第1期。

53. 王宇：《论以色列阿拉伯人的政治参与》，载《阿拉伯世界研究》，2010年第2期。

54. 王宇：《析以色列对境内阿拉伯少数民族的政策》，载《国际论坛》，2014年第6期。

55. 王宇：《以色列国防军中的阿拉伯士兵——身份尴尬的少数民族与兵役服务》，载《世界民族》，2014年第2期。

56. 吴磊，王勇辉：《哈马斯与中东和平进程》，载《现代国际关系》，2002年第3期。

57. 肖宪：《阿以冲突中的耶路撒冷问题》，载《西亚非洲》，1991年第4期。

58. 谢贻明:《阿拉伯非斯首脑会议的中东和平方案》，载《国际问题资料》，1982年44期。

59. 徐以骅:《试论宗教影响中国国家安全的路径和范式》，载《复旦大学学报》，2009年第4期。

60. 杨辉、马学清:《巴勒斯坦战略目标的演变》，载《西亚非洲》，2002年第6期。

61. 杨辉:《巴勒斯坦斗争方式的演变》，载《西亚非洲》，2004年第4期。

62. 杨军:《以色列阿拉伯人的社会地位》，载《西亚非洲》，2001年第3期。

63. 姚惠娜、黄民兴:《试论巴勒斯坦民族主义发展阶段及特征》，载《史学理论研究》，2014年第2期。

64. 殷方敏:《惩罚研究探析》，载《江苏大学学报（高教研究版）》，2005年第3期。

65. 于江欣:《兵戈相向——五次中东战争始末》，载《军事历史》，2006年第9期。

66. 余崇健:《从对西岸的兼并政策看以色列的扩张主义》，载《西亚非洲》，1984年5期。

67. 余国庆:《巴勒斯坦难民问题的由来与发展》，载《西亚北非》，1993年第6期。

68. 余国庆:《巴勒斯坦大选后以巴和谈态势》，载《西亚非洲》，2005年第2期。

69. 余国庆:《巴以关系“两国论”历史溯源和前景分析》，载《西亚非洲》，2009年第10期。

70. 余国庆:《试析以色列定点清除政策》，载《西亚非洲》，

2004年第4期。

71. 虞卫东:《试析巴以冲突的经济内涵——从以色列对巴勒斯坦经济的全面控制谈起》，载《阿拉伯世界研究》，2008年第1期。

72. 张咏梅:《以色列阿拉伯人的现状和前景》，载《西亚非洲》，1989年第6期。

73. 赵克仁:《阿拉伯国家在巴以问题上的民族主义》，载《阿拉伯世界》，2002年第3期。

74. 赵克仁:《强权政治与巴勒斯坦问题》，载《西亚非洲》，2001年第3期。

75. 赵克仁:《因提法达与巴以和平进程》，载《世界历史》，1996年第6期。

76. 赵克仁:《以色列对巴难民问题政策探析》，载《国际论坛》，2001年第3期。

3. 英文著作

1. Alexander Bligh, *The Israeli Arabs: An Arab Minority in the Jewish State,* London, FRANK CASS PUBLISHERS, 2003.

2. Al-Haj Majid, *Education, Empowerment, and Control. The Case of the Arabs in Israel,* New York, State University of New York Press, 1995.

3. Amal Jamal, “The Palestinian National Movement: Politics of Contention, 1967–2005 ”, Indiana University Press, 2005

4. As’ad Ghanem, *the Palestinian-Arab: Minority in Israel, 1948–2000,* New York, State University of New York Press, 2001.

5. Benedetta Berti , “*Armed Organization: From Conflicts to*

Integration",Johns Hopkins University Press, 2016.

6. Charles D. Smith, *Palestine and the Arab-Israeli Conflict.* Boston: Bedford/ St. Martin's, 2004.

7. Don Peretz, "*Intifada: The Palestinian Uprising*", London: Westview Press, 1990.

8. F. Robert Hunter, "*The Palestinian Uprising: A War by Other Means*", Berkeley and Los Angeles: Univesity of California Press, 1991.

9. George Wigoder, "*The Palestinian Economy: Studies in Development Under Prolonged Occupation*", London: Routledge, 1988.

10. Glenn E. Perry, *The Middle East: fourteen Islamic centuries.* Eaglewood Cliffs: Prentice-Hall, 1992.

11. Hani A. Faris (edit), "*The Failure of the Two-State Solution*", London：I.B. Tauris&Co. Ltd, 2013.

12. Jeroen Gunning, "*Hamas in Politics, Democracy, Religion and Violence*",New York: Columbia University Press, 2007.

13. Nadim N. Rouhana and Areej Sabbagh-Khoury, *The Arabs in Israel,* Mada al-Carmel, Arab Center for Applied Social Research, 2011.

14. Neve Gordon, "*Israel's Occupation*", LosAngeles: University of California Press, 2008.

15. Norman G. Finkelstein, *Image and Reality of the Israel-Palestine Conflict,* Verso, 1995.

16. Rashimi Singh, "Hamas and Suicide Terrorism", Oxon: Routledge, 2011.

17. Roane Carey, Noam Chomsky, "*The New Intifada: Resisting*

Israel's Apartheid", London: Verso, 2001.

18. Sammy Smooha, *Arabs and Jew in Israel,* Volume 1 Conflicting and Shared Attitudes in a Divided Society, Westview, BOULDER SAN FRANCISCO, &LONDON,1989.

19. Shaul Mishal, Avraham Sela, "*The Palestinian Hamas: Vision, Volience and Coexistence*", New York: Columbia University Press, 2006.

20. Wendy Pearlman, *Violence, nonviolence, and the Palestinian national movement.* New York: Cambridge University Press, 2011.

4. 英文论文

1. Are Knudsen, "Crescent and Sword: the Hamas Enigma", *The Third World Quarterly*, NO.8, 2005.

2. Cherly A .Rubenberg, "Twenty Years of Israel EconomicPolicies in the West Bank and Gaza:Prologue to the Intifada", *Journal of Arab Affairs* ,Vol.8, No.1, 1989.

3. Christensen, John (15 November 2008). "Consul General is an Arab Who Represents Israel Well". *Atlanta Journal-Constitution*. Archived from the original on 29 June 2011. Retrieved 27 June 2010.

4. Efraim Benmelech, Claude Berrebi, and Esteban F. Klor, "Counter-Suicide-Terrorism: Evidence from House Demolitions", *The Journal of Politics*, Vol.77, No.1 (January 2015).

5. Fawaz A Gerges, "The Transformation of Hamas", *The Nation*, Jan. 25th, 2010.

6. Haim Malka, "Forcing Choices: Testing Transformation of

Hamas", The *Washinton Quarterly*, NO.4, 2005.

7. Jean-Pierre, "The Origins of Hamas: Militant Legacy or Israeli Tool?" *Journal of Palestinian Studies*, NO.4, 2013.

8. Jeroen Gunning, "Peace with Hamas? The Transforming Potential of Political Participation", *Internatioal Affairs*, NO.2, 2004.

9. Joas Wagemaker, "Legitimizing Pragmatism: Hamas'Efforts from Militancy to Moderation and Back", *Terrorism and Political Volience*, Vol 3,2010.

10. Khaled Hroub, "'A New Hamas' Through it's New Documents", *Journal of Palestinian Studies*, NO.4, 2006.

11. Khaled Hroub, "A NEW Hamas Through It's Documents", *Journal of Palestine Studies*, Vol.35, No.4. Summer 2006.

12. KhaledHroub, "Hamas after Shaykh Yasin and Rantisi", *Journal of Palestinian Studies*, Summer 2004.

13. Mark Muhannd Ayyash, "Hamas and Israeli State: A 'violent Dialogue', *European Journal of International Relations*, No.1, 2010.

14. Menachem Klein, "Hamas in Power", *The Middle East Journal*, NO.3, 2007.

15. Shaul Mishal, "The Pragmatic Dimension of Palestinian Hamas: A Network Perspective", *Armed Force & Science*, NO.4, 2003.

16. Wendy Kristianasen, "Challenge and Counterchallenge: Hamas Response to Oslo", *Journal of Palestinian Studies*, NO.3, 1999.